U0743695

预流之学

——佛教文献对勘研究

范慕尤◎著

中西書局

图书在版编目(CIP)数据

预流之学：佛教文献对勘研究 / 范慕尤著.
上海：中西书局，2025. -- ISBN 978-7-5475-2371-1

Ⅰ. B948

中国国家版本馆 CIP 数据核字第 2025F1K148 号

预流之学

——佛教文献对勘研究

范慕尤 著

责任编辑 伍珺涵
装帧设计 黄 骏
责任印制 朱人杰
出版发行 上海世纪出版集团
中西書局(www.zxpress.com.cn)
地 址 上海市闵行区号景路 159 弄 B 座(邮政编码：201101)
印 刷 上海商务联西印刷有限公司
开 本 890 毫米×1240 毫米 1/32
印 张 8.5
字 数 206 000
版 次 2025 年 5 月第 1 版 2025 年 5 月第 1 次印刷
书 号 ISBN 978-7-5475-2371-1/B·147
定 价 60.00 元

本书如有质量问题，请与承印厂联系。电话：021-56044193

序

大约以 19 世纪下半叶为界，佛学研究发生了范式性的变革。在此之前，在中国佛教中有源远流长的义学传统，如历代《高僧传》中都有“义解”一类，记载的就是以义学研究知名的历代高僧。而在宗派意识更为自觉的日本佛教界，这又进而发展为宗学的传统。东亚传统中的义学与宗学，都是以信仰为前提，主要以汉语经典诠释为基础的佛学研究，在某种意义上也可以说就是经学在佛教中的延伸。而至 19 世纪下半叶，随着东方学的兴起，取径于比较语言学的佛学研究在欧洲诞生，其重要代表便是比较宗教学的创立者马克斯·缪勒（F. M. Müller，1823—1900），并由师承缪勒的南条文雄（1849—1927）、高楠顺次郎（1866—1945）等传入日本。

无论是比较语言学还是比较宗教学，都号称是“科学的”研究，今天看来，也并非没有其隐含的预设。比如进化论的观念与基督教的信仰都是其“科学的”研究的出发点，而这表面互为冲突的两者实则吊诡性地“家族相似”。比较语言学试图通过对印欧语、闪语乃至汉语等的比较研究，来发现人类最初的“原始语言”，这是基于对《创世纪》的信仰；而比较宗教学试图通过对各种宗教的比较研究来发现它们的共同本质，如缪勒将其定位为领悟“无限者”（the Infinite）的能力，依然没有摆脱一神教的背景。撇开这些具有时代局限性的宏大叙事，比较语言学、比较宗教学在百余年来的发展中还是取得了丰硕的成果，从而为佛学研究提供了持续的生长点和坚实的方法论支持。

近现代以来，中国学者也并非完全没有参与这一佛学研究范式性变革的进程，如曾师从戴密微（P. Demiéville，1894—1979）、钢和泰（A. von Stael-Holstein，1877—1937）、列维（S. Lévi，1863—1935）等的林藜光（1902—1945），其所校订的《诸法集要经》（*Dharmasamuccaya*）就是这一领域的经典之作。但由于各种原因，新时代的佛学研究主要是在哲学，特别是中国哲学专业中发展起来的，梵巴等古典语言的教学与研究则落户于外国文学专业。在文献资源不足、对外交流受限的草创时期，以任继愈（1916—2009）为代表的一代中国学人，筚路蓝缕，为中国佛教的研究积累了资料（如《中华大藏经》的编纂）、培养了人才、产出了经典性的成果（如《中国佛教史》三卷本）。另一方面，在梵巴等古典语言领域，则有季羡林（1911—2009）等数代学人的坚守。而将这两个领域更为紧密地结合起来以提升中国佛教研究的品质，在坚持中国学术本位的同时，于国际佛学研究界真正发出中国学者的声音，则是新一代学人的使命。

在我看来，这种结合具体有两个方面。其一，以梵巴汉藏多语言、多文献的比较研究为基础的全体佛教的视野。缪勒有过一句名言，被概括为“只知其一，一无所知”。研究诸宗教如此，研究诸宗教中一种跨时代、跨区域的世界性宗教也是如此。没有对全体佛教的基本把握，不了解作为佛教之源的印度佛教，也就不可能完整、准确地理解佛教中国化的意涵。在今天，不乏这种想象式的、标签式的对佛教中国化的言说，比如说中国佛教讲孝道。父母有生育之恩，这是基于生物本能而来的认识与情感，上升不到文化的差异；或者用更为严谨的哲学表述，孝具有形式上的普泛性，语言与文化的差异造就的仅是其质料上的差异。印度佛教也将父母称作“恩田”（upakāri－kṣetra），因为他们是“身生本”（prabhava），即有情自体（ātmabhāva）的来源。奉养父母者（mātāpettibharaṃ jantuṃ）是善，杀害父母则属于果报最大的“五无间业”(pañcānantaryāṇi karmāṇi)。所以不能将在CBETA中检索出来的“孝”都认为是中国佛教的,只是印度没有那种家国一体、忠孝一体意义上的孝,这种质料性的差异是存在的。进而言之,如果一定要一言以蔽之地来说佛教中国化的基本点,那么在我看来,一是以解脱主体来融摄轮回主体,并进而导入体用架构的学理范式(《起信论》),二是以“定慧等”为引导,以慧(“无住”)来融摄定(“住”)的禅修实践(禅宗),这里就不具体展开了。总之,不借助语言学的工具,没有全体佛教的视野,就很难说清楚某一区域、某一时代的佛教,专业分工不是故步自封、惰性畏难的借口。

其二,在梵巴汉藏多语言、多文献的比较研究中,彰显汉语佛教文献的资源优势。汉语佛教文献是现存数量最为庞大、时间跨度最大的佛教文献群,保存了大量特有的佛教文献。近年来的研究更是表明,早期的汉译经典可能并不是从梵文翻译的,而是根据犍陀罗语等写本,因此不能简单地以现存较晚的梵文写本为依据来对勘早期的汉译经典。考虑到梵文写本也有一个长期不断的演化过程,汉译经典可能保留了这些文本的早期形态。至于大量中国僧人乃至古代日本、朝鲜僧人用中文撰写的佛教著述,尤其是佛教适应性和生命力的体现。遗憾的是,东亚佛教中源远流长的义学传统,在佛学研究的转型后几近失语,汉语佛教文献则部分受惠于敦煌遗书等的发现,主要在文献学的领域受到关注,或是因其史料、语料等的价值而被利用。如果说多语言、多文献的比较研究是我们进入国际学界的通行证,那么汉语佛教文献与汉语佛教哲学正是我们进入国际学界的优势与资本,当然资本未必就能直接转化为生产力。汉语虽然不具有梵语等屈折语的语法,但它也有自己的句法和文脉,并不能随意断句、随意解释。有鉴于连引文标点都连篇错误更遑论其解释的论文都能在所谓C刊堂皇面世,要彰显汉语佛教文献的资源优势恐怕还任重而道远。

慕尤教授师出名门，在海内外接受了严格规范的学术训练，具有扎实的语言功底，曾参与修订了 A. F. 施坦茨勒（A. F. Stenzler）著、季羡林译的《梵文基础读本》。她的博士论文是对《无二平等经》（*Advayasamatāvijayamahākalparājā*）的对勘整理与研究，已于 2011 年由中西书局出版。我对密教素无研究，因 2009 年曾在中山大学与她有过一面之缘，故购置一册在手，以为学习梵文之用。后人海浮沉，疫情后我又与之重逢于沪上，得知她多年来沉潜涵泳斯学，多有创获，深为感佩。

不日前慕尤教授以大著相示并命为之序。展读之余，深感与我的理念不谋而合，只不过她已是具体的实践者与推进者。在本书中，慕尤教授一方面延续了她一贯严谨规范的梵文校勘释读风格，另一方面自觉地加强了对汉语文献的利用。若有更多的青年学子能继之而起，如本书书名所示，入此“预流之学”，则中国的佛学研究亦并非不能再度辉煌。是所望焉！

是为序。

傅新毅

2024 年 12 月 28 日

于复旦大学光华楼

目　录

“预流”之学——传承与创新 …………………………………… 1

陈寅恪佛教文献研究的独创性与可借鉴性 ………………… 3

《无二平等经》的文献学研究 ………………………………… 27

试论《无二平等经》(*Advayasamatāvijaya*)之梵文写本与藏译的关系 ………………………………………… 29

梵文写本《无二平等经》之编辑札记 ……………………… 37

重估施护译经的价值与意义 ……………………………… 52

《金刚经》的文献学研究 ……………………………………… 63

从梵汉对勘看鸠摩罗什译《金刚经》 ………………………… 65

“非般若波罗蜜,是名般若波罗蜜”渊源考证——兼论《金刚经》的文本变迁与影响 ……………… 79

《维摩诘经》的文献学研究 ………………………………… 91

《维摩诘经》文本对勘的启示——《维摩诘经·弟子品》梵、藏、汉对勘实例举隅 …… 93

对支谦译《维摩诘经》的另一种观察 …………………… 107
鸠摩罗什在所译《维摩经》中的思想倾向 …………………… 127
“烦恼即菩提”与鸠摩罗什译《维摩诘经》 …………………… 138

《药师经》的文献学研究 …………………… 155
《药师经》梵、藏、汉对勘研究 …………………… 157
女性地位与《药师经》的翻译与传播 …………………… 179
义净译《药师经》真伪考辨
——以汉藏对勘为基础 …………………… 193

鸠摩罗什与玄奘译经研究 …………………… 211
鸠摩罗什译经中的“法相”“法性”和“法界” …………………… 213
最后的困顿与坚守
——玄奘晚年的译经 …………………… 233

“预流”之学——传承与创新

陈寅恪佛教文献研究的独创性与可借鉴性

一、陈寅恪文献学研究的学术背景

陈寅恪先生是近现代最有影响的学术大师之一，其研究涵盖中古史、西域文献学、敦煌学、佛教文献、古典文学等多个领域。关于他在各领域的学术成就，已有不少相关研究成果，本文的讨论主要集中在陈寅恪早年的佛教文献学研究方面，探讨其中具有独创性的观点和方法，以及对当前佛教文献研究的借鉴作用。

陈寅恪回国初期，即20世纪20年代，他在清华大学所讲授的课程主要是与佛教文献和西域语言文献研究相关的课程，如“佛经翻译文学”和“西人之东方学目录学”等，所作研究也大都围绕着“殊族之文，塞外之史”，即余英时先生所概括的“佛典译本及其对中国文化的影响”和“唐以来中亚及西北外族与汉民族之交涉”。①在30年代中后期，他的学术重点转向了中古史研究，这也是他最为人所熟知的领域；他晚年的撰述则集中于明清易代时期，余英时称之为“心史”。②

陈寅恪作为开一代风气之先的学者，在早年从事佛教文献和西域语言文献研究时，便以独到之眼光提出了“预流”之说，时至今

---

① 余英时：《陈寅恪史学三变》，《中国文化》1997年第1期，第3页。

② 详见余英时《陈寅恪史学三变》，《中国文化》1997年第1期，第7—16页。关于陈寅恪不同阶段的研究，也可详参此文。

日仍予学者以启迪。他指出：

> 一时代之学术，必有其新材料与新问题。取用此材料，以研求问题，则为此时代学术之新潮流。治学之士，得预此潮流者，谓之预流（借用佛教初果之名）。①

关于他所提到的“新材料与新问题”，葛兆光在相关论文中有详细的分析，②此处不再赘述。而陈寅恪之所以能注意到这些新材料和新问题，则与他在欧美游学的经历有密切关系。

陈寅恪曾在1910年和1921年两次入读德国柏林大学。跟随Heinrich Lüders（1869—1943）、Friedrich Müller（1863—1930）、Erich Hänisch（1880—1966）等印度学大家广泛学习了梵语、巴利语、粟特语、于阗语、藏语、蒙古语等语言，更重要的是德国东方学家的文献学研究方法。③ 在此期间，他于1919年至1921年求学于美国哈佛大学，修读了梵文专家Lanman开设的梵文和巴利文课程，取得了优异的成绩。④ 在学习语言和参加各类研讨课的同时，陈寅恪以其敏锐的学术眼光注意到了当时欧洲学界对敦煌和吐

---

① 陈寅恪：《陈垣敦煌劫余录序》，陈美延编《金明馆丛稿二编》，北京：生活·读书·新知三联书店，2001年，第266页。

② 葛兆光：《预流的学问：重返学术史看陈寅恪的意义》，《文史哲》2015年第5期，第9—11页。

③ 关于陈寅恪在德国的学习经历及其师友，可参见张国刚《陈寅恪留德时期柏林的汉学与印度学》，胡守为主编《陈寅恪与二十世纪中国学术》，杭州：浙江人民出版社，2000年，第210—220页；陈怀宇《在西方发现陈寅恪：中国近代人文学的东方学与西学背景》，北京：北京师范大学出版社，2013年，第60—69页。

④ 关于陈寅恪在美国哈佛大学的学习情况和他的梵文成绩，详见林伟《陈寅恪的哈佛经历与研究印度语文学的缘起》，《世界哲学》2012年第1期，第137—152页。

鲁番出土文献的研究，特别是 Lüders 等人使用多语言文本对佛典文献的校勘研究。[①] 他在回国前的书信中也提到自己的学术兴趣主要在历史和佛教方面，还举了自己对勘梵、汉文本《金刚经》的实例。[②]

正是因为在欧美所受的文献学训练和当时东方学研究的影响，陈寅恪的学术取径从一开始就趋向欧美和日本学界所作的佛教文献和西域语言文献的研究。不过他与欧美和日本学者的关注点不太相同，他更侧重于佛教对中国历史和文化的影响，而不是对佛典文献和佛教思想本身的研究。因此他在研究中结合中国传统学问与西方的历史比较语言学等研究方法，在佛典翻译、汉地对佛教思想的接受以及早期汉藏佛教交流等领域都作出了开创性的研究。而他的这些独创性的研究成果和方法对我们今天的佛教文献研究依然有借鉴意义。

二、佛典翻译中国化的研究

所谓佛典翻译的“中国化”或“汉化”是指佛经在翻译过程中，译者为了适应汉地的文化、风俗和读者的阅读习惯，将原文的某些内容加以省略或改动。在陈寅恪之前，学界似乎极少有对这一问题的研究，这可能也和它所要求的多语言能力及中西学兼通的素养有关。陈寅恪应该是最早系统研究这一问题的学者。他运用多文本对勘的方法，结合其深厚的旧学功底和佛学素养，用实例论证了佛典翻译的中国化及其表现方式。其代表性研究为《莲花色尼出家因缘》和童受《喻鬘论》的研究。

莲花色尼，又名“微妙比丘尼”，其因缘故事在汉地颇为流行。

---

① 陈寅恪将这种研究方法称为“比较校刊学”，即以梵文、巴利文、藏文、汉文等文本进行对勘互校。见陈寅恪《致傅斯年》(1929 年 1 月 24 日)，陈美延编《书信集》，北京：生活·读书·新知三联书店，2001 年，第 23 页。

② 陈寅恪：《与妹书》，陈美延编《金明馆丛稿二编》，第 356 页。

她前世本为商人之妻，谋害妾室之子，致其死亡，妾室质问她时，她发誓如有害人之行，于来世必受种种报应，后来各种报应一一应验。她受比丘感化，皈依佛教。① 陈寅恪注意到敦煌写本的《莲花色尼出家因缘》中，前文写了受七种报应，但后文所列之报应只有六种。他认为“七”并非误写，而是文中所列的报应少了一种。他通过对比这一故事的平行文本，即巴利文《涕利伽陀》(*Therīgāthā*)的《莲花色尼篇》和《涕罗伽陀》(*Theragāthā*)的《恒河岸比丘篇》，找到了敦煌写本中省去的那一种报应，即母女同嫁一夫，且其夫为莲花色尼之子。② 他指出此报应涉及乱伦，与汉地传统伦理观念绝不兼容，因而在所有汉文版本中，这一报应都被省去了。③

继而，他由此拓展到印度佛教中其他与汉地传统观念相冲突的地方，比如“沙门不应拜俗”的争论。为了化解这一冲突，唐以后的国家律令和禅宗重订的戒律都规定沙门应拜王者和父母。④

陈寅恪在这一研究实例中通过文献的对比找出文本的差异，再结合汉地的风俗伦理加以解释，其方法和观点都很有指导意义，可以供后来者借鉴。此后，日本学者中村元也是通过对勘发现了《华严经》的汉译与梵文的差异，即汉译中省去了一些涉及性爱的描写，他同样认为这是受汉地传统的儒家伦理道德的影响而作的改变。⑤ 虽然我们不能确定中村元是否看过陈寅恪的论文，但这种研究方法却是一脉相承的。

笔者在对勘梵文写本 *Advayasamatāvijayamahākalparājā*

---

① 详见《贤愚经·微妙比丘尼品》(T 202, 367a21 - 368c7)。

② 陈寅恪：《莲花色尼出家因缘跋》，陈美延编《寒柳堂集》，北京：生活·读书·新知三联书店，2001 年，第 171—172 页。

③ 同上，第 173 页。

④ 同上，第 173—174 页。

⑤ Hajime Nakamura, *Indian Buddhism: A Survey with Bibliographical Notes*, Delhi: Motilal Banarsidass, 1989, p. 200.

(《无二平等最胜大教王经》)与宋代施护翻译的密教经典《无二平等最上瑜伽大教王经》时,注意到译文中对涉及性爱的描写常常予以省略或者用引语模糊其意。比如梵文写本中这句:

> locanākhyāṃ mahāvidyāṃ trailokyabhuvaneśvarīṃ |
> tāṃś cāpi yoṣitāṃ kṛtvā upabhuñjīta sarvvathā ‖ (Ⅵ. 4)
> 今译:证得佛眼菩萨、大明菩萨和三界自在菩萨等明妃之后,应与她们结合。[1]

汉译中没有与其对应的译文,笔者认为这也是受汉地伦理影响所致,也是陈寅恪所说的翻译中国化的表现。

不同于《莲花色尼出家因缘》中汉译对敏感内容的省略,陈寅恪在《喻鬘论》的对勘研究中注意到另一种汉译中国化的表现,那就是汉译者——鸠摩罗什(343—413)对原文的改动。具体来说,他将那些汉地读者不熟悉的梵文词语改成相对更为熟悉的词。陈寅恪举了两个例子。

第一例中鸠摩罗什的翻译如下:

> 诸仙修苦行,亦复得生天。(T 201, 265c1)

陈寅恪指出此处"诸仙"一词应对应梵文中的 Kaṇva(仙人名,音译为"乾婆")。他认为这个名字是天竺古仙之专名,并不为当时的汉地读者所熟知,因此鸠摩罗什将它改成了更有概括性且易懂的"诸仙"。[2]

---

① 本文中如无特别注明,所有"今译"均为笔者所译。

② 陈寅恪:《童受喻鬘论梵文残本跋》,陈美延编《金明馆丛稿二编》,第238页。

第二个例子是和佛教中常见的圣山——“须弥山”相关的。汉译中有两处出现了“须弥山”：

> 汝如蚁封而欲与彼须弥山王比其高下。(T 201，277c14－15)
> 犹如蚊子翅，扇于须弥山。(T 201，288a16)

通过对勘，陈寅恪发现这两处“须弥山”分别对应梵文写本中的Mandara(曼达罗)和Vindhya(文迪耶)。他推测汉地读者对这两座山名应该也比较陌生，所以鸠摩罗什将其改易为更为人所熟知的“须弥山”。[①]

如果从忠实于梵文的角度去考虑，鸠摩罗什的翻译很可能会被认为不忠于原典，可信度不高。比如，研究般若经的大家孔泽(Edward Conze)就认为罗什的翻译不忠实于梵文，可能不是从梵文翻译的。[②] 比罗什时代略晚的另一位翻译大师玄奘(602—664)也常批评罗什的翻译删略原文。[③] 但陈寅恪从中国化的角度高度肯定了鸠摩罗什的翻译。他指出鸠摩罗什所译的《法华经》和《金刚经》等译本“若言普及，虽慈恩犹不能及”[④]。而罗什译本之所以广为流传的一个重要原因就是“不皆直译，较诸家雅洁”[⑤]。而鸠摩罗什对原文的删略和改动都是为了使译文适应汉地读者的阅读习惯。陈寅恪认为这样的翻译体现了“哲匠之用心，译者之能事”，

---

① 陈寅恪：《童受喻鬘论梵文残本跋》，陈美延编《金明馆丛稿二编》，第238页。

② E. Conze, *Serie Orientale Roma* Ⅻ, *Vajracchedikāprajñāpāramitāsūtra*, Rome: Is. M. E. O, 1957, pp. 1－2.

③ 慧立、彦悰撰：《大唐大慈恩寺三藏法师传》(T 2053，259a23－24)。

④ 陈寅恪：《童受喻鬘论梵文残本跋》，陈美延编《金明馆丛稿二编》，第236页。

⑤ 同上。

也就是说在遵循原典主旨的前提下，适当的删改是值得肯定的。①

陈寅恪对鸠摩罗什译文"中国化"的看法为我们提供了一个很好的审视梵文原典与汉译差异的视角。在对勘新出梵本*Vimalakīrtinirdeśa*（《维摩诘所说经》）和鸠摩罗什所译的《维摩诘所说经》时，万金川就注意到鸠摩罗什改动了梵文的部分词语，意在使其表述更符合汉地的传统思想，其例如下：

> **§ 2.5** kumāreṣu ca kumārasaṃmato rājabhogaiśvaryābhilāṣavinivartanāya②
>
> **今译**：（他）在王子们当中，受到诸王子的礼敬。因为他断除了他们对王者物质享受和权力的贪着。
>
> **支**：入帝王子，能正其意。以孝宽仁，率化薄俗。（T 474，521a18－19）③
>
> **什**：若在王子，王子中尊，示以忠孝。（T 475，539b4－5）
>
> **玄**：若在王子，王子中尊，示以忠孝。（T 476，560c8－9）

万金川指出文本的翻译者都是以汉地特有的"政治伦理"与"家庭伦理"为依据而重写（rewriting）原文里对"政治欲望"

---

① 陈寅恪：《童受喻鬘论梵文残本跋》，陈美延编《金明馆丛稿二编》，第239页。

② 本文中《维摩诘所说经》梵文均引自 *Vimalakīrtinirdeśa*，*A Sanskrit Edition Based upon the Manuscript Newly Found at the Potala Palace*，Study Group on Buddhist Sanskrit Literature（ed.），Tokyo：Taisho University Press，2006。

③ 《维摩诘经》曾多次被翻译为汉文，传世的共有三个译本：支谦于公元222—229年译《佛法普入道门三昧经》或《佛说维摩诘经》（T 474）；鸠摩罗什于公元406年译《维摩诘所说经》（T 475）；玄奘于公元650年译《说无垢称经》（T 476）。文中简称为"支""什"和"玄"。

(rājabhogaiśvaryābhilāṣa)的否定，并使之转为对汉地伦理关系中义务的肯定。他认为这些译者们都有极其强烈的“归化”(domestication)倾向。[①] 不过笔者更愿意借鉴陈寅恪的说法，将此种“重写”称为“汉化”或“中国化”。

小结

陈寅恪在汉译佛经“中国化”的研究方面有两个创见：其一，他注意到了汉译佛经为了适应中国社会的伦理习俗，会删掉原文中某些与汉地伦理冲突的内容；其二，他提出汉译为了更方便读者理解，会对某些词语的表述加以调整。他的创见主要源于他应用了巴利文、梵文和汉文等多文本对勘的方法，在文献实证的基础上结合历史文化背景加以分析，故而能孤明先发。直到今天，多文本对勘仍是佛教文献研究中最基础也是最重要的研究方法。通过文本对勘，我们发现了更多汉译中与其他平行文本不一致的地方，有些是出于道德伦理的原因被删除，有些则是为了便于读者理解而对梵文的表述作出一定的调整。这些例证再次证明了陈寅恪观点及方法的划时代意义，让我们再次佩服他的远见卓识。

三、佛典翻译与汉地僧人的误解

早在佛教传入汉地初期，即后汉时期，传译者就在翻译的同时讲解经文，比如安世高(约2世纪)、安玄(活跃于2世纪晚期)等人，“于口出经文时，类常讲其意旨”[②]。受到他们解说的影响，汉地助译者严佛调将《十慧经》分章句疏释，成《沙弥十慧章句》[③]一书，开

---

① 万金川：《梵本〈维摩经〉的发现与文本对勘研究的文化与思想转向》，《正观》第51期，2009年，第168页。

② 汤用彤：《汉魏两晋南北朝佛教史》，北京：中华书局，1983年，第76页。

③ 原书已失传，相关记载见(梁)僧佑《出三藏记集》(T 2145, 69c21-70a10)。

汉地解经之先河，也为后来的经注奠定了基础。[①] 不过早期的传译者和讲经者多为西域僧人，少有汉文撰述流传。随着魏晋佛法的兴盛以及玄学的兴起，汉地僧人结合玄学思想阐发佛教义理，至东晋时期，形成了般若学的"六家七宗"[②]。他们的思想可以说代表了早期汉地僧人对般若学说，特别是大乘的"空"的思想之系统化的理解，也是早期佛教思想中国化的代表。

及至隋、唐时期，汉地僧人以《法华经》《华严经》和《金刚经》等经典为基础，通过对这些经典的注释形成独立的、体系化的理论，建立起天台宗、华严宗和禅宗等具有鲜明汉传佛教特色的宗派。这些宗派正如陈观胜（Kenneth Chen）所说：

> 反映了中国思想家如何接受这些佛教的基本原理并将之重塑，使其适应中国的氛围，因此他们不再是被介绍到中国的印度体系，而是真正的汉传佛教宗派。[③]

可以说这些宗派的形成标志着佛教中国化的完成。由此可见，汉地佛教注疏的发展过程其实也是佛教思想逐渐中国化的过程。在这一过程中，汉地僧人们由于语言背景知识不足或是出于"中国化"的考虑，不可避免地会出现对概念或术语理解错误的问题，进而导致对经义的错解。陈寅恪早在回国任教前就注意到这一问题，他在《与妹书》中曾特别提到他对勘《金刚经》后发现："其批注自晋唐起至

---

① 汤用彤：《汉魏两晋南北朝佛教史》，第 76 页。

② "六家七宗"一般认为包括本无宗、本无异宗、即色宗、识含宗、幻化宗、心无宗和缘会宗，其中本无宗和本无异宗属一家。详见汤用彤《汉魏两晋南北朝佛教史》，第 157—160、163—186 页。

③ Kenneth Chen, *Buddhism in China: A Historical Survey*, New Jersey: Princeton University Press, 1972, p. 297.

俞曲园止，其间数十百家，误解不知其数。”[①]此后在研究中，他对这一问题甚为留意，代表性成果即《支愍度学说考》和《大乘大义章书后》。

在《大乘大义章书后》中，陈寅恪分析了两位汉地僧人对概念误解的例证及其背后所反映的思想史和翻译史的问题。

第一个例证是智𫖮对“悉檀”的错误解释。智𫖮（538—597）是陈、隋时期佛教界最有影响的高僧之一，也是天台宗的实际创立者，被尊称为智者大师。天台宗以《妙法莲华经》为根本经典，智𫖮在其注疏《妙法莲华经玄义》中对“悉檀”有如下解释：

> 南岳师例，“大涅槃”梵汉兼称。“悉”是此言，“檀”是梵语，“悉”之言遍，“檀”翻为施。佛以四法遍施众生，故言“悉檀”也。（T 1716，686c17－20）

陈寅恪指出“悉檀”是梵语 siddhānta（成就）的音译，衍生自词根 sidh。智𫖮所说的“檀”意为“施”，应该对应的是梵文的 dāna（施舍），其词根为 dā（给），也就是“檀越”一词中的“檀”。[②] 智𫖮因为不通梵语，混淆了两个意义并无关涉的“檀”字，而对“悉檀”一词有此错解。

第二个例证则涉及“菩提”与“道”这两个概念的混淆。按陈寅恪文中所述，对佛教中“道”这一概念的理解自六朝时便有争议，直到唐代玄奘译老子《道德经》为梵文时还因此和道士们产生了激烈的争论。玄奘认为“道”应译为梵文的“末伽”，有道士反驳说“道”应译为梵文的“菩提”。玄奘指出“菩提”意为“觉”，而非“道”。有

---

① 陈寅恪：《与妹书》，陈美延编《金明馆丛稿二编》，第 356 页。
② 陈寅恪：《大乘大义章书后》，陈美延编《金明馆丛稿二编》，第 182 页。

道士却说“佛陀”对应“觉”。玄奘则解释说，“佛陀”和“菩提”都是音译，意为“觉者”和“觉”，而“末伽”是道路的意思。①

陈寅恪从词源学角度对玄奘的说法作了简要的批注。争论中提到的“佛陀”和“菩提”的梵文原词为 Buddha 和 bodhi，同为 budh 这一词根的衍生词。前者是具体的名称，后者是抽象的。因此，玄奘说“人法两异”。而玄奘认为对应“道”的梵文词“末伽”，即 mārga（道路）。② 进而他结合《大乘义章》的解释来分析这些概念混淆的成因。

《大乘义章》指出“菩提”翻译为“道”是因为外国表示“道”的名词比较多，而汉地的名词较少，所以“菩提”和“末伽”等词都被译为“道”。③ 陈寅恪则认为这一翻译除了“此方名少”这一缘由之外，还因为早期汉传佛教多借用道家概念以方便汉地读者理解。在教义学说普及之后，这些意义不准确的概念就被新的翻译取代了，于是音译词“菩提”就取代了意译的“道”。④

虽然佛教史上多有对这一概念混淆问题的讨论，但陈寅恪的研究应该是首次从思想变迁和新、旧译区别的角度来全面剖析这一问题的。他在研究中很注意结合文献证据与思想史等相关背景，深入考察不同文化的交流与互动，在《支愍度学说考》中，这一理念与方法体现得更为明显。

支愍度（约 4 世纪）就是前文提到的“六家七宗”中“心无宗”学说的创立者。“心无”其义，根据僧肇（384—414）的描述，即“无心于万物，万物未尝无”⑤，就是说内心不执着于外物，以外物为无。

---

① 陈寅恪：《大乘大义章书后》，陈美延编《金明馆丛稿二编》，第 182—183 页。
② 同上，第 183 页。
③ 同上，第 183 页。
④ 同上，第 183—184 页。
⑤ 僧肇：《不真空论》（T 1858，152a2）。

而外物其实并非不存在。僧肇的看法是“此得在于神静，失在于物虚”①，也就是说他没有认识到万物的本性为空，是不实在的。很显然他对“空”的意义的解释与般若思想的“诸法性空”是不一致的。为了探究支愍度误解经义的原因，陈寅恪从文献入手，对比了梵文的《八千颂般若》、藏文译文和六个汉译本。② 考虑到篇幅原因，我们在汉译中只选择了造成支愍度误解的那一部，即支娄迦谶译《道行般若经》(T 224)，列举如下：

梵：cittam acittam prakṛtic cittasya prabhāsvarā

藏：'di ltar sems de ni sems ma mchis pa ste sems kyi rang bshin ni 'od gsal ba lags so

谶：何以故？有心无心。舍利弗谓须菩提：云何有心无心？（T 224，425c25－27）

陈寅恪指出，支娄迦谶译文中“有心无心”的第一个“心”对应的是梵文的 cittam(心思)，而“无心”则对应 acittam(非心)。支愍度错误地将“无心”的无与前一个“心”连了起来，误读为“有‘心无’心”，由此就有了“心无”之义。③ 陈寅恪首次从文献源头确证了“心无”之义产生的依据。他的论证还不止于此，他认为除了直接的文献来源之外，当时盛行的“格义”之风对“心无”义的形成也有影响。

“格义”之法始自西晋竺法雅，是一种解经方法，即“以经中事

① 僧肇：《不真空论》(T 1858，152a2)。

② 陈寅恪所使用梵、藏、汉文本信息，详见陈寅恪《支愍度学说考》，陈美延编《金明馆丛稿初编》，北京：生活・读书・新知三联书店，2001 年，第 164—166 页。

③ 陈寅恪：《支愍度学说考》，陈美延编《金明馆丛稿初编》，第 166 页。

数拟配外书”①。所谓“事数”，就是佛经中带有数字的概念术语，如“四谛”“五蕴”“六处”“八正道”等。② 陈寅恪将《世说新语》中对“心无”义的批注与《道德经》《易经》中的相关文句比较，确认其意相符，进而指出“心无”义“实取外书之义，以释内典之文”③。

陈寅恪对支愍度“心无”义的考证不仅厘清了这一学说的文献源头，还阐明了它与“格义”以及当时盛行的玄学思想的关系。从汉地思想，特别是从玄学思想的影响这一角度揭示了“心无”宗及“本无”宗等错解经义的原因。而且，他在这两个例证的研究中所使用的将文献对勘和思想史、翻译史结合的研究方法，对我们现在研究佛教文献和佛教思想史依然有重要的指导意义。笔者在研究智𫖮的“烦恼即菩提”思想的来源时就借鉴了这一方法。

智𫖮在其论著中曾多次提到“一切烦恼即是菩提”“不断烦恼而入涅槃”的思想。④ 虽然这一思想源出于中观派的根本大论——《中论》，但是《中论》强调的是断除烦恼后方可得涅槃，智𫖮的思想很明显在这一基础上走得更远。⑤ 参照陈寅恪的研究方法，笔者认为要探究智𫖮思想的来源需要先从文献角度入手，找到其理论的经典依据。从其注疏中所引用的佛经来看，他的思想应该是受到了鸠摩罗什译《维摩诘所说经》的影响。但是罗什的译文所表达的思想与印度的梵文原典是否一致？如果一致，智𫖮是否

---

① （梁）慧皎：《高僧传》（T 2059，347a18）。

② 对“格义”的研究，详见汤用彤《汉魏两晋南北朝佛教史》，第160—163页。

③ 陈寅恪：《支愍度学说考》，陈美延编《金明馆丛稿初编》，第172页。

④ 智𫖮：《法华玄义》（T 1716，787c26－789c28）；《摩诃止观》（T 1911，104c25－102a6）。

⑤ Ng Yu-Kwan, *T'ien T'ai Buddhism and Early Mādhyamika*, Honululu: University of Hawaii Press, 1956, pp. 164－166.

误解其意？于是笔者对梵、藏、汉文本作了对勘，发现罗什的译文与梵、藏文本及其他汉译有明显差别，限于篇幅，仅列出一例：

§3.58 sarvakleśapraśamanamaṇḍa eṣa yathābhūtābhisaṃbodhanatayā

今译：灭诸烦恼即是道场，因为依真实而得证悟。

T：yaṅ dag pa ji lta ba bźin du mṅon par rdzogs par byaṅ chub pa'i phyir de ni ñon moṅs pa thams cad rab tu źi ba'i sñiṅ po'o ‖①

今译：这是灭除烦恼的道场，因为如实证悟诸法性。

支：众劳之静是佛，从是最正觉故。（T 474，524b9－10）

什：诸烦恼是道场，知如实故。（T 475，542c28－29）

玄：息诸烦恼是妙菩提，如实现证真法性故。（T 476，565c3－4）

此处梵本、藏译、支谦和玄奘译文在“灭除烦恼”的意义上是一致的，而鸠摩罗什译文却将“烦恼”等同于“道场”。在经文中，maṇḍa（道场）一词往往和 bodhi（菩提）连用，因此也隐含“菩提”之意，比如玄奘就将其译为“妙菩提”。据此我们也可以推测智顗的“烦恼即菩提”可能衍生自“烦恼是道场”。

罗什译文中还有“不断烦恼而入涅槃”以及“一切众生即菩提相”等表述，经对勘发现均与其他文本存在差异。日本学者中村元和户田宏文曾基于汉、藏文本对勘指出，鸠摩罗什在译文中加入了

---

① 文中藏文引自 Jisshu Oshika（大鹿实秋），*Tibetan Text of* Vimalakīrtinirdeśa，Chiba：Naritasan Shinshoji，1970。

个人思想，即对世俗生活的重视。[①] 我国台湾地区学者万金川则认为鸠摩罗什的改动可能是基于大乘菩萨道的人间实践精神，因而重视“有为法”构成的世俗世界。[②] 笔者在前人研究的基础上进行梵、藏、汉文本对勘后也认为，罗什为了强调个人的中观思想而对原文作了一定的改动。

具体到我们所讨论的这一问题，罗什应该本身就有“不断烦恼而入涅槃”以及将烦恼与涅槃等同的思想，而后依据其思想对经文作了调整和改动。而这一思想与智顗的“性具善恶”契合，因而被智顗作为经典依据广泛征引。如前文所述，这一时期佛教思想的中国化已经进入成熟时期，各宗派的创始人都在经典解释中融入个人创造性的理解，形成自己的理论体系，比如智顗基于《法华经》《中论》和《维摩诘经》等经典提出的“性具善恶”和“一心三观”等思想。他不仅用罗什译文来证实自己的思想，还用“一心三观”来解释“不断烦恼而入涅槃”，并且拓展了“烦恼”的意义，使其成为具有汉地佛教特色的理论。虽然它与原典思想不相一致，但却受到了汉地佛教徒的广泛支持，影响深远，可以说是佛教思想汉化的一个成功例证。

小结

一般论及陈寅恪的佛教研究，重点往往在他对佛典汉译和佛教对中国文化的影响的研究，较少涉及宗教思想方面。陈寅

---

① 详见[日] 户田宏文《维摩经に显れた鸠摩罗什三藏の思想》，收于《干潟博士古稀记念论文集》，福冈：九州大学文学部·干潟博士古稀记念会，1964 年，第 422—440 页；[日] 中村元：《クマーラジーヴァ（罗什）の思想的特征——维摩经汉译の仕方を通して》，收于《金仓圆照博士古稀纪念——印度学佛教学论集》，京都：平乐寺书店，1966 年，第 365—379 页。

② 万金川：《梵本〈维摩经〉的发现与文本对勘研究的文化与思想转向》，《正观》第 51 期，第 190 页。

恪自己曾说："寅恪昔年略治佛道二家之学，然于道教仅取以供史事之补正，于佛教亦止比较原文与诸译本字句之异同，至于微言大义之所在，则未能言之也。"[①]陈怀宇也指出，与同学汤用彤、俞大维相比，陈寅恪对佛教义理兴趣不大。[②] 虽然陈寅恪不专事于义理的研究，但他对佛教思想在汉地的流变和发展脉络，以及儒、释、道思想的交流和相互影响都有深入的观察，这从他为冯友兰的《中国哲学史》所作的审查报告可见一斑。限于篇幅，仅摘引部分原文：

> 故二千年来华夏民族所受儒家学说之影响，最深最巨者，是在制度法律公私生活之方面，而关于学说思想之方面，或转有不如佛道二教者。……释迦之教义，无父无君，与吾国传统之学说，存在之制度，无一不相冲突。输入之后，若久不变异，则绝难保持。是以佛教学说，能于吾国思想史上，发生重大久远影响者，皆经国人吸收改造之过程。其忠实输入不该本来面目者，若玄奘唯识之学，虽震动一时之人心，而卒归于消沈歇绝。……如天台宗者，佛教宗派中道教意义最富之一宗也……其宗徒梁敬之与李习之之关系，实启新儒家开创之动机。北宋之智圆提倡中庸，甚至以僧徒而号中庸子，并自为传以述其义（孤山闲居编）。其年代犹在司马君实作中庸广义之前，似亦于宋代新儒家为先觉。[③]

---

① 陈寅恪：《论许地山先生宗教史之学》，陈美延编《金明馆丛稿二编》，第360页。

② 陈怀宇：《在西方发现陈寅恪：中国近代人文学的东方学与西学背景》，第308页。

③ 陈寅恪：《冯友兰中国哲学史下册审查报告》，陈美延编《金明馆丛稿二编》，第283—284页。

可见陈寅恪重点关注的是那些经过国人改造、能对中国思想史产生重大久远影响的佛教思想，因此他会研究那些重要的概念和学说在汉地是如何被误解和改造的，比如“菩提”与“道”，再如“六家七宗”之一的支愍度的学说。他的研究不在于揭示错误，而是阐释误解产生的原因及其影响。他的分析虽立足于文献，但却超出了文献研究的范畴，是在思想史的观照下，探讨中、印两个不同文化背景的民族的思想如何交流和融合。故而他的研究成果跨越了单一领域，既有文献考证之精，又有思辨论证之妙，不仅在当时具有独创性，对当前的研究亦有值得借鉴之处。

四、汉、藏佛教的早期交流

如前文所述，陈寅恪早年所作研究以“殊族之文，塞外之史”为主，也称为“四裔研究”，即对西域历史、文献及其与汉族交流的研究，比如他对蒙古源流和吐蕃赞普名号的考证。[①] 同时他也注意到了汉地佛教与西域各族佛教的交流，特别是汉、藏佛教的交流。其中极具代表性的自然是他对吐蕃译师法成的研究。

陈寅恪通过对敦煌石室藏佛经残卷《大乘稻芊经随听疏》的考证分析，证实了其著者吐蕃译师法成的身份和生活年代，[②]并在伯希和（Paul Pelliot，1884—1945）、羽田亨（1882—1955）、石滨纯太郎（1888—1968）等人研究的基础上，发现了由法成从汉文转译成藏文的圆测（613—696）造《解深密经》疏。[③] 圆测为法相唯识宗创立者玄奘的亲传弟子，这部注疏的汉文原本已失传，因而藏文译本

---

① 详见陈寅恪《吐蕃彝泰赞普名号年代考》《灵州宁夏榆林三城译名考》《彰所知论与蒙古源流》《蒙古源流作者世系考》，陈美延编《金明馆丛稿二编》，第109—142页。

② 陈寅恪：《大乘稻芊经随听疏跋》，陈美延编《金明馆丛稿二编》，第287页。

③ 同上，第287—288页。

的意义非凡。此外，他还通过与两部藏译《稻芊经》注疏的比对，推测法成在作《大乘稻芊经随听疏》时，应参考过这两部注疏，并进而推测那些号为法成所撰集者，实则译自藏文。① 他对法成的翻译工作给予了高度评价，将其与玄奘作比，指出"成公之于吐蕃，亦犹慈恩之于震旦"②，"同为沟通东西学术，一代文化托命之人"③。

葛兆光从20世纪50年代法国学者戴密微（Paul Demiéville，1894—1979）的《吐蕃僧诤记》谈起，在戴密微开启大唐与吐蕃佛教关系史这一话题之后，经过图齐（Giesuppi Tucci，1894—1984）、山口瑞凤、今枝由郎等学者对吐蕃藏文文书的研究，大唐与吐蕃文化交流史方面的一些主要问题得以被解释清楚。④ 葛兆光提到涉及大唐与吐蕃的四个问题：（1）有关汉、藏早期佛教交流；（2）敦煌汉、藏文书的互相对译；（3）各种语言知识的交互使用；（4）重新审视佛教史甚至历史上的隐与显。而这些问题、方法和思路，他认为都可以追溯到陈寅恪的这篇论文。⑤ 确实，陈寅恪的论文不仅仅是对法成生平、著作的考证，更重要的是，他揭示了汉、藏佛教文献对勘方法的重要意义，以及早期汉、藏佛教交流阶段汉传佛教对藏地的影响这一问题。此后有关法成的文献研究和早期汉藏佛教交流史的研究也充分证明了陈寅恪的学术眼光及其跨时代的指导意义。篇幅所限，笔者仅在这里举出几例。

20世纪八九十年代，学界曾对法成事迹及其撰著有过较大规模的研讨。上山大峻、王尧、吴其昱发表专论，结合敦煌写本对法

---

① 陈寅恪：《大乘稻芊经随听疏跋》，陈美延编《金明馆丛稿二编》，第288页。
② 同上。
③ 同上，第289页。
④ 葛兆光：《预流的学问：重返学术史看陈寅恪的意义》，《文史哲》2015年第5期，第13页。
⑤ 同上。

成的身世及译作加以考证。[①] 近年来，沈卫荣和任小波又发表了汉、藏对勘的《心经》和《善恶因果经》，[②]前者是由法成自藏文译成汉文的；后者是一部汉地伪经，法成将其译成藏文，在藏地影响颇大。借由文本对勘，沈卫荣认为法成的《心经》译本的内容和质量都独树一帜。[③] 任小波也指出法成译《善恶因果经》的译例统一严整，讲究质直饱满。他还提到藏地译师对于具有汉地文化元素的语词的翻译，颇有助于诠解当时汉、藏文化交流的尺度和深度。[④]这与陈寅恪通过文献对勘以探讨文化交流和历史影响的理念和方法是一致的。

除了对法成撰述的考证研究外，在早期汉、藏佛教交流史方面，学者们已经根据新出资料证实了"吐蕃僧诤"的说法是一种"创造出来的传统"，与历史事实不符。[⑤] 而且通过对敦煌藏文文献的比对勘定，进一步确认了众多属于纯粹汉传佛教的经典都曾在8、9世纪被译为藏文，如伪经《首楞严经》等，特别是大量汉传禅宗经典被译为藏文，[⑥]充分说明汉地佛教在这一时期曾对藏地佛教有过深刻影响。

---

① ［日］上山大峻：《敦煌佛教の研究》，京都：法藏馆，1990年，第84—170页；王尧：《藏族翻译家管法成对民族文化交流的贡献》，《文物》1980年第7期，第50—57页；吴其昱：《大蕃国大德·三藏法师·法成传考》，［日］牧田谛亮、［日］福井文雅编《讲座敦煌7：敦煌と中国佛教》，东京：大东出版社，1984年，第383—414页。

② 沈卫荣：《汉藏译〈心经〉对勘》，谈锡永、邵颂雄等著译《心经内义与究竟义》，台北：全佛文化事业有限公司，2005年，第273—321页；任小波：《〈善恶因果经〉对勘与研究》，北京：中国藏学出版社，2016年。

③ 沈卫荣：《汉藏佛学比较研究刍议》，《历史研究》2009年第1期，第57页。

④ 任小波：《〈善恶因果经〉对勘与研究》，第147页。

⑤ 沈卫荣：《西藏文文献中的和尚摩诃衍及其教法：一个创造出来的传统》，《新史学》（台北）2005年第1期，第1—50页。

⑥ 沈卫荣：《汉藏佛学比较研究刍议》，《历史研究》2009年第1期，第58页。

余 论

笔者从汉译佛经的“中国化”、汉地僧人对经义的误解和汉、藏早期佛教交流等几方面论述了陈寅恪所作研究在观点和方法上的独创性及其可借鉴之处。概括而言，笔者想强调以下几点。首先，本文在起始部分就引用了陈寅恪的“预流”之说，即使用新材料，发现新问题。从文中所列举的研究实例来看，他尽可能地搜集了当时新出的一手文献材料，比如敦煌的汉文写经和藏文文献，德国吐鲁番考察团发现的梵文写本和英国斯坦因发现的西夏文写本等。并且参考了前人以及同时代西方和日本学者的研究成果。真正实践了其同仁，亦即中研院史语所创立者傅斯年先生所提倡的“上穷碧落下黄泉，动手动脚找东西”。

其次，陈寅恪之所以能在佛教文献、西域语文学和中国思想史等方面开一代风气，有诸多创见，不仅在于新材料的使用，还有新的学术方法的应用。他将西方的文献对勘、历史语言学等方法与中国传统的考据之学相结合，将所研究的问题置于中国历史文化背景中去考察。比如他对支愍度学说所受“格义”之风影响的考察，再如他对汉译莲花色尼出家因缘删改背后佛教思想与汉地伦理冲突的揭示。关于引进西方“语文学”方法，将汉学和“虏学”方法结合起来研究中国古代文献和历史这一点，陈寅恪和傅斯年等学术大家都有共识。傅斯年在成立史语所之初就申明要引进欧洲的“古典语言学”，一方面来推进“四裔研究”，①另一方面来“建设中国古代语言学”。② 他在这里所提的“语言学”，就是包含语言研究和文献

---

① 傅斯年：《历史语言研究所工作之旨趣》，王汎森、潘光哲、吴政上主编《傅斯年遗札》，台北：台湾“中研院”历史语言研究所，2011 年，第 250 页。

② 同上，第 251 页。

考订的“语文学”(philology)。① 近年来多次倡导“回归语文学”的藏学家沈卫荣在论及这一时期傅斯年和陈寅恪等人对西方“语文学”研究方法的引进时说道：

> 高瞻远瞩如傅先生者，不但关注中国学术的进步，而且同样关心学术的经世致用。因此，他不但重视汉学，而且也重视“虏学”，急切地要引进和推广西方的“语文学”研究方法，以改变中国学者在“虏学”方面远远落后于世界的局面。……“语文学”研究方法的引进对于当时中国学术之进步的推动是显而易见的，王国维、陈垣、陈寅恪等大师们在研究中国西北舆地、中西交通和汉文宗教、历史文献方面的成就之所以不但能够超越钱大昕这样杰出的乾嘉学术大师，而且还能与伯希和等汉学大家比肩，其重要原因就是他们不但精熟汉文古籍，而且深得西方“语文学”之精髓，懂得如何汇通中西学术，将汉学和虏学的方法结合起来处理古代汉文文献。②

笔者亦认同沈卫荣的观点，我们今天的佛教和西域历史文献研究依然应以“语文学”的研究方法为基础。正是使用多文本对勘的方法，我们才能发现汉译与其他平行文本的差异；正是基于这些差异，从历史、思想和翻译等不同角度去考察造成差异的原因，我们才能看到汉译以何种方式在哪些方面被“中国化”，历代僧人又是如何在解经中融入汉地思想，使得佛教思想一步步“中国化”，形

---

① 张谷铭：《Philology 与史语所：陈寅恪、傅斯年与中国的“东方学”》，台湾《“中央研究院”历史语言研究所集刊》第 87 本第 2 分，2016 年，第 431 页。

② 沈卫荣：《回归语文学》，上海：上海古籍出版社，2019 年，第 11—12 页。

成独具特色的汉传佛教宗派。

其次，陈寅恪虽深受西方文献学研究方法的影响并将其用于自己的研究中，但正如本文第一部分所强调的，他与欧美和日本学者的学术研究重点不同，他并没有像传统的印度学家或西域文献学家那样，专注于文本语文学（textual philology）的研究，即对某一个具体文本的编订和注译，而是侧重于研究佛教对中国文化的影响以及汉地与西域各民族的文化交流。由于学术路径和学术风格的差异，加之他的研究论文均以中文发表，他在这方面的研究成果和贡献长期并不为国际学界所知，在佛教和西域文献学领域，他并不是具有国际影响力的学术大师。但是，当我们回望近百年的学术史，陈寅恪对于中国的佛教和西域文献学研究乃至整个现代学术最大的贡献，就是引入了西方的文献学研究方法，以及与此相关的思想史和语言学等研究理念和方法。正如沈卫荣所指出的：

> 20世纪前半叶，中国学术与世界学术之间的距离并不遥远。可是当民国那一代大师们远去之后，我们逐渐摒弃了“语文学”这个舶来的学术传统，中国学术遂与世界学术渐行渐远。①

近年来文献学式微，传统的“语文学”研究方法逐渐被摒弃。此时我们更有必要回顾傅斯年和陈寅恪等一代学人开创的学术传统，重申“语文学”研究方法的重要性。

最后，我们强调陈寅恪的研究观点和方法对于当前佛教文献、佛教史和思想史研究等领域的跨时代意义和指导意义，但我们也

① 沈卫荣：《回归语文学》，第12—13页。

注意到,随着近年新的文献资料的发现及新的理论和观点的出现,陈寅恪的某些观点也需要我们重新思考。比如,陈寅恪当年对勘时所使用的梵文本多为西方学者校订的晚期写本,多成于 10 世纪以后。而与其作对比的汉译文本的时间大都在 8 世纪以前。受当时文献学界观念的影响,学者们一般会将梵文或巴利文写本作为原本(original text)来衡量译本是否忠实,很少去考虑两者在时间和传承系统方面的差异。陈寅恪在对勘时也是如此,对于汉译与梵文本不一致的地方,主要从汉译的角度出发,考察思想、文化等可能造成差异的因素。然而近年来的文献研究发现,不少大乘佛典都有一个不断发展、演变的编纂过程,因此早期和晚期的写本会有较大的差异,这些差异也会体现在其译本上,也就是说,早期汉译代表的其实是文本的早期形态。[①] 而且早期汉译很可能并不是根据梵文本翻译的,而是犍陀罗语或者含有犍陀罗语成分的中世印度语(middle-Indic)写本。[②] 这样一来,以晚期梵文本和早期汉译对勘所得出的结论可能并不准确。这就要求我们在对勘时尽可能搜集不同时期、不同语言的写本,特别是犍陀罗语等早期俗语写本,在分析汉译及其平行文本(parallel text)的差异时,也需要考虑到译本所据的底本可能与现有的平行文本不同。

陈寅恪最常被引用的那句“独立之精神,自由之思想”,其全文是:“惟此独立之精神,自由之思想,历千万祀,与天壤而同久,共三

---

① Paul Harrison, “Experimental Core Samples of Chinese Translations of Two Buddhist Sūtras Analysed in the Light of Recent Sanskrit Manuscript Discoveries”, *Journal of the International Association of Buddhist Studies* 31. 1 – 2 (2008), pp. 205 – 249.

② Daniel Boucher, “Gāndhārī and the Early Chinese Buddhist Translations Reconsidered: The Case of the Saddharmapuṇḍarīkasūtra”, *Journal of the American Oriental Society* 118.4 (1998), pp. 471 – 506.

光而永光。”[①]借用此句，笔者也希望陈寅恪先生所提倡的独立的学术思想、开阔的学术眼光以及基础而扎实的文献学功夫可以“历千万祀，与天壤而同久，共三光而永光”。

① 陈寅恪：《清华大学王观堂先生纪念碑铭》，陈美延编《金明馆丛稿二编》，第246页。

《无二平等经》的文献学研究

试论《无二平等经》(*Advayasamatāvijaya*)之梵文写本与藏译的关系

《无二平等经》(*Advayasamatāvijaya*)的全名为《无二平等最胜大教王经》(以下简称为“《无二平等经》”)。本论文讨论的写本属于原北京民族文化宫图书馆所藏的梵文贝叶经。[①]《无二平等经》写本最先被印度学者罗睺罗·迦丹衍那(Rāhula Sāṅkṛtyayana, 1893—1963)发现并记载于他的目录,此后意大利学者图齐(Giuseppe Tucci, 1894—1984)在霞鲁寺拍下了它的照片。[②]

我在研究中所使用的写本的缩微胶片来自北京大学梵文贝叶

① 这批贝叶经于1961年被运到北京民族文化宫图书馆收藏。1987年到1988年间,北京大学南亚研究所的张保胜教授组织人员将民族宫所藏的西藏贝叶经全部拍照制成缩微胶片。现在这批照片归北京大学梵文贝叶经与佛教文献研究所所有。1993年,这批贝叶经被运回西藏,现藏于拉萨西藏博物馆。关于这批贝叶经的相关信息,详见 Ernst Steinkellner, *A Tale of Leaves: On Sanskrit Manuscripts in Tibet, Their Past and Their Future*, 2003 Gonda Lecture, Amsterdam: Royal Netherlands Academy of Arts and Sciences, 2004, pp. 20-23。

② 参见 Rāhula Sāṅkṛtyayana, “Search for Buddhist MSS. in Tibet”, *JBORS* 24, 1938, p. 145;见 Francesco Sferra, “Sanskrit Manuscripts and Photos of Sanskrit Manuscripts in Giuseppe Tucci's Collection: A Preliminary Report”, in P. Balcerowicz and M. Meyer (eds.), *On the Understanding of Other Cultures-Proceedings*, Warsaw: Oriental Institute, 2000, p. 441。

经与佛教文献研究所。从缩微胶片来看，这个被王森编为76号的写本包括二十五片贝叶。① 大部分贝叶上都写了七行文字，只有第二十五页的正、反面均为三行。这个写本没有题记，也没有标记时间，其材质为棕榈叶。写本字体据罗睺罗的判断，是库提拉体（kuṭīla）。但它呈现出尼泊尔钩体的特征。值得注意的是，这些贝叶的页码是用两种数字标记的：正面是藏文数字，反面是梵文数字。这些页码都标在左上方的边缘处，但两种数字并不一致。例如，写本的起始部分在缩微胶片中被放在了贝叶的第四张，正面的藏文数字标为4，而反面梵文数字为2。其余贝叶依序排列，每片正、反面数字都不同，比如正面藏文为5，而反面梵文为3。前三张没有编码的贝叶中只有两片上面有文字。第一张贝叶的正面是两行藏文，介绍了《无二平等经》藏译的背景。第二张贝叶的反面是三行梵文，内容是《一切如来金刚三业最上秘密大教王经》（*Guhyasamāja-tantra*）（以下简称"《最上秘密经》"）第二章注释的一部分。② 第三张贝叶是空白的。这三张应该不属于这部写本。标有梵文数字2的那张贝叶无疑是《无二平等经》写本的第二页。这和罗睺罗对写本的描述是一致的，他提到过写本缺少第一张贝叶。③

梵文佛典的藏译往往是基于不同的写本，但布顿（Bu ston，1290—1364）的藏译《无二平等经》只有一个梵文底本。④ 而且在布顿翻译时，写本的起始部分已经缺失了。⑤

---

① 见王森《民族图书馆藏梵文贝叶经目录》，北京，1985年。

② 这段注释是由德国汉堡大学教授 Harunaga Issacson 判定的。

③ 参见 Rāhula Sāṅkṛtyayana，"Search for Buddhist MSS. in Tibet"，*JBORS* 24，1938，p. 145。

④ 藏文原文为"rgya dpa'i dpe dpang ma rnyed cing |"，出自藏译起始的题记，见 D 102b3，Pk 42b5，S 347a2。

⑤ 藏文原文为"de nas 'di la dbu nas shog lto gcig ma tshang bas rnyed na bsgyur bar bya'o |"，这段题记的内容仅见于德格版，见 D 102b5。

通过对梵文写本和藏译的对比，笔者可以确定标有梵文数字2的贝叶，其正面起始的梵文和三个藏译版本①的第一段藏文一致。不同的是德格版(Derge)藏译是完整的，但其起始部分是由工布查布(Gung mGon po skyabs)自汉译转译过来的。② 因此可以确定不完整的藏译是由这部藏于西藏的梵文写本翻译过来的。

借由《无二平等经》的梵文写本和藏译所选段落的对比，笔者将进一步论证两者的关系。第一，梵文写本中模糊的部分在藏译中也被省略；第二，藏译中的错误是由梵文写本的抄写错误造成的。

一、写本中模糊不清的部分

在这一节中，将会列举写本中极为模糊难以辨认的部分。主要集中在第二张贝叶反面的结尾部分和第十八张贝叶反面的第一行。

1. [*hṛda*] *ye* .. .. ▼.. [*s*] *ar* [*vva*] *buddhā* ⟨*ṃ*⟩ *s tu pūjayet* * | (fol. 2v4 - 5)
   snying gar ‖ *sangs rgyas kun ni mchod par bya* | (D 61a5; L 250b8; Pk 3b3; S 295b5)

在以上例证中，藏译偈颂的前半句只有一个词 snying gar 对

---

① 三个版本包括北京版(Peking)、伦敦版(London)和朵宫版(sTog Palace)。

② 这段内容出自前文提到的贝叶第一页正面的藏文介绍，藏文原文为"mgo ma tshang ba phyis gung mgon skyabs kyis rgya nag gi bka' 'gyur las bsgyur te bsab |"。*The Blue Annals* 里也提到工布查布奉康熙皇帝(1654—1722)之命，将布顿未翻译的部分补充完成，参见 G. N. Roerich, *The Blue Annals*, Calcutta: Royal Asiatic Society of Bengal, 1953, p. 417。

应梵文的 hṛdaya（心）。hṛdaya 之后模糊的字母在藏译中被省略了。在四个藏译版本中，只有德格版在 snying gar 之后留了空格，可能是希望将来借助其他写本补全这一翻译。

2. .. ..▼ *yogeṣu buddhabimbam vibhāvayet* * ｜（fol. 2v6 – 7）
sbyor rnams su ｜① *sangs rgyas gzugs ni rnam bsgom bya* ｜（D 61b2；L 251a5；Pk 3b8；S 296a3）

同样，藏文只有 sbyor rnams su 与梵文写本的 yogeṣu（集合）对应，在它之前的模糊的字母都没有译出。

3. .. ..▼ *nāṃ dharmmarājāḥ*②〈｜〉（fol. 2v7 – 3r1）
chos kyi rgyal ｜（D 61b5；L 251a8；Pk 4a2；S 296a6）
此名金刚手菩萨法王法门。（T 516a13）

藏译的 chos kyi rgyal 对应梵文的 dharmmarājāḥ（法王），而梵文 nāṃ 之前模糊的部分在藏译中没有出现。

4. *kapālāṃ trīṇi saṃsthā*▼ .. .. ｜（fol. 18r7 – v1）
thod pa gsum la kun bzhag nas ｜（D 93b1；Pk 34a7；S 335b2）

---

① L 版没有这一句。
② 应读为˚rājaḥ。

此处藏文的半句偈颂对应梵文的 kapālāṃ trīṇi saṃsthā（放置好三个骷髅之后）。因为梵文字母模糊，偈颂的后半部分也没有翻译。

二、写本中错误的部分

1. *svabimbaṃ buddhabimbañ ca yathāsthāneṣ buddhimān*[*] |
yojayanti[①]○ *yathānyāyaṃ vajrasatva*〈*ṃ*〉 *vibhāvayet* * |
(fol. 2v4)
rang gi gzugs dang sangs rgyas gzugs | *ji ltar gnas ltar blo dang ldan* |
ji ltar rigs par sbyor ba[②]*ni* | *rdo rje sems dpar bsgom par bya* |（D 61a3；L 250b6；Pk 3b1；S 295b2）
自影像佛相，智者五处观。依相应法门，想金刚萨埵。(T 515c2－3)

从藏译中 ji ltar gnas ltar（在此处）来看，译者可能将梵文 buddhimān（智者）前的字母读作了 yathāsthāne（在此处）。虽然这一理解也可以接受，但是汉译的“五处”在意义上更为合理，它对应的梵文原词应为 pañcasthāneṣu（在五个地方）。抄写者漏掉了 sthāneṣu 后的 u，加之 ñca 和 the 字形非常相像，字母 p 和 y 也比较类似，以致藏译者将其误读为 yathāsthāne。在密教经典中，修行者于身体的五处做观想是很常见的。通过将五佛和五个音节与五处相联系，就可以在身体内观想他们。[③] 还有其他密教经典中

---

① 根据文意，这里也可以改为 yojayaṃś ca。

② 北京版读作 sbyar。

③ 五处是头部、喉咙、心、肚脐和男根。见 D. L. Snellgrove, *The Hevajratantra: A Critical Study*, Part 1, *Introduction and Translation*, London: Oxford University Press, 1959, p. 38。

的类似文句也可以证实我们的读法：

bimbam vāpi samutpādya pañcasthāneṣu buddhimāṃ |（fol. 16a3）

catuḥsandhyaprayogena pañcasthāneṣu buddhimān |（GS，p. 41，Ⅻ. 43）

2. *pañcasūrya nyased vajrāṃ hṛdayesu*[①] *vidhānataḥ* |（fol. 3r6）

rdo rje thugs su cho ga las |

nyi ma lnga ni dgod bya ba |[②]（D 62b3；L 252a7；Pk 4b8；S 297b1）

五钴金刚杵，依法想于心。（T 516b26）

句中的梵文词 pañcasūrya（五个太阳）与藏译 nyi ma lnga 对应。这个词在这里修饰 vajra（金刚杵），令人难解其意。有理由推测，这可能是抄写者的错误导致的。根据汉译的"五钴金刚杵"，可以将梵文重构为 pañcaśūlaṃ vajraṃ。从笔者所参考的密教文献来看，pañcaśūla（五钴）经常被用来形容金刚杵，如下所示：

pa○ñcaśūlaṃ mahāvajraṃ nāsāgre tu vibhāvayet［*］（fol. 9v7）

pañcaśūlaṃ mahāvajraṃ bhāvayed yogavit sadā |（GS，p. 30，Ⅹ. 11）

pañcaśūlaṃ mahāvajraṃ pañcajvālāvibhūṣitaṃ（GS，

---

① 应读为 hṛdayeṣu。

② S、L 版为 nyi ma lnga ni dgod bya ba | rdo rje thugs su cho ga las | nyi ma lnga ni dgod bya ba |。

p. 36，Ⅺ. 37)

3. *bhṛkuṭā caikaṭāvidyā bhayasyāpi bhayaṅkarī* 〈|〉(fol. 20r2)
khro gnyer tsai kaṭa rig ma |
'jigs pa yang ni 'jigs par byed |（D 92b2；Pk 33b2；S 334a7－334b1）
颦眉一髻尊大明，能作广大怖畏事。（T 532a25）

由于抄写者的错误，藏译者未能释读出 bhṛkuṭā（颦眉）之后的字母，因而采用了音写。借助汉译的"颦眉一髻尊大明"，笔者试着将梵文还原为 bhṛkuṭyekajaṭāvidyā 或者 bhṛkuṭī caikajaṭāvidyā。[①] 在阿閦佛的曼荼罗中，Bhṛkuṭī 和 Ekajaṭā 是忿怒明王（Krodha）的明妃。[②]

结　论

以上例证和前文提到的材料足以证明本文所讨论的《无二平等经》的梵文写本就是布顿藏译所用的底本。这一发现对我们的对勘研究极有价值。我们可以考察写本对藏译的影响。虽然不能依靠藏译来重构梵文写本，但是藏译有助于释读梵文。借助汉译的帮助，写本的某些错误可以被改正，某些漏写的部分可以被还原。但是因为汉译并不是依据这一写本，而且与梵文不是严格地一一对应，所以在运用汉译修正和还原时也要格外谨慎。

转写凡例

符号：

（ ）　　写本中残缺不见，根据猜测还原的字符

---

① 这样一来，这句的音节过多，不合韵律。

② 见 Alex Wayman, *Yoga of the Guhyasamājatantra*, Delhi: Motilal Banarsidass, 1977, p. 129。

[ ]	字符残存一部分,根据推断释读的字
〈 〉	写本中漏掉的字符
..	无法辨识的字符
.	字符的一部分
*	virāma(休止符)
’	avagraha
▼	换行处
○	穿绳孔

缩略语:

D	德格版(sDe dge)藏文《大藏经》(Toh. 452, rGyud ’bum, Cha, 58b-103a)。
JBORS	*Journal of the Bihar and Orissa Research Society*。
L	伦敦写本(Shel dkar)藏文《甘珠尔》(No. 323, rGyud, Ca, 454b-517a)。
Q	北京版藏文《大藏经》(Ota. 87, rGyud, Cha, 1-42b)。
S	拉达克写本(sTog)藏文《甘珠尔》(No. 414, rGyud, Ca, 293a-346b)。
T	*Taishō Shinshū Daizōkyō*《大正新修大藏经》, J. Takakusu and K. Watanabe (eds.), 100 vols., Tokyo, 1924—1934.

梵文写本《无二平等经》之编辑札记

关于《佛说无二平等最上瑜伽大教王经》(*Advayasamatāvijayamahākalparajā*)(下文简称"《无二平等经》")梵文写本的主要信息,笔者在此前的论文中已有介绍,[①]本篇论文主要探讨编辑此写本的方法及对编辑方法的具体应用。

《无二平等经》的梵文写本情况颇为特殊。正如笔者此前论文中提到的,它是现存唯一的梵文写本,而且布顿的藏译本正是依据此写本译成的。[②] 考虑到这一背景,我们编辑的主要目的就是将梵文写本编订成未来研究所用的基础资料。因此,梵文写本是最主要的,藏译、汉译[③]和其他平行文本,诸如《一切如来金刚三业最上秘密大教王经》(*Guhyasamājatantra*)(下文简称"《最上秘密经》")[④]等都是辅助资料。

可惜的是,我们可用的材料相当有限。除了梵文写本,笔者选

---

① 见 Fan Muyou, "Some Remarks on the Relationship between a Sanskrit Manuscript of the *Advayasamatāvijaya* from Tibet and Its Tibetan Translation", *Annual Report of The International Research Institute for Advanced Buddhology at Soka University*, 2009, pp. 375 - 379。

② 藏文译本由布顿(1296—1364)根据此写本译出。写本缺失的第一页由工布查布(Gung mGon po skyabs)在 17 世纪时根据汉译补全。

③ 汉译由施护译于公元 1006 年。

④ 关于此经,详见 Matsunaga (ed.), *A New Critical Edition of* Guhyasamājatantra, Osaka, 1978。

用了四个版本的藏译，分别是德格版（Derge）、伦敦版（London）、北京版（Peking）和朵宫版（sTog Palace）。虽然这些版本中存在一些变体，但可以确定它们都是抄写自同一个翻译。因为藏译和梵文写本的关系，藏译常常会受到梵文写本抄写错误或字迹模糊的影响，因此我们在复原文本时不能太依赖藏译。

汉译的时间早于梵文写本①和藏译。在复原梵文文本和修正写本错误方面，它可以提供一些参考。但是总体而言，汉译的质量不是很高，存在不少误解和误译。因此我们在参考汉译时，必须特别谨慎。

关于以上所提到的相关的密教经典，我们需要对《无二平等经》的文本性质及其与《最上秘密经》的关系作一个简要介绍。布顿认为《无二平等经》是《最上秘密经》的注释经（ākhyānatantra），但是有些学者对此有不同意见。Alex Wayman 质疑过这一说法，因为布顿在他为《释明》（*Pradīpoddyotana*）所作的注释中几乎引用了所有《最上秘密经》的注释，唯独没有引用《无二平等经》。②尽管如此，奥山忠等学者依然支持布顿的观点。③

因为梵文写本中有大量不规则的韵律、语法和句法现象，我们的编辑工作，按 Snellgrove 的说法，就是在重构“一个不完善的原

① 梵文写本的时间约在 11—12 世纪。关于写本的字体，参见 Rāhuala Saṅkṛtyāyana，“Sanskrit Palm-leaf MSS in Tibet”，*Journal of the Bihar and Orissa Research Society*，Vol. Ⅻ，Part Ⅰ，1937，the Table of System of Figures；还有 Cecil，Bendall，*Catalogue of the Buddhist Sanskrit Manuscripts in the University Library*，Cambridge，1983，the Table of Selected Letters。

② 见 Alex Wayman，*Yoga of the Guhyasamājatantra*，Delhi，1977，p. 87。

③ 见［日］塚本启祥、［日］松长有庆、［日］矶田熙文编《梵语佛典の研究Ⅳ密教经典篇》（*A Descriptive Bibliography of the Sanskrit Buddhist Literature*，Vol. Ⅳ，*The Buddhist Tantra*），京都，1989 年，第 244 页。

始文本”①。但我们不会采用他的方法，编辑“一个在意义上与藏译和注释一致的文本”②。我们也不能完全依照土田胜弥的办法，因为没有其他写本作为参照。③ 我们的目的还是要尽量保持《无二平等经》梵文写本的特性。

然而，当我们面对重构写本的问题时，土田胜弥的标准还是有其效用的。正如土田所说：“这一人为标准源自对《律仪生密续》（*Saṃvarodaya*）作者意图的假设。”④因此我们也可以推测《无二平等经》作者的态度。《无二平等经》与土田胜弥所描述的《律仪生密续》作者的意图很相似：“作者起初想撰写语法正确的梵文。但是这样一来，他很难保证韵律的准确，于是他选择以韵律为先，特别是偈颂的每一句（pāda）的第五、第六和第七个音节，结果导致了很多不规则的语法现象。”⑤

然后我们要考虑 Snellgrove 的建议：“编纂者首先要在编辑时保持一致。”⑥因此我们在使用编辑方法重构文本时，也要保持一致。当我们复原或修改文本时，必须符合梵文文本的要求，特别是韵律的要求。这个人工的方法确实有些简单，自然也会遇到一些不可避免的问题。下文中我们会通过实例来展示这一编辑方法是如何应用的。

---

① 见 D. L. Snellgrove（ed. and trans.），*The Hevajratantra: A Critical Study*，Part 2，*Sanskrit and Tibetan Texts*，London，1959，Note on the Texts，p. Ⅹ。

② Ibid.

③ 见 Shinichi Tsuda（ed. and trans.），*The Saṃvarodaya Tantra Selected Chapters*，Tokyo，1974，pp. 11－12。

④ Ibid.，p. 12.

⑤ Ibid.，p. 13.

⑥ 见 D. L. Snellgrove（ed. and trans.），*The Hevajratantra: A Critical Study*，Part 2，*Sanskrit and Tibetan Texts*，Note on the Texts，p. Ⅸ。

一、对于模糊字符和空白部分的复原

写本中有一些模糊的部分极难辨认，还有一些空白的部分代表缺失的字符。而与其相应的藏译往往也缺失了。对这些部分的复原通常依靠汉译、上下文和《无二平等经》以及其他密教经典中的平行文句。

1. *sarvva*〈*ṃ*〉 *tad eva karttavya*〈*ṃ*〉（*anyathā naiva*）▼ *bhāvayet* * ｜（fol. 2v2－3）
   thams cad de nyid du bya ste ｜ *bsgom par bya* ｜（D 60b7；L 250b3；Q 3a6；S 295a6）
   所作依此说，异此非观想。（T 515b19）

第二片贝叶反面的保存情况不是很好。有些部分极为模糊，特别是有几行的末尾。藏译省略了这些地方很可能就是因为写本的模糊，这也说明在布顿时期，贝叶就已经是如此情形了。

在上面这句偈颂中，bhāvayet（观想）对应藏译的 bsgom par bya，这样一来，写本第二句（pāda）的模糊字符就没有相应的藏译。不过汉译的"异此非"往往对应梵文的 anyathā naiva，如下所示：

> *tad eva tasya dhyāyīta anyathā naiva sidhyati* ｜（fol. 4r6）
> 应当如是如理观，异此而观非成就。（T 517c17）
> *prārabhet*〈 * 〉 *vidhānajño anyathā naiva bhāvayet* * ｜（fol. 6v1）
> 依法想者得成就，异此而观非观想。（T 520b2）

据此我们推断，可将此处模糊的字符复原为 anyathā naiva，这一复原也符合韵律和上下文。

2.（*candramaṇḍala*）▼*yogena buddhabimbam vibhāvayet* ＊ |（fol. 2v6 - 7）
sbyor rnams su |
sangs rgyas gzugs ni rnam bsgom bya |（D 61b2；L 251a5；Q 3b7；S 296a3）
四印曼拏罗，亦观想成就。（T 516a2）

正如上文所述，由于第 6 行末尾的字符模糊，藏译在这里再次缺失了。汉译“四印曼拏罗”可能对应的是 caturmaṇḍala，然而，通过考察我们发现，汉译“四印曼拏罗”可以用于对应 caturmaṇḍala 和 candramaṇḍala（月曼拏罗）。因此这里存在两种可能：第一，汉译所用的梵文底本此处为 caturmaṇḍala；另一种可能就是，汉译译者将 caturmaṇḍala 误读为 candramaṇḍala，因为 tu 和 ndra 字形相似。从上下文来看，只提到了 candramaṇḍala，没有涉及 caturmaṇḍala，据此，我们倾向于将梵文复原为 candramaṇḍala。

3.（*ity āha bhagavāṃ*）.. ▼*nāṃ dharmarājaḥ* 〈|〉（fol. 2v7 - 3r1）
chos kyi rgyal |（D 61b5；L 251a8；Q 4a2；S 296a6）
此名金刚手菩萨法王法门。（T 516a13）

写本字符模糊的部分还是没有对应的藏译。但是我们可以看出 ity āha 的痕迹，并且可以推测出字符是 ity āha bhagavāṃ，这也和汉译一致。根据汉译，这句散文可能对应的梵文是 ity āha bhagavāṃ vajrapāṇināṃ dharmarājaḥ，但是在 nāṃ 前面只有一个音节，因此 vajrapāṇi 在这里不合适。因为我们无法从其他资料得到有用的参考信息，只能暂时空缺，不作补充。

4. *ākāśadhātum āpūrṇṇa*〈*ṃ bimbaiḥ*〉*kṛtvā vicakṣaṇaḥ*
〈|〉(fol. 6v6)
nam mkh'i khams ni kun bkang bar |
mkhas pas de ltar bsams byas nas |（D 70a2；L 260b2；Q 12a4；S 306a7）
大智观影像，遍满虚空界。（T 520c13）

在 āpūrṇṇa 与 kṛtvā 之间有一片空白，这个空白有时可以被看作标点。但是很明显根据韵律，第二句缺少两个音节。藏译在这里对应的可能是 dhyānaṃ。但是汉译对应的是 bimbaiḥ。这两个词都符合韵律，但是相比 dhyāna，bimba 似乎在上下文之间更符合文意。再者，写本中也有类似偈颂可以提供佐证：

khadhātu〈*ṃ*〉*buddhabimbais tu paripūrṇṇaṃ vibhāvayet* * |（fol. 10v2）

因此我们最后选择了 bimbaiḥ。当然其他解释也有可能，但是直到现在，由于缺乏资料，我们没有更多的线索。

二、写本抄写错误的处理

抄写者的疲惫、粗心等因素不可避免地会造成一些抄写错误，这是可以理解的。就《无二平等经》而言，写本前四分之一的书写情况较好。然而从第七张贝叶到第十张贝叶，书写错误剧增。如上文所述，藏译经常受到书写错误的误导，因此我们有时需要参考汉译来修正错误。然而可惜的是，从第八张贝叶到第十张贝叶反面的内容，很多没有对应的汉译，这也为我们的编辑工作增加了困难。

因为梵文写本和翻译之间不可避免的冲突，我们往往很难决定是否应该作出修改。所以当我们不能确定时，就在精校本的脚注中附上讨论，提供可能性，但不给出最后结论。

1. *bodhicittaṃ samutpādya tantrātmāna*〈*ṃ*〉 *vibhāvayet* * |（fol. 3r1）
byang chub sems ni yang dag bskyed |
rgyun tu bdag nyid rnam bsgom bya |（D 61b6；L 251b1；Q 4a4；S 296b1）
从菩提心生，想现佛影像。（T 516a18）

虽然藏译 rgyun tu bdag nyid（密续的自我）与梵文 tantrātmānaṃ 一致，但是 tantrātmānaṃ 在这里很难理解。汉译可能对应的是 buddhabimbaṃ，这从韵律和文意上都可以接受，但是从字形上很难解释。鉴于 ntra 和 tra 在书写时可能会混淆，笔者认为可能是 tatrātmānaṃ 被误写为了 tantrātmānaṃ。

2. *pañcasūrya nyased vajrāṃ hṛdayesu vidhānataḥ* |（fol. 3r6）
rdo rje thugs su cho ga las |
nyi ma lnga ni dgod bya ba |（D 62b3；L 252a7；Q 4b8；S 297b1）
五钴金刚杵，依法想于心。（T 516b26）

这句的问题出在 pañcasūrya（五个太阳），藏译 nyi ma lnga ni 与其一致。但是 pañcasūrya 在这里很难解释，因为它几乎不可能用来修饰 vajra（金刚杵）。我们可以推测这里存在书写错误。根据汉译“五钴金刚杵”，我们可以重构为 pañcaśūlaṃ vajraṃ。在我们的写本和其他密教经典中，pañcaśūla 经常被用来修饰 vajra（金刚杵），例如：

pa○ñcaśūlaṃ mahāvajraṃ nāsāgre tu vibhāvayet［＊］（fol. 9v7）

pañcaśūlaṃ mahāvajraṃ bhāvayed yogavit sadā ｜（GS Ⅹ. 11）

khadhātumadhyagataṃ vajraṃ pañcaśūlaṃ caturmukhaṃ ｜（GS Ⅻ. 43）

antarikṣagataṃ vajraṃ pañcaśūlaṃ prabhāvayet ｜（GS Ⅻ. 73）

因此，这句梵文偈颂的 pañcasūrya 可以被修改为 pañcaśūla。当然，除了 pañcaśūla 之外，还有其他的可能，比如 pañcaśūci 也可以修饰 vajra（金刚杵）。

3. *akṣarāṇāṃ pramāṇena vakābimbaṃ vibhāvayet* ｜（fol. 3v2）
   yi ge rnams kyi tshad kyis ni ｜
   wa yi gzugs ni rnam bsgom bya ｜（D 63a1；L 252b6－7；Q 5a6；S 298a1）
   诸有文字相，其量广无边。想依法相应，成金刚影像。（T 516c19－20）

梵文后半句中的 vakābimbaṃ 一词被藏译理解为 vakārabimbaṃ

（“婆”字影像）。可能译者不确定对梵文的释读，就尝试把 vakā 等同于 vakāra（“婆”字），但是这个复合词并不常见。在这里，汉译的“金刚影像”提供了一个可行的修改建议，可以将 vakābimbaṃ 改为 vajrabimbaṃ。这一修改符合韵律和上下文。

4. *yoṣitā {ṃ} dṛṣṭamātreṇa p ⟨r⟩ īyante nātra saṃśayaḥ* | （fol. 5v4）
btsun mo mthung ba tsam gyis ni |
'thung 'gyur 'dir ni the tshom med | （D 67b2；Q 9b6；S 303b5；L 257b5－6）
妙色最上众庄严，见应爱乐勿生怖。（T 519b10）

梵文写本后半句的 pīyante（喝）和藏译一致，但是这个词在这里使得整句偈颂无法解释，很可能存在书写错误。参考汉译的“爱乐”，其对应的梵文词应是 prīyante，《最上秘密经》中也有类似偈颂，如下所示：

pañcabuddhāś ca sarvajñāḥ prīyante nātra saṃśayaḥ | （GS XVI. 100）

我们猜想 prīyante 应该是写本原初的用词，表示明妃们（yoṣitā）被喜爱。

5. *padmaṃ tatra vibhāvi*〇*tvā buddhabimbaṃ vibhāvitvā* | （fol. 6r2）
padma de la rnam bsgoms shing |
sangs rgyas gzugs ni rnam bsgoms nas | （D 68a7；

L 258b5；Q 10b3；S 304b6）
中现妙色净莲华，华中谛想诸佛相。（T 519c17）

梵本中的两个 vibhāvitvā 很明显是有问题的。根据藏译，第一个 vibhāvitvā 应该是 vibhāvanā，但是不符合韵律。而汉译的"现"，在这里可能对应的是 samutpādya 或是 vibhāvitvā，两者均符合文意和韵律。第二个 vibhāvitvā 虽然和藏译一致，但从韵律角度考虑，应改为 vibhāvayet 或者 vibhāvanā。因此这里就存在几种可能。第一个 vibhāvitvā 可以保留，或者改为 samutpādya；第二个可以改为 vibhāvayet 或者 vibhāvanā。

6. *pārśve yoṣitāṃ kṛtvā sarvvabuddhas tu pūja*▼*yet* * ‖
(fol. 6r3 - 4)
gzhogs su btsun mo byas nas su |
sangs rgyas gzugs ni mchod par bya |（D 68b3；L 259a1；Q 10b7；S 305a3）
左右想现逾始多，以诸印作供养事。（T 519c29）

梵文后半句的 sarvabuddhas 根据语法应该改为 sarvabuddhāṃs。这个改动既符合韵律，也符合文意。但是我们还是不能确定，因为汉译和藏译均与梵文不同。藏译对应的是 buddhabimbaṃ（佛影像），而汉译则对应 sarvamudrāṃ(诸印)。从韵律和文意的角度，这三个词都是合适的。但是如果我们参考类似文句的话，buddhabimbaṃ 要更好一些。

sūryamaṇḍalavidhiṃ kṛtvā svabimban tu niveśayet * ‖
（fol.6r4）

不过我们很难否定其他的可能性，因此就按我们的编辑标准所要求的，在脚注中标出所有的可能性。

7. *buddhabimbe vidhānajño bimbe bimbam vibhāvayet* * |（fol. 6v4）
cho ga shes pas sangs rgyas gzugs |
gzugs la gzugs su rnam bsgom bya |（D 69b6；Q 12a1；S 306a3；L 260a7）
诸佛影像依法现，那罗延天相亦然。（T 520b27）

在这个例子中，梵文后半句的 bimbe bimbam（在影像中的影像）是与藏译 gzugs la gzugs su 对应的，但是这样一来，句意比较奇怪，且与上下文不符。汉译的“那罗延天相”对应 viṣṇubimbaṃ 似乎更为合适。再者，我们还可以从上下文得到更有力的证据。这段主要讨论的就是观想各种神的影像，特别是中间有句偈颂提到了观想毗湿奴影像（viṣṇubimbavibhāvanā）。

hastamātram atikramya viṣṇubimba{ṃ} vibhāvanā |（fol. 6v5）

我们推测 bimbe bimbam 是一个抄写错误，原词应该是 viṣṇubimbaṃ，但是出现这一错误的原因却很难解释。而且我们不能完全确定此处汉译是否更接近原文。因此我们还是在脚注中提出修改的可能性。

8. *kapotodbhavasaṃbhūtā padmotpalādivannajāḥ* | ○（fol. 7v2）

padma autpala la sogs pa |
'dam skyes yang dag byung ma skyes | （D 71b2; L 262a4; Q 13b3－4; S 308b）
如泥中出生，优钵罗华等。（T 520c27）

在这个例子里，第一个词的书写错误是很明显的。因为 kapota 是“鸽子”的意思，kapotodbhavasaṃbhūtā（从鸽子中出现）这个复合词在上下文中是无法理解的。汉译和藏译在这里是一致的，都对应 kardamodbhavasaṃbhūtā，意为“从泥中出生”。因此它可以和后面的词语 padmotpalādivannajāḥ（莲花、优钵罗花等）联系起来。

9. *moṣitāñ cāpi bhumbhita yad evam asod vratī* ||（fol. 8r2）
bslus pa dang yangs la 'jigs |
de ltar gang 'di brtul zhugs can | （D 72b1; L 263a5; Q 14b2; S 309b7）

梵文写本前半句的 moṣitāñ 和 bhumbhita 都有抄写错误，这就使得这句偈颂无论在语法上还是在意义上都很难理解。可惜的是，藏译也受到抄写错误的影响，无法为我们提供参考。而汉译省略了这一段。联系上下文，前文提到享用肉和黄油，我们推测很可能 moṣitāñ 是 yoṣitāñ（明妃）之误，而 bhumbhita 应该是 bhuñjīta（享用）。这一推断从字形角度可以解释得通，也符合韵律。再者，其他类似文句也可以提供佐证，如下所示：

tāṃ{ś} cāpi yoṣitāṃ kṛtvā upabhuñjīta sarvvathā ||

（fol. 7r4）

也许有其他的可能，但是由于缺乏更多可用的资料，我们目前只能支持这一设想。

后半句的 asod 很明显也是一个书写错误，但是我们暂时没有可靠的证据对其加以修改，只能暂时保留其原始形式，留待将来解决。

10. *vicaret siddhibuddhyarthaṃ yoṣitāsaṃ* ○ *khyapoṭibhiḥ* |（fol. 9r5）
mtsun mo grangs med po ṭi yis |
dngos grub rtogs phyir rnam par spyod |（D 75a1；Q 17a1 – 2；S 312b7）

我们注意到在多数例证中，藏译都遵循一个通例，就是在不确定对梵文写本的释读时，会使用音写的形式。上面这句偈颂就是一个例子。因为藏译者无法释读出复合词 yoṣitāsaṃ-khyapoṭi 中的 poṭi，就使用了藏文音写。这句也没有对应的汉译，很难说汉译是不是和藏译一样受到了书写错误的影响。

因为 asaṃkhya 和 koṭi 经常连用表示“无数”，我们推测 poṭi 可能是 koṭi 之误，后者应该是这个复合词所需要的。虽然这个复合词在经中不常见，在写本中只出现了一次，但是我们还是可以从其他经典中找到证据，比如：

anāgate 'dhvāni asaṃkhyakoṭyo kṛtvāna pūjāṃ dvipadottamānāṃ ‖（Saddhp Ⅺ. 1）

所以我们认为 poṭi 应改为 koṭi。

结 论

1. 正如我们所提出的，我们的目标是展示一个主要基于写本的梵文本，并借助汉译和藏译尽可能地使它接近精校本的标准。从我们上文所列举的例子来看，这一编辑方法还是比较有效地实现了我们的目标。然而由于缺乏足够的文本证据，在有些例证中，我们很难给出确定的答案。虽然我们的目标是让编辑的文本尽量接近原初形态，但是按照这个方法编辑的文本必然会有一些人工痕迹。因此我们需要注意不要过度修改。

2. 正如前文所述，汉译基于另一个梵文写本。虽然它和我们的写本并不严格对应，但是它在有些部分提供了新的可供研究的材料。从两个文本的比较来看，汉译所用的底本很有可能和我们的写本有共同的源头。可以推测，我们的写本在流传过程中有一定的损坏。因此基于汉译的重构在某种程度上是可信的。

3. 我曾提出的藏译基于此写本的观点在这篇论文里得到了更多的佐证。再者，通过对比也可以看到藏译的某些规则，比如写本模糊的部分往往在藏译中会被省略，写本中不确定的部分在藏译中会使用音写，等等。

转写凡例

符号：

（ ）	写本中残缺不见，根据猜测还原的字符
〈 〉	写本中漏掉的字符
*	virāma（休止符）
[ ]	字符残存一部分，根据推断释读的字
.	字符的一部分
..	无法辨识的字符

▼	换行处
○	穿绳孔

缩略语：

D	德格版（sDe dge）藏文《大藏经》（Toh. 452，rGyud ’bum，Cha，58b－103a）。
GS	Matsunaga（ed.），*A New Critical Edition of Guhyasamājatantra*，Osaka，1978.
L	伦敦写本（Shel dkar）藏文《甘珠尔》（No. 323，rGyud，Ca，454b－517a）。
Q	北京版藏文《大藏经》（Ota. 87，rGyud，Cha，1－42b）。
S	拉达克写本（sTog）藏文《甘珠尔》（No. 414，rGyud，Ca，293a－346b）。
Saddhp	*Saddharmapuṇḍarīka*，Hendrik and Bunyiu Nanjio（eds.），St. Petersburg，1908－1912；reprinted in Tokyo，1977（Bibliotheka Buddhica 10）.
T	*Taishō Shinshū Daizōkyō*（《大正新修大藏经》），J. Takakusu and K. Watanabe（eds.），100 vols.，Tokyo，1924－1934，Vol. 18，No. 887.

重估施护译经的价值与意义

一、北宋译经与施护

宋代的译经肇始于开宝六年(973)法天在蒲津的译经。据《佛祖统纪》载:“河中府沙门法进，请三藏法天译经于蒲津，守臣表进，上览之大悦，招入京师始兴译事。”(T 49，No. 2035，398a2-4)至太平兴国五年(980)，北天竺迦湿弥罗梵僧天息灾与乌填囊国梵僧施护到达汴京，太宗“遂有意翻译”①。同年太宗诏中使郑守钧在太平兴国寺大殿西度地建译经院，设译经三堂。至太平兴国七年(982)六月，译经院建成。天息灾、施护、法天等奉诏进入译经院。② 此后，译经院成为北宋译经的常设机构，直到元丰五年(1082)才被废止。这百年间，译经院所译经典有259部727卷，③ 数量仅次于译事最盛的唐代，不可谓不多。

在译场的设置和人员的职司分派上，译经院分为译经、证义、润文三堂。译经堂在译经院中央，润文堂在东，证义堂在西。④ 除天息灾、施护、法天担任译主外，还有证义、笔受、缀文等人员。

---

① 李焘:《续资治通鉴长编》卷二三，北京：中华书局，1979年，第522—523页。

② 徐松:《宋会要辑稿》第8册，北京：中华书局，1957年，第7877页上。

③ [日]松本反三郎:《赵宋时代の译经事业》,《佛教史杂考》,大阪：和田有司，1944年，第220页。

④ 同本页注释②。

《佛祖统纪》对此有较为详尽的描述：

> 诏梵学僧法进、常谨、清沼等笔受缀文，光禄卿杨说、兵部员外郎张洎润文，殿直刘素监护，天息灾述。译经仪式：于东堂面西粉布圣坛，开四门。各一梵僧主之。持秘密咒七日夜。又设木坛，布圣贤名字轮目，曰大法曼拏罗。请圣贤阿伽沐浴，设香华、灯、水、肴果之供。礼拜绕旋，祈请冥祐，以殄魔障。第一译主，正坐面外宣传梵文；第二证义，坐其左与译主评量梵文；第三证文，坐其右听译主高读梵文，以验差误；第四书字梵学僧，审听梵文书成华字，犹是梵音；第五笔受，翻梵音成华言；第六缀文，回缀文字使成句义；第七参译，参考两土文字使无误；第八刊定，刊削冗长定取句义；第九润文官，于僧众南向设位，参详润色……译场久废传译至艰。天息灾等即持梵文，先翻梵义，以华文证之。曜众乃服。（T 49，No. 2035，398a28 - b29）

由此可见译场的设置极为规范。但是，宋代所译经典无论当时还是后世都几乎没有影响。造成这一结果的原因是多方面的：第一，当时中国佛教逐渐禅宗化，各宗派只重视本派经典及汉地的注释，而且相比于研习经典，禅宗更重视自我领悟；第二，宋代新儒家兴起，王安石等代表人物对佛教持批判态度；第三，当时的译者依附于朝廷，所译经典都要经过朝廷的审查，原意必然有所改易；第四，也是经常被批评的，就是译经的质量。宋代的译经不够严谨，错漏之处较多。[①] 吕澂先生就曾指出："从宋代译经的质量上看，也不能和

---

① 详见 Jan Yunhua，"Buddhist Relations between India and Sung China"，Part Ⅱ，*History of Religions* 16.2（1966），pp. 137 - 138。

前代相比,特别是有关义理的论书,常因笔受者理解不通,写成艰涩难懂的译文,还时有文段错落的情形。"①日本研究密教的著名学者松长有庆认为,由于译者不精通密教思想,因而其密教经典的翻译中有很多错误。② 宋代所译的这些经典是否因为翻译的质量而失去了它的研究价值呢?并非如此。恰恰因为特殊的背景和在翻译中表现出来的特点,宋代译经具有独特、重要的研究意义。

施护是宋代译经的梵僧中很有代表性的一位。他于公元 980 年与堂兄天息灾一起从印度来到汴京,之后被敕封为显教大师,入译经院译经。根据《大中祥符法宝录》所载,施护共译经 111 部,是宋代最高产的译经僧,所译佛经中以密教经典居多。笔者拟选取施护所译的几部密教经典,通过与梵文原典的对比,来揭示其译经的意义与价值。

二、施护译经的文献学价值

施护所译的密教经典在文献学上具有极为重要的价值。密教经典的翻译在藏传佛教系统里蔚为大宗,而且藏译在字面上即词和语法层面上,和梵文几乎一一对应。因而,学界大都认为藏译比汉译更为接近原文,更能准确地表达原文的意思。在梵文写本的释读中,文献学家们也常常借助藏译来辨认模糊不清的字符或恢复脱落缺失的字符。但是,笔者在释读原民族宫藏 76 号梵文贝叶经《佛说无二平等最上瑜伽大教王经》(下文简称"《无二平等经》")时发现,由于这一写本正是布顿大师的藏译所依据的底本,③因

---

① 吕澂:《中国佛学源流略讲》,北京:中华书局,1979 年,第 386 页。

② Matsunaga, "Some Problems of the *Guhyasamāja-tantra*", *Journal of Koyasan University* 13 (1944), p. 12.

③ Fan Muyou, "Some Remarks on the Relationship between a Sanskrit Manuscript and of the *Advayasamatāvijaya* from Tibet and Its Tibetan Translation", *Annual Report of the International Research Institute for Advanced Buddhology at Soka University* 11 (2008), pp. 375 - 380.

此，写本中的缺失和错漏也往往反映在藏译里。如此一来，藏译在很多地方便无法用来释读写本，而施护的汉译恰在此时发挥了极大作用。

（一）写本中有一些模糊或省略的地方，可以利用汉译复原，将其补充完整。

1. 写本第 9 页正面第 1 行[①]：

yadi bhedo tasya buddhasyāpi na sidhyati |

藏：*gal te dbye ba de y i ni* ‖ *sangs rgyas kyang n i 'grub mi 'gyur* ‖

汉：若起疑惑时，佛说不成就。

从诗韵的角度考虑，原文的前半句颂很明显少了 2 个音节，藏译受其影响也省略了。这时就只能依靠汉译来恢复缺失的部分。yadi 和 bheda 分别对应“若”和“疑惑”，所以缺失的部分应该对应“起”。从全句的形式来看，这里所缺的很有可能是一个表示“生起”意义的动词。经中常用 bhū（存在、成为）、utpād（出现）等词表示这一意义，考虑到音节的需要，我们选择了 bhū 的祈愿语气的单数第三人称形式，即 bhavet。

2. 写本第 2 页反面第 6 行：

yogena buddhabimbam vibhāvayet

藏：*sbyor rnams su* | *sangs rgyas gzugs ni rnam bsgom bya* |

汉：亦如是观想，四印曼拏罗。

---

① 以下所举《无二平等经》的梵文经文，均引自范慕尤《原民族宫藏 76 号梵文贝叶经〈佛说无二平等最上瑜伽大教王经〉的梵、藏、汉对勘与研究》，北京大学博士学位论文，2008 年。

写本第 2 页反面有几行的末尾部分一片模糊，藏译受其影响略过不译。这句偈颂前半句很明显缺少了 5 个音节。从汉译来看，“四印曼拏罗”在经中往往对应 candramaṇḍala。① 而且 candramaṇḍala 也符合诗韵的要求，所以我们可以据此补齐这句偈颂，即 candramaṇḍala-yogena。

（二）写本中有一些抄错的地方，藏译受其影响或译错或因无法理解而用音写，而汉译往往可以帮助我们推测出正确的写法。

1. 写本第 4 页反面第 7 行：

svabimbaṃ tībimba ity āhūḥ jvālāmālāsamaprabhaṃ |

藏：*rang gi gzugs zhes brjod pa ni* ‖ *'bar ba'i 'phreng bam nyam pa'i 'od* ‖

汉：广大光明照世间，此名自相利法门。

tībimba 很明显是个抄写错误，藏译可能无法理解，因而将其省略。汉译的“自相利”却为我们提供了改正的线索。这个词很有可能对应“利”，用来修饰自相（svabimba）。根据形态和意义，我们推测原词可能为 tīkṣṇa（锋利）。tīkṣṇa 有锐利、严苛、酷热等义，可以引申为智慧的明利、通透，这里应该是形容自己影像的明净、通透。

2. 写本第 18 页反面第 7 行：

yadāsau toṣanāpātiḥ śuśrāvādikaṃ sevayā |

① “四印曼拏罗”对应的梵文为 caturmudrāmaṇḍala，但在《无二平等经》中，与“四印曼拏罗”对应的词均为 candramaṇḍala。可能因写本中 catur 与 candra 的写法相近，致使译者将 candra（月）译作了 catur（四），而“印”字可能是译者为凑足音节所加。

藏：*gang tshe de mā pā ti* | *gus pas nyan sogs bsnyen pa gang* ‖

汉：若生欢喜听师说，随所闻已能亲近。

偈颂前半句的 toṣanāpāti 一词很明显有抄写错误，藏译无法识别，故将其音写为 mā pā ti。toṣana 意为欢喜。据汉译的“生欢喜”和写本中字符的形态，我们推测原词极有可能是 toṣanotpatti。这里指“生起欢喜心之人”，联系上下文，就是指弟子聆听世尊教导时产生欢喜心。

3. 写本第 5 页反面第 4 行：

yoṣitā{ṃ} dṛṣṭamātreṇa p⟨r⟩īyante nātra saṃśayaḥ |

藏：*btsun mo mthung ba tsam gyis ni* | *'thung 'gyur 'dir ni the tshom med* |

汉：妙色最上众庄严，见应爱乐勿生怖。

这句偈颂后半句的动词 pīyante 是动词 pā（喝）的被动语态，藏文据此译为 'thung 'gyur（喝）。但是，句中它对应的形式主语是 yoṣitā（女子），语意不通，所以很有可能是抄错了。我们参照汉译的“爱乐”，可以将梵文还原为 prīyante，即 prī（喜爱）一词的被动语态。从词形上看，它和 pīyante 极为接近，容易被误写；而在意义上，它显然更为符合上下文。

4. 写本第 18 页正面第 2 行：

bhṛkuṭā caikaṭāvidyā bhayasyāpi bhayaṅkarī

藏：*khro gnyer tsai kaṭa rig ma* | *'jigs pa yang ni 'jigs par byed* |

汉：颦眉一髻尊大明，能作广大怖畏事。

原文中 bhṛkuṭī(颦眉)后面由于抄写错误导致藏译无法解读，音写成了 tsai kaṭa。汉译的"一髻尊"给了我们重要提示。它对应的梵文词是 ekajakaṭā，在句中和 bhṛkuṭī 一起修饰大明菩萨。这又是一个原文抄错而借助汉译复原的例子。

（三）藏译对原文的理解有偏差，而汉译能够为我们提供正确的解释或可能的解读。

1. 原文第 5 页正面第 3 行：

piṭṭayīta yathānyāyaṃ vajrasatvādicodanaiḥ |

藏：*rdo rje sems dpa' sogs gsungs pas* ‖ *ji ltar rigs par piṭṭ'ī ta* ‖

汉：想于画像亦如是，金刚萨埵光明照。

偈颂开头的 piṭṭayīta 是名动词 piṭṭaya 的祈愿语气单数第三人称，意为"压碎、砸碎"，因为前文提到应观想影像与铁锤形象一致，所以这里写道："应根据金刚萨埵的教导，遵照规则去砸碎(仇敌)。"藏译将这个词音写为 piṭṭ'ī ta，很有可能是不理解它在这里的意义。汉译的"想于画像亦如是"，有可能对应梵文 paṭaṃ dhyāyīta，意为"根据金刚萨埵的教导，按照规则去观想画布上的画像"。虽然这一理解与写本原文相差甚远，但施护当时所依写本与我们的写本在此可能有差异，所以我们可以将其作为另一种解读来保留。

2. 写本第 7 页反面第 4 行：

raśmimaṇḍādiyogena cakraṃ sitasaṃnibhaṃ |

藏：*'od zer snying po sogs tshul gyis* ‖ *'khor lo dkar po*

dang mtshung pa ‖

汉：曼拏罗相应，轮等成就法。

句中的 maṇḍa 一词有"精华"的意思，藏文就据此译为 snying po(精华)。汉译的"曼拏罗"却提示我们原词很可能是 maṇḍala。联系上下文和经中其他地方的平行文句来看，maṇḍala 更为恰当，则全句意为"使光芒万丈的佛影像在曼拏罗中出现后应观想他是洁净的，是法轮"。这比写本以及藏译的"利用光之精华"来观想更为合理。为什么将 maṇḍala 写成 maṇḍa 呢？这主要是作者出于诗韵的考虑，将 maṇḍala 减去了一个音节。这种情况在经中屡见不鲜，是藏译受写本影响误译而汉译理解正确的典型例子。

三、施护译经的历史、文化价值

除了文献学上的重要价值以外，施护的译经在译经史方面的历史、文化价值亦值得重视。关于汉译佛经与原典的关系问题，已经有不少学者作过研究。在密教经典的翻译方面，周一良先生和日本学者松长有庆都曾指出汉译存在不少省略和误译的地方，① 松长有庆还进一步指出汉译的错误是由译者在密教方面的知识、学养不够造成的。② 对于该问题，笔者在对勘《无二平等经》和《佛说一切如来金刚三业最上秘密大教王经》(下文简称"《三业秘密经》")汉译和原文后，针对不相对应的部分，如省译、改译、暗语译法等问题，具体分析造成这些问题的深层原因。

首先关于省译。

① Chou Yiliang (周一良), "Tantrism in China", *Harvard Journal of Asiatic Study* 8. 3/4 (1945), p. 286.

② Matsunaga, "Some Problems of the *Guhyasamāja-tantra*", *Journal of Koyasam University* 13 (1944), p. 12.

施护在翻译两部佛经时省译了：（一）赞颂杀生、说谎等恶行，肯定通过这些恶行可以证得佛性、进入天界的内容；（二）宣扬喝酒、吃肉等有违戒律的修行，甚而介绍一些过于恶心的修行的内容。还有的地方则是选择性地略去一些词语，而省略的原因，笔者认为更多地是出于意义的考虑有意略去不译，详见后文。

其次，关于改译。这些部分涉及的内容与省译类似，即赞扬恶业、恶行，贪、嗔、痴三毒，以及一些讲述性瑜伽的仪式的内容。

再次，关于模糊译法或暗语译法。这部分主要是将一些恶心、淫秽的词语用其他词语代替，不直接译出。这些词有些是译者随意选用的，有些则好比固定的暗语，有着一定的规律性，像 viṇmūtra（尿）、śukra（精液）等词在《金刚三业经》中常被译为"甘露"。

上述省译、改译、暗语译法等问题为什么会出现呢？仅将其归因于译者的缺陷是不够的，他背后实则有着复杂的社会历史原因。

宋代译经与以往不同，译经事业一开始就受到皇室资助。宋太宗对译经事业极为支持：建立译经院，组织译场，收集梵文佛经，培养译经人才，设立印经院，雕版印经，等等。史书还提到他经常前往译经院，赏赐译经人员，为新经作序，等等。[①] 另外，当时中国佛教日益本土化，天台宗、禅宗等本土宗派兴盛，印度佛教的影响日益衰微，中国僧人对梵文佛典与译经事业的兴趣大不如前，致使译经只能依附于宫廷，佛经的翻译势必受到宫廷的影响。宋太宗虽然对译经事业极为支持，但又有意控制整个佛经的翻译及出版，"以统治者的身份来管制佛经的翻译及佛藏的内容与流传"[②]。

从译经院建立起，太宗就要求其每岁献所译新经，后来译经院

① 见徐松《宋会要辑稿》第 8 册，第 7877 页上；《佛祖历代通载》（T 49，No. 18，659）。

② 黄启江：《北宋佛教史论稿》，台北：台湾商务印书馆，1997 年，第 42 页。

改为传法院(991)，每岁献经改为每诞圣节献经。[1] 太宗对所献梵夹的真伪也很在意。淳化五年(994)于阗僧人吉祥献《大乘密藏经》，太宗下诏命法天等人验其真伪，法天等人验证后认为此经为伪经，太宗于是下令将其焚毁。[2] 1017 年，《频那夜迦经》由于涉及流血祭祀等内容被禁止入藏，而且含有类似内容的经典也被禁止翻译。[3] 这从一定程度上反映出朝廷的态度。太宗重视翻译是为了教化人心，治理天下。密教经典中存在一些赞扬杀戮等恶行，肯定贪、嗔、痴三毒，以及涉及性与暴力的祭祀的内容，不仅与儒家的伦理道德相悖，甚至与之前的佛典所宣扬的思想也大相径庭，所以，译经僧们必然要避免将这些内容直译出来。

除了译经僧之外，还要考虑到润文官的影响。北宋译经院设有译经、证义、润文三堂，译经堂的译稿需经润文堂润色勘定后，翻译才算完成。北宋润文官的选任非常严格，赞宁曾说："此则润文一位员数不恒，令通内外学者充之。良以笔受在其油素，文言岂无俚俗。倘不失于佛意，何妨刊而正之。"润文官都是通内外学的翰林，从各部郎官到参知政事、枢密使等不一而足，[4]足见北宋朝廷的重视。这既是为了保证译经的质量，也是为了监督检查，谨防译经中有不合传统思想、不利世道人心的内容。正如唐太宗所说："大慈恩寺僧玄奘所翻经论，既新翻译，文义须精，宜令太子太傅尚书左仆射，燕国公于志宁……时为看阅，有不稳便处，即随事润色。"[5]

北宋初绵延百年的译经，数量不小，而且有组织严密并受到朝

---

① 见徐松《宋会要辑稿》第 8 册，第 7877 页下、7878 页上。

② 同上。

③ 见《佛祖统纪》(T 49，No. 2035， pp. 405c26 - 406a2)。

④ 关于北宋润文官的详细情况，参见黄启江《北宋佛教史论稿》，第 68—84 页。

⑤ 见《大唐大慈恩寺三藏法师传》(T 50，No. 2053， p. 266b6 - 13)。

廷大力支持的译场，但所译佛经却一直没有影响，不受重视，这与译经的质量有一定关系。宋代所译的佛经存在着较多漏译、误译的现象，但以往学者们较少分析这些现象的具体表现及其背后的深层原因。现在我们通过梵汉对勘，以宋初比较有代表性的译经僧施护的译经为例，同时借鉴西藏贝叶经的研究成果，可以看到施护译经在文献学上有着重要意义，特别是在写本残缺、书写错误而藏译受其影响省略或误读的情况下，施护的译文为我们修正、复原原文提供了很大的帮助。从对比中，还可以看出施护译本存在的省略和误译等现象并非译者能力不足，而是当时的历史文化背景所致。因为这些内容与中国传统的伦理道德相悖，不符合朝廷及文人士大夫的要求，所以译者和润文官们对其进行了加工，或省略不译，或改其内容，或不明确译出，模糊其义。译经是一个极为复杂、涉及内容繁多的问题，本文只是一些初步的探索，还有待更多资料的发现和更进一步的研究。

《金刚经》的文献学研究

从梵汉对勘看鸠摩罗什译《金刚经》

《金刚经》——这部早期大乘的重要经典，同时也是般若系最有影响的佛经，虽然篇幅短小，但在佛教史上却有着举足轻重的地位，特别是在汉传佛教地区。可以毫不夸张地说，它是影响最大、传抄最多的佛经。在汉传佛教史上，它曾被多次翻译，仅留存下来的译本就有六种，分别是：公元 402 年鸠摩罗什译本，509 年菩提流支译本，562 年真谛译本，605 年达摩笈多译本，648 年玄奘译本和 704 年义净译本，其中鸠摩罗什、真谛、玄奘和义净是译经史上著名的四大译师。一部经典有这四位译师的译本是不多见的，其重要性也由此可见一斑。

自从 1881 年马克斯·缪勒（Max Müller）出版《金刚经》的梵文校勘本以后，对《金刚经》的文献对勘研究就引起了学界的关注。近代最早的梵汉对勘研究可以追溯到 1930 年日本学者阿满得寿所出版的梵、藏、汉三语的对照本，梵文本采用缪勒本，汉译则包括了罗什等六个译本。[①] 之后不久，1935 年吕澂先生也利用缪勒的梵文本和玄奘译本对《金刚经》作了梵、汉、藏三种文本

---

① ［日］阿满得寿：《梵文能断金刚般若波罗蜜多经と西藏译汉译の对照（一）》，《大乘》1930 年第 8 号，第 37—43 页；《梵文能断金刚般若波罗蜜多经と西藏译汉译の对照（二）》，《大乘》1930 年第 8 号，第 41—44 页；《梵文能断金刚般若波罗蜜多经と西藏译汉译の对照（三）》，《大乘》1930 年第 8 号，第 33—36 页。

的对勘。① 1941 年，日本学者桥本光宝和清水亮昇出版了蒙、藏、梵、汉、日五种语言对照的《金刚经》，他们亦选用了缪勒的梵文本和玄奘译本。② 在这之后，春日井真也等人也编辑了梵汉对照本《金刚经》，但未正式出版，选用的也是缪勒梵文本和汉译的七个版本（包括菩提流支异本）。③ 1982 年，我国学者胡海燕以《金刚经》的梵汉对勘作为硕士学位论文，她在论文中介绍了三个梵文本的情况，但用作对勘底本的还是缪勒本和玄奘译本。④

随着近年来新的《金刚经》写本和残片的发现以及相关研究的不断推进，2010 年，美国学者何离巽（Paul Harrison）在论文中选择了《金刚经》中的几个例子，利用新出梵本作了梵汉对比研究，他认为梵本《金刚经》有一个由简到繁的变迁过程，而不同时期的汉译受到梵本的影响，所以亦呈现出由简到繁的形态。他的研究和观点无疑为我们提供了新的视角去审视梵本和汉译的关系，我们有必要利用新的文献材料对《金刚经》进行更为全面的梵汉对勘研究，以期增进我们对《金刚经》梵本和汉译的了解。

首先笔者在此依时间顺序对已编辑出版的《金刚经》梵文写本作一个介绍。

最早出版的梵文校勘本《金刚经》即前文已提到的缪勒本，胡海燕和何离巽的论文中都对缪勒本所参考的写本有详细介绍。简要来说，这个校勘本依据的是四个来自中国和日本的梵本。两个

---

① 吕澂：《能断金刚般若波罗蜜多经》，《藏要》1935 年第 2 辑。

② ［日］桥本光宝、清水亮昇：《蒙藏梵汉和合璧　金刚般若波罗蜜经》，东京："蒙藏"典籍刊行会，1941 年。

③ ［日］春日井真也、［日］横山文纲、［日］香川孝雄、［日］伊藤唯真等：《金刚般若波罗蜜经诸译对照研究》，大阪：妙心寺派少林寺内铃木正一发行，1952 年。

④ 胡海燕：《〈金刚经〉梵本及汉译初步分析》，北京大学东方语言文学系硕士学位论文，1982 年。

日本的梵本均源自大阪高贵寺。根据何离巽教授近期的研究，高贵寺的梵本最早可以追溯到公元 9 世纪，其时日本僧人圆仁(792—862) 从中国带回了一批梵文写本，这批写本起初藏于比叡山，公元 12 世纪，僧人药贤抄写了《金刚经》的梵本，此后他的抄本被僧人宗渊(1786—1859)发现并付予诠海(1786—1860)，诠海抄写后将其送予高贵寺的法树，这才有了后来的高贵寺写本。缪勒所用的两个写本一为金松空贤于 1880 年所抄；另一个据说是高贵寺主持戒心的抄本，时间与金松氏接近。相比日本写本，两个中国的梵本时间可能较晚，一个是在北京印刷的红色木刻本，被收于一部名为“摄陀罗尼”的经书之内，这个本子只有梵文；另一个亦为木刻本，有梵文、藏文音写和藏译，于 1760 年初印于北京的嵩祝寺，之后在北京的藏传寺庙琼结饶吉琅寺(Chos ’khor rab rgyas gling)由藏族僧人达巴(Dam pa)加上了藏文翻译。①

在缪勒梵本出版后不久，有两部重要的《金刚经》写本相继在历史上的西域地区被发现。1900 年，英国考古学家斯坦因(A. Stein)在我国新疆的丹丹乌里克地区发现了一批古代梵文写本；1903 年，霍恩雷(A. F. Hoernle)辨认出其中的一份不完整的写本就是《金刚经》。1916 年，帕吉特(E. F. Pargiter)将这一写本转写出版，根据他的观点，这个写本的时间应该在公元 5 世纪末。

第二个中亚写本来自巴基斯坦西北部的吉尔吉特(Gilgit)，发现于 1931 年，同时出土的还有一系列梵文写本。这个梵本是写在桦树皮上的，原件应有 12 叶，但可惜的是，出土时已有 5 叶遗失了。查卡拉伐汀(N. P. Chakravarti)将这一写本转写为拉丁体并

---

① 关于这一写本的介绍，详参 Paul Harrison, “Experimental Core Samples of Chinese Translations of Two Buddhist Sūtras Analysed in the Light of Recent Sanskrit Manuscript Discoveries”, *Journal of International Association of Buddhist Studies* 31.1－2, 2008 (2010), pp. 207－212。

编辑出版。[①] 此后，杜特（N. Dutt）在他的基础上出版了天城体的版本，并将缺损部分用缪勒的版本补齐，使之成为一个完整的版本。[②] 这一写本没有提及抄写时间和地点，根据后来学者的判断，其时间在六七世纪。[③]

在以上两种写本出版后，研究般若学的大家孔泽（E. Conze）于1957年出版了他编订的《金刚经》，[④]这个版本可以说是一个混合文本（hybrid text），它以缪勒梵本为底本，根据英国伦敦大学亚非学院所藏的一个梵、藏双语的木刻本以及藏文翻译对其进行了校订，同时他也参考了西域梵本、汉译和无著对《金刚经》的注释。孔泽的版本无疑是极具学术性的，所以在出版后的半个世纪里几乎成了《金刚经》的标准版本，大量与《金刚经》相关的翻译和研究几乎都以此为据。

在孔泽之后，瓦伊达（P. L. Vaidya）和乔什（L. M. Joshi）先后出版了梵本《金刚经》，但是他们均以前人版本为主，在写本释读方面并没有提供太多有意义的创见，而且所作的改动也欠缺理据。所以从严格意义上来讲，不能构成新的版本，也没有太大的参考价值。[⑤]

---

① N. P. Chakravarti, "The Gilgit Text of the *Vajracchedikā*", in *Minor Buddhist Texts*, Part 1, Serie Orientale Roma Ⅸ, Rome: IsMEO, 1956.

② N. Dutt, "Vajracchedikā Prajñāpāramitā", in *Gilgit Manuscripts*, Vol. Ⅳ, Calcutta: Calcutta Oriental Press, 1959.

③ 这一观点引自 P. Harrison, "Experimental Core Samples of Chinese Translations of Two Buddhist Sūtras Analysed in the Light of Recent Sanskrit Manuscript Discoveries", *Journal of International Association of Buddhist Studies* 31.1－2, 2008 (2010), p. 213。

④ E. Conze, *Vajracchedikāprajñāpāramitāsūtra*, Serie Orientale Roma Ⅻ, Rome: IsMEO, 1957.

⑤ 这里的评述转引自［日］渡边章悟《金刚经梵语资料集成》，东京：山喜房佛书林，2009年，第24页。

1989年，美国学者叔本（G. Schopen）重新释读吉尔吉特写本，并在比较众多版本的基础上出版了新校本《金刚经》。他的这个版本被认为更忠实于原本、更为可信，在学界得到了较为普遍的认可。①

作为重要的早期写本，吉尔吉特本的价值是毋庸置疑的，但可惜的是写本只有七叶，对应《金刚经》后半部分的内容。幸运的是，近年来在阿富汗出土的梵文写本《金刚经》弥补了这一缺憾。② 从广义上来说，这个写本和吉尔吉特本同属犍陀罗区域。根据何离巽和渡边章悟的研究，它在时间和内容上都与吉尔吉特本极为接近。虽然这个本子也有残缺，但它涵盖了文本前面近60%的内容，这样一来，正如何离巽所说："将这个写本和吉尔吉特本合璧，就得以一窥当时在大犍陀罗地区流传的《金刚经》文本的全貌。"③

前文已提到何离巽认为梵本《金刚经》存在着从简到繁的变迁，而汉译也与此变化相对应。那么汉译究竟在多大的程度上反映出了原典的这种变化呢？限于篇幅，我们在此无法一一列举对勘实例，笔者拟集中探讨一个问题，即如何评价鸠摩罗什的《金刚

---

① G. Schopen, "Manuscript of *Vajracchedikā* Found at Gilgit", in L. O. Gomez and J. Silk (eds.), *Studies in the Literature of the Great Vehicle: Three Mahāyāna Buddhist Texts*, Ann Arbor: The University of Michigan, 1989, pp. 89 - 139.

② 21世纪初在阿富汗巴米扬地区出土了大量佛教写本，后来这批写本辗转到达欧洲，被挪威收藏家斯奎因（Schøyen）收购，交由奥斯陆大学颜子伯（Jens Braavig）的团队研究。关于这批写本的详细情况，参见萨尔吉《斯奎因收集品中的佛教写本（第一、二卷）》，《华林》2003年第3期，第441—444页；陈明《阿富汗出土梵语戏剧残叶跋》，《西域研究》2011年第4期，第90—100页。

③ 这个写本的时间约在公元6—7世纪，关于它的详细介绍，见P. Harrison, "Experimental Core Samples of Chinese Translations of Two Buddhist Sūtras Analysed in the Light of Recent Sanskrit Manuscript Discoveries", *Journal of International Association of Buddhist Studies* 31.1 - 2, 2008 (2010), p. 214。

经》译本。

众所周知，罗什的译本是《金刚经》诸译中影响最大、流传最广的。可是对他的评价却是褒贬不一。罗什译文的简洁流畅、深入人心，这里无须赘述。而对他的批评主要集中在不忠实于原典，有遗漏和谬误。早在真谛翻译《金刚经》时，真谛就认为罗什的译本“甚有脱误”①，到了唐代，玄奘对罗什译本从经名到内容的失误作了详细的批评，指出罗什译本“三问阙一，二颂阙一，九喻阙三”②。直到现代，西方文献学家亦从梵本的角度批评罗什翻译，如孔泽就认为罗什译本不忠实于梵本，应该不是依据梵本翻译的。③ 那么罗什译本是否译自梵文，在多大程度上忠实于梵本呢？我们还是用对勘结果来证明。为了使对勘材料简明扼要，我们将所用的写本从时间上分成早期版本和晚期版本，其中缪勒本和孔泽本属于晚期版本，其他则属于早期。

首先我们来看“三问阙一”。这三问指的是经文起始部分舍利弗问佛陀关于修行菩萨乘的三个问题，即“如何住，如何修行，如何降伏其心”，而罗什译本缺少了中间的“如何修行”。

§ 2

P④：*tat kathaṃ bhagavan bodhisattvayānasaṃprasthitena sthātavyaṃ kathaṃ cittaṃ pragrahetavyaṃ* …… *yathā*

---

① 译经题记有：“寻此旧经，甚有脱误。”(T 237，766c4－5)，下文如无特殊注明，T 均代表《大正新修大藏经》，其后数字依次为经号、页码和行号。

② 参见《大唐慈恩寺三藏法师传》(T 2053，259a23－24)。

③ E. Conze，*Vajracchedikāprajñāpāramitāsūtra*，Serie Orientale Roma Ⅻ，pp. 1－2.

④ 指代 Pargiter 本，下文将以 C 代指孔泽本，G 代指 Schopen 本。早期版本以 P 本为主，但如 P 本缺少相关内容或错漏较多，则选择 G 本，晚期文本均使用 C 本。

bodhisattvayānasamprathitena sthātavyaṃ yathā cittaṃ pragrahetavyaṃ

今译：世尊啊！趋向菩萨乘的人应如何住，应当如何控制（他的）心思？趋向菩萨乘的人应如此住，应当如此控制（他的）心思。

C：*tat kathaṃ bhagavaṃ bodhisattvayānasaṃprasthitena* ***kulaputrena vā kuladuhitrā vā*** *sthātavyaṃ kathaṃ pratipattavyaṃ kathaṃ cittaṃ pratigrahītavyaṃ ... yathā bodhisattvayāna-saṃprathitena sthātavyaṃ yathā pratipattavyaṃ kathaṃ cittaṃ pratigrahītavyaṃ*

今译：世尊啊！趋向菩萨乘的善男子、善女人应如何住，应如何修行，应当如何控制（他的）心思？趋向菩萨乘的人应如此住，应如此修行，应当如此控制（他的）心思。

鸠摩罗什（T 235，748c27－29、749a2－4）：

世尊！善男子、善女人，发阿耨多罗三藐三菩提心，应云何住，云何降伏其心？……善男子、善女人，发阿耨多罗三藐三菩提心，应如是住，如是降伏其心。

菩提流支（T 236，752c23－25、28－30）：

世尊！云何菩萨大乘中，发阿耨多罗三藐三菩提心？应云何住，云何修行，云何降伏其心？……如菩萨大乘中，发阿耨多罗三藐三菩提心，应如是住，如是修行，如是降伏其心。

真谛（T 237，762a20－22、27－28）：

世尊！若善男子、善女人，发阿耨多罗三藐三菩提心，行菩萨乘，云何应住，云何修行，云何发起菩萨心？如菩萨发菩提心，行菩萨乘，如是应住，如是修行，如是发心。

达摩笈多（T 238，767a2－4、7－9）：

彼云何，世尊！菩萨乘发行住应？云何修行应？云何心降伏应？说当如菩萨乘发行住应，如修行应，如心降伏应。

玄奘[T 220(9)，980a20－21、28－29]：

世尊！诸有发趣菩萨乘者。应云何住，云何修行，云何摄伏其心？诸有发趣菩萨乘者，应如是住，如是修行，如是摄伏其心。

义净(T 239，772a5－6、10－11)：

世尊！若有发趣菩萨乘者，云何应住，云何修行，云何摄伏其心？若有发趣菩萨乘者，应如是住，如是修行，如是摄伏其心。

我们再来看"二颂阙一"。这指的是第26小节的一个偈颂，除罗什外，所有译师都译为两句，具体情况如下所示：

§ 26a－§ 26b

P：*ye māṃ rūpeṇa adrākṣī ye māṃ ghoṣeṇa anvayuḥ* |
mithyāprahāṇaprasṛtā na māṃ drakṣyaṃti te narāḥ ‖ 1 ‖

今译：那些以表象看我、以声音追随我的人，是枉费精力，他们是不会见到我的。

C：*ye māṃ rūpeṇa* ***cā****drākṣur ye māṃ ghoṣeṇa* ***cā****nvayuḥ* |
mithyāprahāṇaprasṛtā na māṃ drakṣyaṃti te janāḥ ‖ 1 ‖
dharmato buddhā draṣṭavyā *dharmakāyā* ***hi nāyakāḥ*** |
dharmatā ca ***na*** *vijñeyā na sā śaky****ā*** *vijānituṃ* ‖ 2 ‖

今译：那些以表象看我、以声音追随我的人，是枉费精力，他们是不会见到我的。佛以法而得见，因为导师以法为身。而法性是不可知的，它不能被了知。

鸠摩罗什(T 235, 752a17 - 18)：

若以色见我，以音声求我，是人行邪道，不能见如来。

菩提流支(T 236, 756b20 - 23)：

若以色见我，以音声求我，是人行邪道，不能见如来。

彼如来妙体，即法身诸佛，法体不可见，彼识不能知。

真谛(T 237, 766a4 - 7)：

若以色见我，以音声求我，是人行邪道，不应得见我。

由法应见佛，调御法为身，此法非识境，法如深难见。

达摩笈多(T 238, 771a25 - 28)：

若我色见，若我声求，邪解脱行，不我见彼。

法体佛见应，法身彼如来，法体及不识，故彼不能知。

玄奘[T 220(9), 985a23 - 26]：

诸以色观我，以音声寻我。彼生履邪断，不能当见我。

应观佛法性，即道师法身。法性非所识，故彼不能了。

义净(T 239, 775a14 - 17)：

若以色见我，以音声求我，是人起邪观，不能当见我。

应观佛法性，即道师法身，法性非所识，故彼不能了。

从对勘情况来看，最早的梵文写本P本确实没有中间一问，也少了一颂。P本的时间与罗什译本最为相近，且来自我国新疆。考虑到罗什是龟兹国人，求学于西域各国，可能他所据的写本与P本有共同或相近的来源。因此我们推测罗什的省略应该不是个人行为，而是其来有自，与其依据的写本一致。与此类似的例子在经中还有不少，限于篇幅，以下只举两例。

§ 14

P：*yat pratiṣṭhitaṃ tad evāpratiṣṭhitaṃ* | *tasmād eva tathāgato bhāṣate na rūpapratiṣṭhitena bodhisatvena dānaṃ dātavyam* |

今译：若有住则为无住，因此如来说："应由不住于色的菩萨来布施。"

C：*yat pratiṣṭhitaṃ tad evāpratiṣṭhitaṃ* | *tasmād eva tathāgato bhāṣate apratiṣṭhena bodhisattvena dānaṃ dātavyam na rūpaśabdagandharasaspraṣṭavya dharmapratiṣṭhitena dānaṃ dātavyam* |

今译：若有住则为无住，因此如来说："应由无所住的菩萨来布施，不应由住于色、声、香、味、触、法之人来布施。"

鸠摩罗什(T 235, 750b23－24)：

若心有住，则为非住。是故佛说："菩萨心不应住色布施。"

菩提流支(T 236, 754c9－12)：

若心有住，则为非住。是故佛说："菩萨心不住色布施。"

真谛(T 237, 764a16－17)：

若心有住，则为非住。故如来说："菩萨无所住心应行布施。"

达摩笈多(T 238, 769a19－21)：

若无所住，彼如是住，彼故，如是如来说，不色住，菩萨摩诃萨施与应；不声、香、味、触、法住施与应。

玄奘[T 220(9), 982c18－20]：

诸有所住则为非住。是故如来说："诸菩萨应无所住而行布施。不应住色、声、香、味、触、法而行布施。"

义净(T 239, 773c1－3)：

若有所住，即为非住。是故佛说：“菩萨应无所住而行布施。”

从这个例子来看，鸠摩罗什和菩提流支明显与早期文本对应，而真谛等人的译本则与后期文本更为接近。值得注意的是，从罗什到真谛，再到玄奘，我们可以清晰地看到文本变迁的痕迹，开始是“不住色”变为“无所住”，再往后则加上了“不住于色、声、香、味、触、法”。

§ 17d

G：*yaḥ kaścit subhūte evaṃ vadet tathāgatenānuttarā samyaksaṃbodhir abhisaṃbuddheti* | *nāsti subhūte sa kaścid dharmo yas tathāgatenānuttarā samyaksaṃbodhir abhisaṃbuddhaḥ*

今译：“须菩提啊！如果有人说：‘如来证得了无上正等正觉。’须菩提啊！没有任何法是如来所证得的无上正等正觉。”

C：*yaḥ kaścit subhūte evaṃ vadet: tathāgatenārhatā samyaksaṃbuddhenānuttarāsamyaksaṃbodhir abhisaṃbuddheti* | *sa vitathaṃ vadet* | *abhyācakṣīta māṃ sa subhūte asatodgṛhītena* | *tat kasya hetoḥ* | *nāsti subhūte sa kaścid dharmo yas tathāgatenānuttarāṃ samyaksaṃbodhiṃ abhisaṃbuddhaḥ*

今译：“须菩提啊！如果有人说：‘如来证得了无上正等正觉。’那他就说错了。须菩提啊！他因为执着于虚妄而诽谤我。这是为什么呢？须菩提啊！没有任何法是如来所证得的无上正等正觉。”

鸠摩罗什（T 235，751a27－29）：

“若有人言：‘如来得阿耨多罗三藐三菩提。’须菩提！实无有法，佛得阿耨多罗三藐三菩提。”

菩提流支(T 236, 755b19－22)：

“须菩提！若有人言‘如来得阿耨多罗三藐三菩提’者，是人不实语。须菩提！实无有法，佛得阿耨多罗三藐三菩提。”

真谛(T 237, 765a2－5)：

“须菩提！若有人说：‘如来得阿耨多罗三藐三菩提。’是人不实语。何以故？须菩提！实无有法如来所得，名阿耨多罗三藐三菩提。”

达摩笈多(T 238, 770a12)：

“若有，善实！如是语：‘如来、应正遍知、无上正遍知，证觉。’彼不如语，诽谤我。彼，善实！不实取。彼何所因？无有彼，善实！一法，若如来、应正遍知、无上正遍知，证觉。”

玄奘[T 220(9), 984a1－5]：

“善现！若如是说：‘如来应正等觉能证阿耨多罗三藐三菩提者。’当知此言为不真实。所以者何？善现！由彼谤我起不实执。何以故？善现！无有少法如来应正等觉能证阿耨多罗三藐三菩提。”

义净(T 239, 774b2－4)：

“妙生！若言‘如来证得无上正等觉’者，是为妄语。何以故？实无有法如来证得无上正觉。”

比较之下，罗什的译文是和早期文本最为接近的，除省掉了P本的应供(arhatā)一词以外。而且如前文所说，这些译文在一定程度上揭示了经文的变迁。最开始，罗什的版本在引用人言之后是没有评论的，而到了流支则加入“不实语”，此后真谛再加入“何以故”，到笈多和玄奘时，又加入“谤我起不实执”，至此文本应已定型，与我们看到的晚期梵本一致。

当然，罗什译文中的省略并不是都可以用写本的原因来解释，也有一些确实是他有意地删改，其目的往往是考虑到汉地读者的需求，使语言简洁流畅、易诵易读。其中最典型的莫过于《金刚经》结尾那句著名的偈子了，玄奘所批评的“九喻阙三”就出自这里。从我们所考察的写本来看，这句偈子确实包括九个譬喻，即星（tārakā）、翳（timira）、灯（dīpa）、幻（māyā）、露（avaśyāya）、泡（budbuda）、梦（svapna）、电（vidyut）、云（abhra）。除了鸠摩罗什以外，所有译者都完整地翻译了这九个譬喻。但流传最广的却是罗什的版本，因为它整齐押韵，朗朗上口。其实罗什并非不知或不能翻译出这九喻，而是在忠实原文、保持原貌与吸引信众、普及经典之间，他选择了后者。

结　论

虽然限于篇幅，我们在此未能将对勘材料一一列举。不过笔者根据所积累的例证可以认定此前对罗什译文的批评是欠周详的，因为以前的结论都建立在用后期版本和罗什译文进行比对的基础上。实际上罗什的译文与早期的梵本非常接近，正如何离巽所说：“鸠摩罗什的译本可能更准确地代表了《金刚经》的早期版本。”①当然也要考虑到罗什的翻译策略是要适应汉地读者，确实有删繁就简之处。因此我们不能简单地说罗什不忠实于原文，而是要结合文献材料综合考虑，既不能夸大写本的影响，也不能夸大罗什个人的翻译习惯。总体来看，鸠摩罗什的《金刚经》译本还是

① P. Harrison, “Experimental Core Samples of Chinese Translations of Two Buddhist Sūtras Analysed in the Light of Recent Sanskrit Manuscript Discoveries”, *Journal of International Association of Buddhist Studies* 31.1－2, 2008 (2010), p. 218.

较为忠实早期梵本的，特别是与新疆的 P 本相对应，只是在有些地方作了删改加工，而这些改动不止反映了鸠摩罗什个人的翻译习惯，同时也和当时汉地佛教的思想背景有关。

最后笔者想强调的是，通过丰富的对勘实例，我们可以看到汉译对应梵本所揭示出的《金刚经》文本的变迁，而且在有些地方，汉译比梵本的变化更为细致。这也启发我们基于此角度去搜集更多的对勘材料，以使我们对佛经文献的发展和传播有更全面的认识。

“非般若波罗蜜，是名般若波罗蜜”渊源考证

——兼论《金刚经》的文本变迁与影响

引　言

本文讨论的主题是一个通常被称为“非A即A”的句式。完整的句式为“佛说般若波罗蜜，即非般若波罗蜜，是名般若波罗蜜”。句中的A也就是《金刚经》中的一个重要概念——“般若波罗蜜”。之所以注意到这一句式，肇因于我国台湾佛光山星云法师所著的《金刚经讲话》。由于《金刚经》的通行汉译为鸠摩罗什译本，一般注释也都以罗什译本为底本，这本现代注释也不例外。但书中第十三节，即如法受持第一义谛分的第一句“佛说般若波罗蜜，即非般若波罗蜜，是名般若波罗蜜”①与鸠摩罗什译文不一致，也不同于其他汉译。那么它的来源为何？在利用电子版《大藏经》（CBETA）检索后，笔者发现它最早出现于慧能（638—713）的《金刚经解义》（X 459）。也就是说，很有可能是慧能对鸠摩罗什的译文作了改动，成了我们现在看到的这个“非A即A”句式。那慧能又是依据什么作了这番修改呢？这就要追溯到《金刚经》文本的变迁了。

近年来，随着新的写本资料的不断涌现，佛教文献研究得以不断推进。目前在佛教文献学界，对佛典的文本变迁已经形成共识，

---

① 星云：《金刚经讲话》，北京：东方出版社，2016年，第185页。

那就是大部分大乘经典从初期产生到后期文本的确定都有一个不断变化的过程，在这期间，文本往往会被增补和修订，因此在内容上，晚期文本往往多于早期。在这方面，美国斯坦福大学教授何离巽（Paul Harrison）对《金刚经》文本变迁所作的研究无疑是极有代表性的。他将早期梵文本和晚期梵文本分为短本（shorter version）和长本（longer version），并且通过例证指出梵文本有一个持续的发展过程，其总的趋向是扩充和增补，当然，也有文本的改动等其他方面的变化。相应地，不同时期的汉译也在一定程度上体现了这种发展。① 比如他特别提到鸠摩罗什的汉译可能反映了《金刚经》文本的早期形态，因此，孔泽根据晚期梵文本批评罗什译本不忠实于梵文或不是直接译自梵文都是失于偏颇的。②

那么具体到我们讨论的这句经文，从梵文到汉译经历了怎样的变迁呢？下文将借鉴何离巽的方法将早期文本和晚期文本分为简本和繁本进行对比。在梵文写本方面，我们将使用帕吉特（Pargiter）校订本和斯奎因（Schøyen）写本。前者时间约在 5 世纪末到 6 世纪初，后者则在六七世纪左右，均属于早期写本；晚期写本则是孔泽（Conze）和缪勒（Müller）的校订本，他们主要基于日本和中国所藏的 9 世纪以后的梵文写本。③ 汉译方面，我们选择了

---

① 详见 Paul Harrison, "Experimental Core Samples of Chinese Translations of Two Buddhist Sūtras Analysed in the Light of Recent Sanskrit Manuscript Discoveries", *Journal of International Association of Buddhist Studies* 31.1 - 2, 2008 (2010)。

② 参见 Paul Harrison, "Experimental Core Samples of Chinese Translations of Two Buddhist Sūtras Analysed in the Light of Recent Sanskrit Manuscript Discoveries", *Journal of International Association of Buddhist Studies* 31.1 - 2, 2008 (2010), pp. 217 - 218。

③ 关于梵文写本的详细情况，参见范慕尤《从梵汉对勘看鸠摩罗什译〈金刚经〉》，《西域研究》2015 年第 1 期，第 115—116 页；该文已收入本书，见第 65—78 页。

除义净之外的五个译本，分别是：公元402年鸠摩罗什译本，509年菩提流支译本，562年真谛译本，605年达摩笈多译本和648年玄奘译本。

一、文本对勘

简本

Pargiter

13a tat kasya hetoḥ yā ceyam prajñāpāramitā tathāgatena (bhā)ṣitā sāpāramitā[①] |

今译：这是什么原因呢？如来所说的智慧的圆满[②]（般若波罗蜜多）是无圆满（波罗蜜多）。

Schøyen

13a tat kasya hetoḥ | yaiva subhūte prajñāpāramitā tathāgatena bhāṣitā | saivāpāramitā |

今译：这是什么原因呢？须菩提啊！如来所说的智慧的圆满（般若波罗蜜多）是无圆满（波罗蜜多）。

什：所以者何？须菩提！佛说般若波罗蜜，即[③]非般若波罗蜜。（T 235，750a13－15）

支：何以故？须菩提！是般若波罗蜜，如来说非般若波罗蜜。（T 236B，758c20－21）

谛：何以故？须菩提！是般若波罗蜜，如来说非般若波罗蜜。（T 237，763b28－29）

---

① 帕吉特释读为 sā pāramitā，但结合上下文和其他平行文本，笔者认为此处应为否定意，即 sā-a-pāramitā，连声后则为 sāpāramitā。

② pāramitā 可以有两种理解：一为彼岸，一为圆满。

③ 《大正藏》作"则"，据明本改。

繁本

Conze

13a tat kasya hetoḥ? yaiva Subhūte prajñāpāramitā Tathāgatena bhāṣitā saiva-a-pāramitā Tathāgatena bhāṣitā. tenocyate prajñāpāramiteti.

今译：这是什么原因呢？须菩提啊！如来所说的智慧的圆满（般若波罗蜜多）是如来所说的无圆满（波罗蜜多）。因此它就被称作智慧的圆满（般若波罗蜜多）。

Müller

13a tat kasya hetoḥ | yaiva subhūte prajñāpāramitā tathāgatena bhāṣitā saivāpāramitā tathāgatena bhāṣitā | tenocyate prajñāpāramiteti ||

今译：这是什么原因呢？须菩提啊！如来所说的智慧的圆满（般若波罗蜜多）是如来所说的无圆满（波罗蜜多）。因此它就被称作智慧的圆满（般若波罗蜜多）。

笈：彼何所因？若如是，善实！智慧彼岸到；如来说，彼如是非彼岸到；彼故，说名智慧彼岸到者。（T 238, 768b26－28）

玄：何以故。善现。如是般若波罗蜜多。如来说为非般若波罗蜜多。是故如来说名般若波罗蜜多。（T 220, 982a9－11）

从以上对勘情况来看，很明显，在早期梵文写本中，它并非标准的“非 A 即 A”句式，只有前两部分，没有否定后的再肯定。而在晚期梵文本中，我们看到的则是一个由三部分构成的标准的“非 A 即 A”句式。我们推测后来的编纂者可能注意到早期文本中此句与其他“非 A 即 A”句式不一致，于是对其作了修改。结合汉译来看，这一增补应该有一个过程，最早反映文本变化的就是

7世纪初的达摩笈多译本。这一译本本身也很特殊，是一个未完成的译本。[①] 简言之，它只是将每个梵文词译成汉语，还保留了原文的语序，是完全碎片化的汉语表述。用一位研究者的话来说："如果没有梵文本，几乎不可能解读这字谜一样的翻译。"[②]不过它也在最大程度上保留了当时梵文本的原貌，让我们可以据此复原其对应的梵文，如下所示：

> *tat kasya hetoḥ* | *yaiva subhūte prajñāpāramitā tathāgatena bhāṣitā saivāpāramitā* | *tenocyate prajñāpāramiteti* ‖
>
> **今译**：这是什么原因呢？须菩提啊！如来所说的智慧的圆满（般若波罗蜜多）是无圆满（波罗蜜多）。因此它就被称作智慧的圆满（般若波罗蜜多）。

对比早期文本，我们不难看出它增加了一个末尾的肯定句，使其成为标准的"非A即A"。而到了玄奘时期，文本又加入了第二个"如来所说"（tathāgatena bhāṣitā），至此，其最终形式得以确立。

通过文本对勘和分析，我们追溯了"非般若波罗蜜"这句经文的变化，几乎可以确定这句经文起初并不是一个"非A即A"句式，而是逐步增补而成的。这一变化最迟应该出现于7世纪初，[③]至7世纪中最后完成。鸠摩罗什和玄奘的译文可以说分别代表了

---

① 对其的研究可参见Zagetti, "Dharmagupta's Unfinished Translation of the 'Diamond-Cleaver' '(Vajracchedikā Prajñāpāramitā-sūtra)'", *T'oung Pao*, Second Series, Vol. 82 (1996), pp. 137 – 152。

② Zagetti, "Dharmagupta's Unfinished Translation of the 'Diamond-Cleaver' '(Vajracchedikā Prajñāpāramitā-sūtra)'", *T'oung Pao*, Second Series, Vol. 82 (1996), p. 143.

③ 菩提流支和真谛时期的梵文本可能已经有了变化，只是他们的译本受罗什影响较深，很多地方沿用了罗什的翻译。

这句经文较早期和定型期的不同形态。不过由于鸠摩罗什译文的通行，目前所见的注释几乎都以其译文为底本。那么这些注释是否反映了晚期文本的变化，慧能注释中的经文又是如何形成的呢？我们下一步将对注释的情况作简单的梳理。

二、注释考察

我们的考察首先从两部译自印度的注释开始，这两部注疏都和瑜伽行派的论师无著和世亲有着密切关系。第一部是菩提流支于翻译《金刚经》同年所译的《金刚般若波罗蜜经论》(T 1511)。这是一部偈颂和散文相结合的注释，其著者有说为世亲，有说为无著与世亲，亦有说为弥勒与世亲。[①] 此后，义净又在 711 年将此注释分别译为《能断金刚般若波罗蜜多经论释》(T 1513)和《能断金刚般若波罗蜜多经论颂》(T 1514)。另一部为散文注释，是达摩笈多于 613 年译出的《金刚般若论》(T 1510A)和《金刚般若波罗蜜经论》(T 1510B)，两本为同本异译。根据图齐(Tucci)的研究，T 1510A很有可能是译者在得到新写本后重新改订而成。[②] 值得注意的是，虽然这几部注释译自梵文，但涉及经文部分，他们都以鸠摩罗什的译文为主。这在一定程度上削弱了其参考价值，不过也从侧面显示了罗什译文的影响。受篇幅所限，我们选取了《金刚般若波罗蜜经论》(T 1510B)、《金刚般若波罗蜜经论》(T 1511)和《能断金刚般若波罗蜜多经论释》(T 1513)三个注释。其文如下：

---

① 关于其作者的讨论，详见耿晴《法身为真如所显——论〈能断金刚般若波罗蜜多经释〉对于法身的界定》，《台大佛学研究》2013 年第 26 期，第 4 页。

② 见 G. Tucci, *Minor Buddhist Texts*, Roma: Instituto Italiano per il Medio ed Estremo Oriente, 1956, p. 18。

《金刚般若波罗蜜经论》:“于如是法中，或起如言执义，为对治彼未来罪故。经言:‘佛说般若波罗蜜则非般若波罗蜜。’故，如般若波罗蜜，非波罗蜜。如是亦无有余法如来说者，为显此义故。”（T 1510B，772c11－15）

《金刚般若波罗蜜经论》:“如经:‘何以故？须菩提！佛说般若波罗蜜，即非般若波罗蜜。’故，何故如是说彼智岸故？彼智岸无人能量，是故非波罗蜜。又此法门不同，何以故？此中有实相故，余者非实相。除佛法余处无实故。以彼处未曾有，未曾生信，以是义故。”(T 1511，787c8－13)

《能断金刚般若波罗蜜多经论释》:“此言欲显般若之名，此下意欲成立是胜妙事。即经云:‘如来说为般若波罗蜜多者。彼即非波罗蜜多。’为何意趣作如是说？答境岸非知故。由其所知境岸除佛于余无能知者，复是于余不共故。”（T 1513，878c14－19）

在以上注释中，虽然经文部分引用了鸠摩罗什的译文，但是在解释部分，他们都提到了“非波罗蜜”或“非波罗蜜多”，这一点很值得注意。其实从上文的对勘来看，目前所见的《金刚经》梵本和笈多本均为“非波罗蜜多”(saivāpāramitā)，而且注释中的“智岸”“境岸”等语都对应波罗蜜多，无论是“智岸无量”还是“境岸非知”，都是解释“非波罗蜜多”的原因，因此我们倾向于认为此处注释的梵文原文应该是“非波罗蜜多”。由此看来，“非般若波罗蜜”这一表述极有可能是鸠摩罗什自己的创造。也就是说，鸠摩罗什首次将原文的“非波罗蜜”改成了“非般若波罗蜜”，而菩提流支、真谛和玄奘都沿袭了这一翻译。

其次，从我们选取的几个宗派代表人物的《金刚经》注释来看，他们也均以鸠摩罗什译本为底本，不过在引用时，文字上会略有差别。比如三论宗的吉藏和天台宗的智𫖮都简化了原文，将“般若波罗蜜”省作“般若”，其文如下：

> 吉：“佛说般若者，此是佛般若，佛金刚也。则非般若者，非是二乘智慧，非二乘金刚也。”(T 1699, 113b5－7)
>
> 智：“所以者何？佛说般若，则非般若。此是如空，既以性空为般若，般若即非般若。性空如亦空。”(T 1698, 75a6－79c3)

吉藏将“般若”等同于大乘或佛乘智慧，因此将“非般若”解作“非二乘智慧”；而智𫖮则从“性空”的角度解释“非般若”。他们的观点和角度与上文提到的印度注释全然不同，体现的是个人或其宗派的思想。可能也正是因为这一点，他们在引用经文时，有意忽视了原文中的“波罗蜜多”，而将侧重点放在了“非般若”。这种为了在注释中体现个人或其宗派的思想而选择性地引用经文的情况在汉地佛教的注释中并不鲜见。在唐代的注释中，我们依然能看到这种选择的影响，比如唯识宗的窥基和华严宗的宗密的注释，如下所示：

> 基：“‘所以者何？须菩提！佛说般若波罗蜜，即非般若波罗蜜。’佛说般若波罗蜜者，十方佛同说也。谓虽无分别，而说亦有因巡。而谈如说但无分别取自法王非无因巡而有自体也。即非般若波罗蜜者，非一佛独陈也。此意云，由般若是诸佛本母能出生诸佛，故诸佛同赞故。”(T 1700, 139a14－22)
>
> 密：“‘所以者何？须菩提！佛说般若波罗蜜，即非般若波罗蜜。’佛立经名约能断惑，断惑故，胜也。则非般若者，无著云：‘对治如言执故。三佛无异说胜。’”(T 1701, 162a14－17)

虽然窥基和宗密的注释忠实地引用了鸠摩罗什的译文,并未加以删改,但是在其解释中,窥基将般若解作"诸佛本母",以说明"非般若波罗蜜"之意;而宗密引用无著的注释解释"非般若"之含义,很明显,他们与前文提到的吉藏和智顗相同,侧重点亦在"非般若"。

从鸠摩罗什将"非波罗蜜多"译为"非般若波罗蜜",到智顗和吉藏将其删为"非般若"并重点解释"非般若"之意,再到窥基和宗密延续其影响,侧重解释"非般若",这不能不说是由于佛典翻译引起的义理诠释方面的差异。

三、慧能注释及其影响

作为禅宗六祖,慧能的一生从悟道、学法到传法都与《金刚经》有着密切的关系。[①] 正因如此,他的《金刚经解义》既体现了以他为代表的当时禅宗对《金刚经》的理解,也对后世的汉地佛教徒阐释《金刚经》产生了重要的影响。而在这一注释中,如上文所说,慧能所引用的《金刚经》不同于我们所见的任何一个汉译本,原文如下:

> "所以者何?须菩提!佛说般若波罗蜜,即非般若波罗蜜。是名般若波罗蜜。"佛说般若波罗蜜,令诸学人用智慧除却愚心生灭。生灭除尽,即到彼岸。若心有所得,即不到彼岸。心无一法可得,即是彼岸。口说心行,乃是到彼岸。(X 459, 524a20 - 24)

对比以上诸本汉译可以看出,慧能这句经文应该是综合了鸠摩罗

---

① 关于慧能听《金刚经》而得悟,向弘忍学法,因"菩提本非树"这一表现自己对《金刚经》体悟的偈子而得弘忍传法等事迹,详参郭朋《坛经校释》,北京:中华书局,2012 年,第 5—25 页。

什和玄奘译文后再加以改编而来的。前一句“佛说般若波罗蜜，即非般若波罗蜜”来自鸠摩罗什译文，而后一句“是名般若波罗蜜”参考了玄奘译文的“是故如来说名般若波罗蜜多”，但为了和罗什译文保持一致，将“波罗蜜多”改成了“波罗蜜”；又为了和下文的“非A即A”句式，如“非微尘，是名微尘”“非世界，是名世界”等保持一致，将“是故如来说名”简化为“是名”。

那么为什么窥基和宗密等唐代高僧在注释中没有改动经文，只有慧能作了这样的增补和改动呢？我们推测，很可能慧能本来就认为这句经文应为“非A即A”句式，而在对比了罗什和玄奘的译文后，更加确定了他的想法。也就是说，晚期文本为他提供了增补经文的佐证。就如同《大般涅槃经》的早期译本即南本中没有提到“一阐提有佛性”的说法，竺道生孤明先发，提出众生包括一阐提皆有佛性，遭到抵制；而北本《大般涅槃经》，也就是晚期文本出现后，其中肯定了“一阐提亦有佛性”，证明了竺道生的预见。[①] 因此很有可能慧能作此改动就和此前我们讨论的智顗等人一样，主要是为了传播自己的思想。是什么样的思想呢？我们从记载其禅学思想精要的《坛经》中可以一窥究竟。

首先，慧能将“波罗蜜”解释为“除生灭”，这和他在《坛经》中的解释类似：

> 何名波罗蜜？此是西国梵音，唐言彼岸到。解义离生灭，著境生灭起，如水有波浪，即是为此岸；离境无生灭，如水承长流，故即名到彼岸，故名波罗蜜。迷人口念，智者心行，当念时有妄，有妄即非真有；念念若行，是名真有。[②]

---

① 其事详见汤用彤《汉魏两晋南北朝佛教史》，北京：北京大学出版社，1997年，第415—420页。

② 郭朋：《坛经校释》，第62页。

按照此处的解释，生灭应是指攀缘外境引起的心念生灭。而以般若智慧所达到的彼岸是没有生灭之念的，再联系《金刚经解义》中所说“心无一法可得，即是彼岸”，正是《坛经》中所说的“无念”之意，即“于一切境上不染，名为无念；于自念上离境，不于法上生念”①。慧能在《坛经》中将其法门归纳为三点，第一点就是“立无念为宗”②，可见其在禅法中的重要。

其次，值得注意的是“心行”这一概念。在《金刚经解义》中，慧能用“口念心行”来解释末句“是名般若波罗蜜”。《坛经》中的相关解释是：“念念若行，是名真有。”而据注释所说，③此处的“真有”即“真性”，也就是贯穿《坛经》全篇被反复强调的中心概念“佛性”“真如”或“真心”。而“心行”指的应是以心去体悟佛性，使唯一真实不空的佛性显现。

由此看来，慧能改编的这一“非 A 即 A”句式的否定句突出的是“无念”思想，而肯定句——“是名般若波罗蜜”——则强调了“佛性”思想。这也正回答了我们前文提出的问题，慧能改编经文是为了传播自己的禅宗思想。

虽然中唐以后禅宗的影响与日俱增，但目前我们并没有找到唐代注释中引用慧能此句经文的例证。根据电子版《续藏经》的搜索结果，其广泛应用是在明清时期，比如明代禅宗高僧憨山德清（1546—1623）的《金刚经决疑》（X 474）、永觉元贤（1578—1657）的《金刚经略疏》（X 482）和蕅益智旭（1599—1655）的《金刚经破空论》（X 479）中都出现了这句改编过的经文。这一影响一直延续到民国时期，本文开头处提到的星云大师之书中的经文也是继承了这一传统。

---

① 郭朋：《坛经校释》，第 39 页。
② 同上，第 39 页。
③ 同上，第 63 页。

结 论

本文所讨论的涉及“般若波罗蜜”的“非 A 即 A”句式有一个复杂的形成过程。在早期的《金刚经》梵文本中，其前身只是单一的否定句式，到了晚期才发展为否定后再肯定的句式。伴随着梵文本的变迁，汉译也出现了相应的变化，同时也不乏人为的改动。鸠摩罗什译文中的“非般若波罗蜜”就可能是译者的添加；玄奘在继承其翻译的基础上，参照晚期梵文本，使其译文成了以“般若波罗蜜多”为中心词的标准的“非 A 即 A”句式。虽然玄奘的翻译影响有限，但慧能的注释《金刚经解义》应该参考了他的译本，并据此改编了作为经文底本的鸠摩罗什译文。而改编的目的同我们所考察的吉藏、智𫖮等论师相同，即传播个人的宗派思想。慧能通过改编和注释，主要强调了其禅法中“无念”和“真性”的思想。

《维摩诘经》的文献学研究

《维摩诘经》文本对勘的启示

——《维摩诘经·弟子品》梵、藏、汉对勘实例举隅

藏于布达拉宫的梵文写本《维摩诘经》于21世纪初首次问世，不啻学界的一大震动。众所周知，《维摩诘经》在整个东亚佛教界、思想界都有着极其重要的地位和影响。之前，此经的梵本一直缺失，难觅其踪。传世的只有三种汉译和一种藏译。汉译本分别是公元3世纪支谦所译《佛法普入道门三昧经》、5世纪初鸠摩罗什所译《维摩诘所说经》和7世纪中玄奘所译《说无垢称经》。藏译则是9世纪初由印度僧人法性戒（Dharmatāśīla）翻译，拉莫特（Lamotte）的法译本和瑟曼（Thurman）的英译本都是据此藏译而来。[①] 以前学者对《维摩诘经》的研究也多依据汉译或藏译。自从2004年日本大正大学出版了他们依据布达拉宫的梵文写本照片所编辑的《梵、藏、汉对照维摩经》[②]之后，学术界便展开了和梵文

① Étienne Lamotte, *The Teaching of Vimalakīrti* (*Vimalakīrtinirdeśa*), Sara Boin (trans.), Oxford: The Pāli Text Society, 1976; R. Thurman, *The Holy Teachings of Vimalakīrti: A Mahayana Scripture*, Philadelphia: Pennsylvania State University Press, 1976.

② Study Group on Buddhist Sanskrit Literature (ed.), *Vimalakīrtinirdeśa and Jñānālokālaṃkāra: Transliterated Sanskrit Text Collated with Tibetan*（藏文）*and Chinese*（汉文）*Translations*, Part Ⅱ, *Vimalakīrtinirdeśa: Transliterated Sanskrit Text Collated with Tibetan*（藏文）*and Chinese*（汉文）*Translations*, Tokyo: Taishio University Press, 2004.

本相关的一系列研究。不过目前我们所看到的这一梵文本虽然意义重大，是已知的《维摩诘经》存世的唯一梵文写本，但它的时间较晚，约在10世纪以后，和早期经文相比，有不少后来增改窜入的成分，而且错漏不少。因此正如何离巽(Paul Harrison)所强调的，这个梵文本的出现"不但不会减少汉译和藏译的用处，反而会增加，因为对于梵文本的编辑和辨识那些增改的成分，它们是必不可少的工具"①。所以利用这一梵文本作梵、藏、汉文本对勘研究，对佛教史和佛教思想的研究来说都是很有必要的。而在利用汉译进行对勘时，我们既要考虑到它可能对应的是早期的梵文写本，也要考虑它可能经过了译者的加工。中村元就曾指出："众所周知，鸠摩罗什在汉译佛教经典时，并未忠实地翻译原文，或是大篇幅地改写了原文的内容，或是在译文中揉和了自己的思想。以罗什汉译的《维摩诘所说经》为例，在阅读这部经卷过程中，时常可以碰到一些作为印度古典文章无论如何也难于理解、顺应的不贴切的写作表现方式。"②拉莫特也曾提到玄奘的翻译中有部分地方透露出他的唯识思想。③ 下面笔者将根据《维摩诘经·第三品》的几个梵、藏、汉对勘实例来具体分析几个译本的差别及其原因，特别是鸠摩罗什译文中所反映的思想倾向。

---

① Paul Harrison, "Experimental Samples of Chinese Translations of two Buddhist Sūtras Analysed in the Light of Recent Sanskrit Manuscript Discoveries", *Journal of the International Association of Buddhist Studies* 31. 1-2 (2010), p. 245.

② [日] 中村元著、刘建译：《基于现实生活的思考——鸠摩罗什译本的特征》，《世界宗教研究》1994年第2期，第6—7页。

③ Étienne Lamotte, *The Teaching of Vimalakīrti* (*Vimalakīrtinirdeśa*), pp. 35-36.

一

§ **3.6** *virāgo* *'nārambaṇagatikaḥ*①

今译：远离贪欲 无所缘的状态

藏：*'dod chags daṅ bral ba dmigs pa med par 'gro ba ste*②(p. 82)

支：不以淫为无挂碍。(T 474，521c19③)

什：法离于相，无所缘故。(T 475，540a7)

玄：法离贪着，无所缘故。(T 476，561c4－5)

梵本的 virāga 在支谦和玄奘译本中都有对应汉译，分别为"不以淫"和"离贪着"。藏文本 'dod chags daṅ bral ba 也是"离欲"之意。只有鸠摩罗什的译本是"离于相"。而从后半句来看，三种汉译和藏译是一致的，都对应梵文的 anārambaṇagatikaḥ，这里的"无所缘"是指没有色、声、香、味、触等五种感官所能感知的对象或属性，汉译往往将此译为"攀缘""所缘"。佛经往往将"贪"与"所缘"对举，正是对这些客体对象的渴望，才有了对外物的贪念，而因为没有了这些依靠、攀缘，也就没有了贪着。支谦和玄奘的译文从

① 文中编号依据 Study Group on Buddhist Sanskrit Literature (ed.), *Vimalakīrtinirdeśa: A Sanskrit Edition Based upon the Manuscript Newly Found at the Potala Palace*。

② 文中藏文引自 Study Group on Buddhist Sanskrit Literature (ed.), *Vimalakīrtinirdeśa and Jñānālokālaṃkāra: Transliterated Sanskrit Text Collated with Tibetan* (藏文) *and Chinese* (汉文) *Translations*, Part Ⅱ, *Vimalakīrti-nirdeśa: Transliterated Sanskrit Text Collated with Tibetan* (藏文) *and Chinese* (汉文) *Translations*。

③ T 表示《大正新修大藏经》(Taishō Shinshū Daizōkyō)，[日] 高楠顺次郎、[日] 渡边海旭编，东京，1924—1934 年，其后分别为经号、页码和行号。

字面上看就是此意。拉莫特依据藏文本翻译为："It is without craving for it has no object."①其意亦同。罗什的"离于相"有可能对应的梵文是 vilakṣaṇa，lakṣaṇa 意为事物的特征，佛经往往译为"相"。从文献学的角度来看，virāga 和 vilakṣaṇa 的读音相近，很有可能佛经在口传的过程中一时疏忽，传成了两个版本，也有可能是手抄者出错了。这种由于底本的不同造成译文差异的情况屡见不鲜。那么有没有可能是鸠摩罗什或者说以他为首的译经团队将"离贪着"改成了"离于相"呢？笔者认为也有可能。

我们知道鸠摩罗什不仅是一位佛经翻译家，也是一位精通佛教理论和戒律的思想家。他推崇和信奉般若的空论和中观思想。这从他翻译《大品般若》《中论》《百论》等著作就可见一斑。而作为此理论的虔诚信仰者和传播者，他在译经和注解中便不可避免地会将自己的思想投射其中。根据僧肇的《注维摩诘经》所述，鸠摩罗什经常在解释经文时提到"诸法实相"的观点。诸法实相的意义就是指事物的本来面目、真相。般若中观学说认为，世间万物的真相是空，是"非空非有"的中道。所以体认到诸法的"毕竟空"，"中道"就是实相。鸠摩罗什认为菩萨要取得诸法实相，只要通过观"无相"一谛即可。如其所言："知苦谛一相，所谓无相……声闻以四谛入诸法实相，菩萨以一谛入诸法实相，菩萨智慧利故，多以慈悲为心，同得诸法实相故。"②无相即空，所谓"不取法相理会于法，名为求法。若取相生着，心与法乖，非求法也"③。所以在此处，为

---

① Étienne Lamotte, *The Teaching of Vimalakīrti*（*Vimalakīrtinirdeśa*）, p. 47.

② 《鸠摩罗什大义章》卷下《十七、次问遍学并答》，转引自杨曾文《鸠摩罗什的"诸法实相"论——据僧肇注〈维摩诘经〉的罗什译语》，《世界宗教研究》1994 年第 2 期，第 24 页。

③ 见僧肇《注维摩诘经》(T 1775, 381b18－20)。

了体现“无相即空”“取相生着”的思想，鸠摩罗什有意将译文改为“法离于相”，意在强调法为无相，为空，因为认识的主体——心没有对象，心无所缘，亦为空。

从僧肇和吉藏等人的注解来看，他们也是倾向于从这个角度去解释。

僧肇的《注维摩诘经》：

> 缘，心缘也。相，心之影响也。夫有缘故有相，无缘则无相也。（T 1775，346b10－11）

吉藏的《维摩经义疏》：

> 万像不同为相，此相是心之所缘。法既无相。则心无所缘。（T 1781，937c28－938a4）

两者意义相近，都从心与无相的关联来解释。“相”是显示事物彼此不同的特征，因为心有差别，所以才会认识到种种不同的“相”，一旦心无差别，心为空，也就没有了相。这也就是所谓的“无缘则无相”，“心无所缘”。那么与罗什译文不同的玄奘是否认同这种解释呢？我们只能从窥基的注解来推测了。

窥基在《说无垢称经疏》中对此句是这样解释的：

> 俗有所缘故贪着，真无所缘故离贪。此能缘空也。应理义云，二十句中，分之为二。初十句显真如理离所执空，后十句显依他性离所执空。或二十句皆说真如。真如寂然，灭十相故。真如离贪，无分别心之所缘故。（T 1782，1042c25－1043a1）

他先从世俗谛和胜义谛的角度作出分别，世俗有所缘，即上文提到的五种属性，所以有贪着。而真如之理没有所缘，所以没有贪着。他进一步指出这是因为“能缘空”，就是说，认识的主体心为空。接着他开始用唯识学的思想来分析，他把每句对法的解释分为两部分，前一部分“显真如理”，也就是讲圆成实性，法的真实不变的本性，它脱离了对事物进行分别，执取的遍计所执性，它是空的；另一部分“显依他性”，即依因缘而起的自性，它也脱离了遍计所执性，亦为空。最后他总结道：真如之所以离贪，是因为能缘，即认识的主体心没有分别，为空；能缘为空，则无所缘。窥基在原文的基础上加以引申，从所缘这一客体引申到能缘这一主体，进一步阐发心空则“无所缘”、无“贪着”的道理。这样一来，就和鸠摩罗什的译文一致了。所以窥基接着写道：

> 旧云法离于相者，贪相，亦可无妨。初离所缘相，后离能缘相。贪着执着。能缘之心。以无境故，其心亦无。（T 1782，1042a1 - 3）

虽然窥基将“贪着”也视为一种相，以期消弭译文的差异。但“贪着”和“相”的内涵外延有着不小的差异。相比于“法离贪着，无所缘故”，“法离于相，无所缘故”可以有多种解释。比如有解为：“佛法的本质，是远离一切生灭之相的，因为它并非因缘所生。”[①]可以说，只是因为鸠摩罗什带有个人倾向的改译，造成了经文的这种变化，产生了多种解释，这是否是他所预期的呢？我们就不得而知了。

---

① 赖永海、高永旺译注：《维摩诘经》，北京：中华书局，2010年，第38页。

二

§3.6 *sarvatrānugata ākāśasamasadṛśaḥ avarṇaliṅga-saṃsthānaḥ sarvapracāravigataḥ*

今译：遍及四方的，和虚空一般的，没有颜色、形状和标记的，去除了所有的活动。

藏：*thams cad kyi rjes su soṅ ba ste nam mkha' daṅ mñam źiṅ mtshuṅs pa | kha dog daṅ | rtags daṅ | dbyibs med pa | rgyu ba thams cad daṅ bral ba |*

支：而一切救，如空等为无适莫。（T 474, 521c20－21）

什：法无形相，如虚空故；法无戏论，毕竟空故。（T 475, 540a8－9）

玄：法遍一切，如虚空故；法无有显，无相无形，远离一切行动事故。（T 476, 561c6－7）

第一句的前半句，三者的翻译都不同，从字面上看，支谦和玄奘的译文相差甚大，不过俗语的“一切救”和梵文 sarvatrānugata 在形态上有相似之处，很有可能支谦所依的底本是以俗语、犍陀罗语或其他中世印度语（Middle Indic）写成的，所以有此差异。藏译和玄奘译文相同，为“遍及一切”之意。而鸠摩罗什的译文是“法无形相”，从文献学的角度来看，我们可以推测译者是把后一句的 avarṇaliṅgasaṃsthānaḥ 移到了这里，这种情况在梵汉对勘的实例中有很多，即前后文的置换，但也不排除鸠摩罗什修改译文的可能。正如前文所说，为了突出“无相即空”之理，他有意将“遍一切”改成了“无形相”。从思想来看，窥基认为这两种说法并不矛盾。他在《说无垢称经疏》中写道：

> 初如虚空，说无形相，能遍一切。（T 1782，1043a16－17）

也就是说，因为佛法是空，无形无相，所以能充斥一切地方。虽然窥基将两家译文融合，但鸠摩罗什译文的这种表述确实带有其思想倾向，这在接下来的一句表现得更为明显。

第二句的梵文和藏译以及玄奘译文一致，但他们与罗什译文的差别极大。梵文中并没有提到“戏论”和“毕竟空”。从文献角度找不到太多证据，虽然 sarvapracāravigataḥ 中的 pracāra（行动）和 prapañca 有相似之处，但有些牵强。笔者更倾向于这是鸠摩罗什有意的改动。

从梵文来看，此句是讲法没有色、形、相这些外在的表征，是因为它没有行为、动作。pracāra 一词，玄奘译为“行动事”，藏译 rgyu ba 为走动，拉莫特翻译为“motion”。[①] 这个词是动词的 pra－√car（出现，行动）派生而来的名词，兼有出现和行动等多重意义。在这里是指产生、出现、活动等外在行为。因为诸法本来为空，这些行为都是虚幻，自然就没有外在的色、形、相了。

对此句，窥基的解释是：

> 俗有行动屈申等事，故有显色，亦有表相，亦有形色。真无行动屈申等事，宁有显相形色等耶？应理义云：“真如如空，性无罣碍，故遍一切。亦无行动屈申等事，故无显相形色等事，相者表色。”（T 1782，1043a11－16）

他还是立足于真、俗二谛的对立，然后从“真如性空”的角度来阐明

---

① Étienne Lamotte，*The Teaching of Vimalakīrti*（*Vimalakīrtinirdeśa*），p. 47.

"无行动屈申",因此"无显相形色"的道理。我们再来看鸠摩罗什的译文,"戏论"一词,梵文为 prapañca,有扩充、发展、出现等意义,也可表示多样、充足、冗长等意。在哲学中,它被用来指现象、现象界;在语法中,意为以更清楚的方式重复一个难以理解的规则;在戏剧中,指滑稽荒唐的话语;而在修辞学中,则指两方言不由衷的互捧。由于鸠摩罗什的翻译,中国佛教界对这个词的理解就倾向于"戏言,戏谈"这个方向,如吉藏说"戏论是借譬之名"①。正如万金川所说,这就使得"梵文原语若干重要的意含受到中文译语的限制而被剥蚀"②。那么具体在这里,"戏论"应该如何理解呢?有人解释为"言不及义的妄说或与真理相去甚远的言论"③,还有的地方解为"一切讲空讲有的理论都是笑话"④。据鸠摩罗什译本翻译的英译本将其译为"hypothesis"。⑤ 而窥基则在注释中这样写道:

> 古经二文皆少不同。后毕竟空言无戏论。戏论即是显相形色,毕竟空者,无行等故。(T 1782, 1043a16 - 18)

他将戏论与"显相形色"等同,也就是说,戏论是有色、形、相的现象世界。笔者比较认同这一解释,因为依据此意,鸠摩罗什的译文和梵文、藏文等意义并无太大差异,只是更为概括,而非逐字对应。再联系后半句的"毕竟空故",笔者初步推测这和鸠摩罗什的中观

---

① 吉藏:《大乘玄论》(T 1853, 32a16)。
② 万金川:《龙树的语言概念》,台北:正观出版社,1995 年,第 128 页。
③ 赖永海、高永旺译注:《维摩诘经》,第 37 页。
④ 南怀瑾:《维摩诘的花雨满天》,北京:东方出版社,2010 年,第 112 页。
⑤ 参见 John McRae, *The Vimalakīrti Sūtra*, California: Numata Center for Buddhist Translation and Research, 2004, p. 86。

思想有密切关系。在《中论》中，我们可以找到与此句类似的表达方式，如：

《中论》卷三：诸忆想分别皆从戏论生，得诸法实相毕竟空。（T 1564，24c8－9）

《中论》卷四：一切法空故……灭一切戏论。一切法、一切时、一切种从众缘生故，毕竟空故无自性……如是等六十二邪见于毕竟空中皆不可得。诸有所得皆息，戏论皆灭。（T 1564，36a27－b11）

从以上举例可以看出，"灭戏论"常和"毕竟空"联想在一起，这里的"戏论"指的是主观上对诸法作思量分别、虚幻不实的言论。止息这种言论，就可以认识到诸法实相，即毕竟空。鸠摩罗什的译文意在阐明此理，这种表述虽然与梵文、藏译等意义接近，但是很明显地渗透了他个人的思想倾向。

三

§ 3.16 *saced evam asy avikopya satkāyaṃ ekāyanaṃ mārgam anugataḥ* |

今译：假若　如此　是　不破坏　有身　唯一的路　道路　领会

藏：*gal te 'jig tshogs la lta ba'aṅ mi bskyod la bgrod pa gcig pa'i lam du yaṅ soṅ* ||

支：一切常，若不知己身。（T 474，522b4－5）

什：不坏于身，而随一相。（T 475，540b24）

玄：不坏萨迦耶见，入一趣道。（T 476，562b8－9）

对此句中 satkāya 一词，三人的翻译基本一致，即认为有自我存在的看法。问题的焦点集中在后半句。支谦、玄奘和藏译与梵文接近，不论是“一行”“一道”还是 gcig pa'i lam（一条道路），都与梵文的 ekāyanaṃ mārgam 基本对应。只有鸠摩罗什在此处译为“一相”。而对于这一翻译，在《注维摩诘经》中，他和僧肇是这样解释的：

> 什曰：“身即一相，不待坏而随也。”肇曰：“万物齐旨，是非同观，一相也。然则身即一相，岂待坏身灭体然后谓之一相乎？身五阴身也。”（T 1775，350a25－b1）

吉藏的解释也与此相类，他在《维摩经义疏》中写道：

> 不坏于身而随一相。上就有余涅槃，今约无余涅槃也。小乘人谓：“坏五阴身，然后随涅槃一相。”今明身即一相，不待坏而随也。（T 1781，940c1－4）

从他们的解释来看，所谓的身就是五蕴所成之色身。因为万物的本质都是无自性的，也就没有差别，是同一的。“一相”就是相同之相，是诸法的本来之相，也就是我们前文提到的“诸法实相”。

那么这个“一相”和“一趣道”是否相同呢？我们来看窥基的解释，他在《说无垢称经疏》中写道：

> 萨迦邪见，此名伪身见，我见也。不坏我见者，示现起故，求大菩提，度有情类，皆为我故。然入无我一趣之道，无我之理，名为一趣，三乘行者，共所归故，道者能缘，即无我见。不断我见，证无我见。入者悟义。旧云：“不坏于身者，身见也。

> 随一相者，无我见也。无我见中，更无二故。”（T 1782，1046a29 - b6）

他认为“一趣道”就是无我之理，这句表达的意思就是不抛弃有我的看法，同时证得无我的道理。他把无我与“一相”等同，因为认识到无我之理，则诸法平等，再无差别。可是笔者认为这是注释者有意调和新、古译文的差异，实际上“一相”和“一趣道”并不能完全等同。“一相”是具体而明确的，即诸法平等，同为一相。但“一行”或“一趣道”并不是明确所指的，所谓唯一（正确）的道路可能是窥基所说的无我之见，也可能是“不执着于有，亦不执着于空”的中道。所以后世对这两种译文的理解也肯定会有偏差，这种差异也再次证明了鸠摩罗什译经有自己的偏好。

四

> **§3.16** *na sarvadharmasamanvāgataś ca sarvadharmasamadhigataś ca* |
>
> 藏：*chos thams cad daṅ yaṅ ldan la chos thams cad kyi 'du śes daṅ yaṅ bral* |
>
> 支：一切无法行离法之想。
>
> 什：虽成就一切法而离诸法相。
>
> 玄：虽成就一切法而离诸法想。

这句的梵文和几个译本均无法对应，从字面来看，其意为“虽然没有领悟到一切法，但是接近一切法”。而藏译和罗什、玄奘的译文相类，即虽然具备了一切法，但是却远离诸法之相或想。而支谦的译文却是一个双重否定式，既否定入一切法，也否定接近一切法。从上下文来看，支谦的翻译似较为合理，因为这段话是维摩诘以中道的理论驳斥小乘的各种修行方式。在此句之前的几句都是这种双重否定的形式，在梵文中，每句都有两个 na（不），大意为“看不到四圣谛，但也不是看不到真谛。（你）既不是修成正果的，也不同于普通人。你不是神圣的，也不是不神圣”①。那体慧（Jan Nattier）曾有一段关于《维摩诘经》汉译的精辟论断，她指出：“如果我们想趋近《维摩经》最为早期的可能版本，那么最佳的选择便是从支谦第三世纪的译本着手，尽管支谦译本在文句的理解上困难重重，而且其译文也不能简单地视作印度原典的逐词翻译。”②我初步推测梵文写本可能漏掉了一个 na。而藏译和罗什、玄奘所依据的底本有可能也只有一个否定词 na，而且这个否定词放在了后半句。

还有一个值得我们关注的问题，就是“法相”和“法想”的差异及其原因。虽然这一写本中没有出现和“相”或“想”对应的词，但从支谦、玄奘译文和藏译来看，他们所依据的梵文本中在 sarvadharma（一切法）之后是应该是有一个词的，很有可能是 saṃjñā（五蕴之一，指思维活动）。而罗什的译文可能对应 nimitta 或 lakṣaṇa。在没有确知梵本的情况下，我们只能考察鸠摩罗什译经的习惯来作出判断。

万金川在考察汉语译经史中“三解脱门”的演变，即从“空、无想、无愿”到“空、无想、无作”的变化时，曾提出“这种由‘无想’而

---

① 参见 John McRae，*The Vimalakīrti Sūtra*，California：Numata Center for Buddhist Translation and Research，2004，p. 86。

② Jan Nattier，“The Teaching of *Vimalakīrti*（*Vimalakīrtinirdeśa*）：A Review of Four English Translations”，*Buddhist Literature*，Vol. 2，Bloomington：Department of Religious Studies，Indiana University，2000，p. 257.

‘无相’的字形变化就认识论层面来说，其间所涉及的是由主体向客体面倾斜的思想变迁”①。他还进一步指出，鸠摩罗什的改译经文是“基于大乘菩萨道的人间实践精神……他似乎更着重‘诲令不舍’的以有为法的诸相为其所观，并由是而在观行者的冥想之中生起能够对‘诸法实相’进行确切认识的‘无相三昧’，而并不准备强调观行者的能观面上所呈现出的那种‘无想三昧’的空灵而寂然境界”②。

他的这一提法给我们以极大的启示。据他所说，再结合鸠摩罗什译经的实例，我们有理由推断此处的“法相”很可能是罗什有意为之。

结　语

《维摩诘经》的梵、藏、汉对勘研究具有极其重要的学术意义。特别是三个汉译本历经不同的时期，通过文献学的对勘研究，可以梳理出一条思想演变的轨迹，亦可了解译者如鸠摩罗什和玄奘投射于译经中的个人的思想倾向。本文所举的虽然只是几个文献对勘的例子，但所谓“窥一斑而知全豹”，从中不但可以看到各文本的差异，还可以获知差异背后文献学、佛教学等方面的信息。笔者认为值得注意的有两点：首先，影响最大的鸠摩罗什译文有时并不如支谦译文贴近原典，有不少带有个人思想倾向的改动；其次，僧肇、吉藏和窥基因为所依译文和所属派别不同，在注疏中也表现出很明显的思想差异。不过窥基的注释并没有一味反对罗什译文，反而在有些地方调和了新、旧译文的不同之处，使其意义一致。

---

① 万金川：《梵本〈维摩经〉的发现与文本对勘研究的文化与思想转向》，《正观》第51期，2009年，第185—190页。

② 同上，第190页。

对支谦译《维摩诘经》的另一种观察

导　言

《维摩诘所说经》(*Vimalakīrtinirdeśa*，下文简称“《维摩诘经》”)无疑是东亚地区影响最广的佛经之一，特别是在汉地的居士佛教中。[①] 它的多个汉译本[②]和大量相关注释都是其流行的证据。[③] 在现存的三个汉译本中，最早的支谦译本(T 474)[④]曾经很有影响。但是在鸠摩罗什译本出现后，支谦译本就受到了批评，[⑤]

---

① 关于学界对这一问题的讨论，见 Mather(1968)。[按：本文以“作者名(作品发表年份)”代表相关作品，具体可见文后参考文献。]

② 《维摩诘经》先后被翻译了八次，详见 Lamotte (1976)，pp. xxvi - xxxvii。现存的译本包括：(1) 支谦在公元 222—229 年间于建业译出的《维摩诘经》(T 474)，共 2 卷；(2) 鸠摩罗什于 406 年在长安译出的《维摩诘所说经》(T 475)，共 3 卷；(3) 玄奘于 650 年在长安译出的《说无垢称经》(T 476)，共 6 卷。

③ 见 Mather (1968)，p. 60。

④ 近来学者们开始关注《维摩诘经》(T 474)的归属问题。这主要源自释果朴提出的一个观点，即 T 474 是竺法护翻译的，不是支谦。释果朴在其著作中详细列举了相关证据，见释果朴(1998)，第 217—258 页。但是，那体慧(Nattier)不同意这一观点，她认为 T 474 的译者是支谦这一点是毋庸置疑的。见 Nattier (2008)，pp. 140 - 141。

⑤ 僧肇曾在其为鸠摩罗什译《维摩诘经》所作序中写道：“而恨支、竺所出理滞于文。”见(梁) 僧祐《出三藏记集》(T 2145，58b9 - 10)。僧叡也曾指出：“始悟前译之伤本，谬文之乖趣耳。至如以不来相为辱来，不见相为相见。”见《出三藏记集》(T 2145，58c13 - 28)。

而且很快就被罗什译本取代了。

《维摩诘经》自从出现后就广受关注，而汉译本的流传更是让其影响不断扩大。在此，我们无法列出所有相关的研究，据我所知，仅仅是基于鸠摩罗什译本和藏译[①]的研究数量就相当可观。相比于这些基于较晚期文本的研究，最早期的汉译，即支谦译本似乎长期被忽略了。除了批评其术语不准确及哲学思想表达有误之外，[②]它的文献学价值很少被提及。[③] 作为最早的译本，T 474 确实有不少问题，因为那一时期汉译还不成熟。但是，它可以展示出早期汉译的一些特点，例如底本的中世印度语元素、不标准的术语以及融合印度佛教思想和汉地传统思想的努力等，这些都激发我们的思考，值得深入研究。近期《维摩诘经》的梵文写本被发现，且已出版，[④]在这一条件下，我们可以重新考察支谦译本并探究其被忽视的价值。

一、支谦及其翻译风格

根据支谦传记所述，他出生于中国北方，是大月氏移民的后代。他所精通的外语可能是中世印度语。他于汉末迁居吴国，先

---

① 藏译由 Chos ñid tshul khrims (Dharmatāśīla)在 814—824 年间译出，见 Lamotte (1976), p. xxxvii。

② 见 Lamotte (1976), p. xxvii。

③ 那体慧曾指出："如果我们想了解《维摩诘经》文本最初的形态，最好的办法就是从 3 世纪支谦的译本开始研究。不过一定要提到的是，支谦的译本有极大难度，不能简单地将其视为对印度文本逐字逐句的翻译。"见 Nattier (2000), p. 257, n. 43。

④ 《维摩诘经》的梵文写本长期以来都被认为是失传的。直到 1999 年日本学者在我国西藏布达拉宫发现了它的梵文写本。2004 年，日本学者出版了含有梵文写本转写及汉译和藏译的对照本，之后他们又修订了梵文本，在 2006 年出版了梵文写本的精校本。这一写本的年代被断定为 11—13 世纪，不过何离巽(Paul Harrison)将其时间进一步限定到 12 世纪中期，见 Harrison (2008), pp. 218 - 219, note 26。

在武昌，约在229年之后到建业，他在这里居住直到去世，他的大量译经也是在这里完成的。[①]

早期汉译佛经的翻译过程都是比较模糊的，支谦的译经也不例外。很可惜，关于他译经的材料只有一篇《法句经》的序言。[②]据他所述，[③]他从维祇难那里得到了写本，邀请同伴竺将炎一起翻译，关于某些较难的部分，他还咨询了竺将炎。最后他将新出的章节补充进先前的文本并对其加以修订。从这个过程来看，支谦自己并没有翻译文本，而是扮演了编辑和润文的角色，这一点和他的前辈以及同时代的译者不同，他们往往负责口头传译。[④] 这种区别一方面体现了他出众的汉文水平；另一方面也暗示了他的印度语言能力比较弱，这也就导致了他的大部分译经不是原创的翻译，而是对已有译本的改编。[⑤]

对于支谦的翻译风格，我们很难作出总结，因为他的译经呈现出各种前辈译者风格的混合，这与他总是改编前人译本有关。[⑥]

---

① 见《出三藏记集》(T 2145, 97b13－c1)。

② 见《出三藏记集》(T 2145, 49c21－50a28)。其英文翻译参见 Willemen (1973), pp. 210－213。

③ 虽然序言是匿名的，但可以确定为支谦所作。参见 Zürcher (1972), p. 47。

④ 对其详细的描述，参见 Zürcher (1959), p. 31。

⑤ 学界对此问题的讨论，见 Nattier (2008), p. 118；辛嶋静志(Karashima Seishi)也认为支谦总是改编或修订已有的翻译。而 T 474 就是对失传的严佛调译本的修订，见 Karashima Seishi (2013), pp. 275－276。我同意支谦改编译本这一说法，但是作为补充，我们也要留意 T 474 和严佛调翻译当中的差别。T 474 确实采用了一些安玄和严佛调译经中的术语，不过有些术语，例如"除馑"译 bhikṣu(比丘)，"敬首"译 Mañjuśrī(文殊师利)，支谦没有用他们的翻译，而是采用了其他前辈译者的翻译，或是自己新造了术语。因此笔者认为支谦不仅是改编严佛调的译经，还根据印度语底本或是助手口译的文本作了一些翻译。

⑥ 关于前辈译者对支谦的影响以及他的译经，参见 Nattier (2008), pp. 118－121。

总体来说，他比较偏好意译术语和优雅的文风，但是也有一些译经中含有大量音译和口语。因此支谦译经的一个最主要特点就是缺乏一致性。①

二、T 474 的文献学价值

从文献学的角度来看，T 474 的首要价值就是体现了《维摩诘经》最古老的形态。虽然《维摩诘经》最早出现于 2 世纪，②但它的最后定型是在几个世纪之后，经过了一系列的变迁。因此只有 T 474保留了它最早的形态。拉莫特（Lamotte）就曾指出过很多晚期文本的内容在 T 474 都没有出现过。③

总体来说，T 474 比后期文本简洁。但是它也有一些内容是后期文本所缺少的。比如：

§ 2.4

*sarvadharmaśravaṇasāṃkathyeṣu ca saṃdṛśyate hīnayānavicchandanāya mahāyāne samādāpanatayā .*④

今译：他出现在讨论佛法的听众中，为了让他们远离小乘，趋向大乘。

支：诸讲法众，辄身往视，不乐小道。（T 474，521a12－13）

什：入讲论处，导以大乘。（T 475，539a27－28）

玄：入讲论处，导以大乘。（T 476，560c2－3）

---

① 见 Nattier（2008），p. 125。

② 见 Lamotte（1976），p. xxviii。

③ 拉莫特也提到过有些处在萌芽状态的段落后期被丰富了不少。关于详尽的分析，参见 Lamotte（1976），p. xxviii。

④ 文中梵文《维摩诘经》均引用自 Vkn（2006）。

§ 3.24

tan nāham utsahe tasya satpuruṣasya glānaparipṛcchako gantum

今译：因此，世尊，我不能去询问那位病人的病情。

支：自从是来，我念弟子未观察人者，不可为说法。所以者何？不能常定意根，原知本德，如佛世尊。故我不任诣彼问疾。（T 474，522c11－13）

什：我念声闻不观人根，不应说法。是故不任诣彼问疾。（T 475，541a10－11）

玄：时我世尊，作如是念："诸声闻人不知有情根性差别，不白如来，不应辄尔为他说法。所以者何？诸声闻人不知有情诸根胜劣，非常在定，如佛世尊，故我不任诣彼问疾。"（T 476，563a5－9）

以上两例展现了两种情况：第一，是支谦译本保留了被鸠摩罗什和玄奘省略的内容，它还出现在梵文写本中；第二，就是鸠摩罗什和梵文写本都缺失的内容却保存在支谦、玄奘译本以及藏译中。[1] 虽然这样的例子不多，但是它们表明了支谦译本的独特价

---

① 如果没有特别注明，文中所有藏译均引自大鹿实秋（Oshika Jisshu）的精校本。此段藏译为：

bcom ldan 'das bdag gis 'di sñam du bsams so: -ñan thos kyis pha rol gyi sems daṅ bsam pa ma brtags par su la yaṅ chos mi bstan to. de ci'i slad du źe na, ñan thos la ni sems can thams cad kyi dbaṅ po mchog daṅ mchog ma lags pa la mkhas pa yaṅ ma mchis, ji ltar de bźin gśegs pa dgra bcom pa yaṅ dag par rdsogs pa'i saṅs rgyas bźin du rtag tu mñam par bźag pa yaṅ ma lags so-sñam bgyid de, bcom ldan 'das, de'i slad du bdag skyes bu dam pa de'i bro 'dri źiṅ mchi bar mi spro'o. [见 Oshika Jisshu (1970), p. 28。]

值，那就是它可以补充晚期文本某些省略或缺失的内容，同时丰富我们对《维摩诘经》文本的理解。我们习惯于将梵文写本和藏译作为可靠的版本，而汉译，特别是早期汉译，通常被认为是不忠实于其印度底本的。这就导致了它们的文献学价值往往被低估。关于《维摩诘经》的文本情况，何离巽（Harrison）认为："我们可以看到它（指梵文写本）并没有减少它们（指汉译和藏译）的作用，而是增加了，因为它们对于编辑梵文写本是不可或缺的，还可以找出哪些篡改或抄写错误混入了其中。"[①]作为补充，我们认为支谦译本不仅可以用于辨别篡改和抄写错误，还有助于找出省略的部分。

三、支谦所用底本的语言

学者们关注早期汉译源自哪种语言这一问题已经长达一个世纪了。自从著名的"犍陀罗语猜想"被提出后，这一讨论更加激烈了。但是这一猜想一直缺乏有力的证据来证实，直到辛嶋静志和布歇（Boucher）提出了新的研究方法。辛嶋将竺法护所译的《妙法莲华经》（*Saddharmapuṇḍarikā*）（下文简称"SP"）和梵文写本之间的差异作了分类并加以分析。他认为这些差异源于俗语（Prakrit）所导致的语音混淆。[②] 基于他的例证，布歇进一步考察了竺法护译《法华经》中的例子，他指出语音混淆是由文本的传播引起的，文本的语言应该是和犍陀罗语近似的俗语。[③]

他们的工作启发了笔者对于 T 474 底本语言的研究。这一译本中也存在翻译错误，这些错误源于中世印度语造成的语音和语法混淆。考虑到底本语言的复杂性，笔者将所收集的差异例证分为三类：第一，主要反映犍陀罗语影响的例证；第二，与犍陀罗语

① 见 Harrison (2008)，p. 246。
② 见 Karashima Seishi (1992)。
③ 见 Boucher (1998)，p. 498。

特征一致但并不限于这一语言的例证；第三，与犍陀罗语特征不一致，暗示其他俗语影响的例证。为了诠释这一方法，试举例如下。

（一）主要反映犍陀罗语影响的例证

1. 长、短音的混淆

支谦译本中的某些错误是由长、短元音混淆导致的，很可能他使用的是驴唇体（kharoṣṭhi）写本，其长元音没有标记。①

a/ā

§ 6.2

<u>mayā</u> hy eṣāṃ satvānām evaṃ dharmaparijñāyai dharmo deśayitavya iti

今译：由我为众生如此说法，使他们了解。

支：人物为<u>幻</u>，知法亦然，而为说法。（T 474，528a23）

什：我当为众生说如斯法。（T 475，547b14－15）

玄：我当为诸有情说如斯法令其解了。（T 476，572c28－29）

很明显，支谦在这里混淆了 mayā（我）和 māyā（虚幻）。

2. 不同元音的混淆

u/a

§ 3.58

<u>upāya</u>maṇḍaḥ eṣa satvaparipācanatayā

今译：方便法门是菩提境，因为教化众生。

---

① 见 Fussman (1989)，§ 33－34；此外，辛嶋还指出竺法护译《正法华经》中出现的这种混淆"似乎证实了译者没有正确理解这些词语出现的上下文"，见 Karashima Seishi (1992)，p. 263。

支：灭心则是，度人民故。（T 474，524b5）

什：方便是道场，教化众生故。（T 475，542c24）

玄：方便是妙菩提，成熟有情故。（T 476，565b26－27）

支谦在这里可能混淆了 upāya（方便）和 apāya（消灭）。和元音 a 变为 u 的唇音化相比，反向的变化，即 u 变为 a 很少见，很有可能是字形的混淆，而不是语音的混淆。[①] 在驴唇体写本中，元音 u 的标记很小，看上去好像底部没有标记，这样一来，u 就可能被误读为 a。[②]

3. 单辅音的混淆

t/d; j/ś

§ 1.10

dharmeṇa te jitam idaṃ varadharmarājyaṃ

今译：被你的法超越，那就是法的最高境界。

支：经道讲授诸法王。（T 474，519c16）

什：法王法力超群生。（T 475，537c12）

玄：法王法力超群生。（T 476，558b29）

很明显，支谦的译文与其他文本出入极大，它可能对应梵文 dharmeṇa deśitam（讲授法），也就是说他把 te jitam 这两个词理解成了一个词，这可能是由两个辅音的混淆造成的。虽然从 t 到 d 这

---

① Andrew Glass 曾提到一个可能的例证：pa[śpru]sa = Skt. Phuphusam，其中梵文的 u 变为 a。不过，这个词的词源学背景比较复杂，参见 Glass (2007)，§ 5.1.2.3。相关讨论可以参见 Allon (2001)，§ 5.1.4；Lenz (2010)，p. 24。

② 这一观点是 Stephan Baums 在电子邮件（2012）中提出的私人建议。

一变化出现在很多发音中，但不太可能出现在单词的起始位置。因此这个变化可能是由于字形的误读，是驴唇体写本引起的。关于 j 和 ś 的变换，这可能是把 y 误读为了 ś，而 y 是由 j 转变来的。① 同样混淆的例子见于竺法护译《法华经》的 ajita（胜利）和 aśīti（八十）。②

4. 辅音组合的混淆

（1） **nd/d**

§ 1.4

ratnanandinā

今译：宝施（菩萨）

支：宝池菩萨。（T 474，519b11）

什：（无）

玄：宝施菩萨。（T 476，558a14）

支谦在这里很有可能把 nandi（快乐）误读成了 nadī（河流）。在驴唇体写本中被写作 anusvāra（鼻音符号）的 n 会被省略，这是某些犍陀罗语书写者的拼写习惯。结果，鼻音和辅音的组合就被写成了只有辅音。③

---

① 关于 j 和 y 的转换，参见 Lenz（2010），§ 3.2.1.2；Glass（2007），§ 5.2.1.2。

② 见 Boucher（2000），p. 13。辛嶋也提出了好几个关于 y 和 ś 混淆的例证，例如 indriya 和 īdṛśa，vinaya 和 vināśa。他指出，这个混淆可能源于两个字母在驴唇体写本中字形的相似。

③ 见 Glass（2007），§ 5.2.2.2。关于更早的讨论，见 Brough（1962），§§ 7－8，10a，46－7；Salomon（1999），§ 6.4.3；Salomon（2000），§ 6.2.2；Allon（2001），§ 5.2.3.1。作为补充，辛嶋指出汉译《长阿含经》中某些地方也显现出犍陀罗语的影响，比如 Mandākinī 的音译“摩陀延”很明显省略了 n，见 Karashima Seishi（1994），p. 35。

（2）**rṇ/n；rm/m**

§1.10

*śubhakarmasaṃcaya*①

今译：(你)积累净业。

支：净除欲疑。（T 474，519c13）

什：久积净业。（T 475，537c9）

玄：久积无边清净业。（T 476，558b25）

§7.18

te jīrṇavyādhitā bhonti mṛtam ātmānu darśayī

今译：他们示现自身的衰老和疾病，甚至死亡。

支：为现胜言教，示身终如死。（T 474，530b6）

什：或示老病死。（T 475，550a7）

玄：或示现自身，有诸老病死。（T 476，576b19）

在以上两个例子中，karma 和 jīrṇa 分别被误读为 kāma 和 jina。大体来说，在巴利语和犍陀罗语的 r 和辅音的组合中，半元音 r 总会被后面的辅音同化。② 但是在 rm 和 rv 组合中，r 偶尔会保留，但有时会变为 m 和 v。③ 因此我们看到犍陀罗语里 kama 代表梵语的 karma。④ 而 jīrṇa 和 jina 之间的转变很可能是源自犍

① 关于 saṃcaya 转化为 saṃśaya 这一点，岩松浅夫（Asao Iwamatsu）注意到这一点并将其归因于犍陀罗语的影响，见 Asao Iwamatsu（2008），pp. 407－408。关于犍陀罗语里 c 转化为 ś 这一点，见 Burrow（1937），§§17，48。

② 见 Pischel（1900），§287。

③ 见 Allon（2001），§5.2.3.5。

④ 见 Burrow（1937），§§36a,37a,42；Salomon（2000），§6.2.2.3。

陀罗语的 jiṇa，它对应梵文的 jīrṇa。①

（3）**skṛ/ khya**

§ 3.30

asaṃskṛtas tena na śakyaṃ draṣṭum

支：无计数则不有见。（T 474，523a4）

什：即是无为不应有见。（T 475，541b3）

玄：即是无为不应有见。（T 476，563b7－8）

在支谦译本中，saṃskṛta（有为的，造作的）和 saṃkhyāta（计数）这两个词经常被混淆，这可能是因为写本中这个词写作 sakhada。在犍陀罗语中 sk 会变为 kh，②而 ṛ 会转化为 a，因此可以推断 saṃskṛta 对应犍陀罗语的 sakhada。但是考虑到 khy 会变为 kh，③sakhada 也可以理解为源自 saṃkhyāta，这也是译者的理解。

（二）与犍陀罗语特征一致但并不限于这一语言的例证

1. **gh/h**

§ 1.3

amoghaśravaṇadarśanaiḥ

今译：所见所听都是有效的。

支：明智之讲皆听闻。（T 474，519b2）

什：其见闻者无不蒙益。（T 475，537a28）

---

① 见 Lenz（2003），§ 4.2.2.2。

② 见 Allon（2001），§ 5.2.2.7。

③ 见 Allon（2001），§ 5.2.3.4。

玄：其见闻者无不蒙益。(T 476，558a5)

很明显，支谦将 amogha(不空)理解成了 amoha (明智)。送气音 gha 在巴利语保持不变，但是在俗语中会变为 ha。① 在犍陀罗语中，送气音 gha 在两个元音之间也会弱化为 ha。②

2. **n/ṇ**

§ 3.6

sarvatrānugata ākāśasamasadṛśaḥ

今译：(法)遍布一切处，因为它像虚空。

支：而一切救，如空等。(T 474，521c20)

什：法无形相，如虚空故。(T 475，540a8 - 9)

玄：法遍一切，如虚空故。(T 476，561c6)

支谦可能将复合词 sarvatrānugata 误解为 sarvatrāṇakata，这源于 nugata 和 ṇaka 的混淆。齿音和顶音的鼻音在很多方言中都会互换，③特别是犍陀罗语。④ 最后，我们还要注意末尾 ta 的脱落，这可能是由抄写者的疏漏或译者的误读造成的。

这里对底本语言的研究只是一个初步的尝试。鉴于某些混淆很明显是由字形的原因造成的，我们可以推断写本是驴唇体，但是要确定写本语言为犍陀罗语，目前的证据还不充分。虽然某些例证反映出犍陀罗语的影响，但是还有一些例证所体现的语言特征

---

① 见 von Hinüber (2001)，§ 184；Pischel (1900)，§ 188。
② 见 Salomon (2000)，§ 6.2.1.1。
③ 见 Pischel (1900)，§ 224。
④ 见 Brough (1962)，§ 45。

并不限于犍陀罗语。除了这些证据，还有一些不能确定原因的翻译错误，可能是受俗语元素的影响，它们与犍陀罗语的特征并不一致。例如，śruta（听）译为"勇"（可能对应梵文 śūra），śr（吉祥）译为"首"（可能对应梵文 śiras）。此外，我们需要考虑两个要素。

首先，我们不能忽略的一个事实是，大多佛典都经历了一个"翻译"的过程，即从一种方言转化为另一种，这必然会改变最终的文本。① 再者，这些"翻译"常常是由书写者来做的，他们对于语音规则的应用有很大的随意性。② 因此一个文本在到达汉地之前已经被混合和叠加了很多成分。

其次，早期汉译翻译时的复杂状况也必然会导致一些翻译的问题。我们曾提到支谦在翻译时可能是依赖一位印度的助手，其汉语并不流利。由此便可推断，印度助手的误读或者误解都会误导支谦，有些误读或误解是无法用语音或字形等原因解释的。

四、哲学启示

作为大乘早期的重要经典，《维摩诘经》包含了般若和中观思想。关于后者，拉莫特指出，《维摩诘经》代表了中观思想草创期的形态，为龙树的中观派奠定了基础。③ 但是，对于支谦译本来说，这一说法不太适合，因为其中的思想与中观并不完全一致，甚至与其相悖。我们会重点讨论支谦译本中诸法平等这一点。中观思想中，诸法皆空，因此诸法平等无二。

总之，《维摩诘经》的文本都肯定诸法平等，但是支谦译本有一点与其他文本不同，就是善法和恶法平等，通过恶业得解脱的观

---

① 见 Boucher（1998），p. 501。关于学术性的讨论，见 Bechert（1980）；Norman（1976a）。

② 见 Norman（1993），p. 95。

③ 见 Lamotte（1976），p. lxii。

点，如下所示：

§ 3.13

yadi sthaviro mahākāśyapo 'ṣṭau ca mithyātvāni samatikrāmet,[①] *aṣṭau ca vimokṣān samāpadyeta mithyāsamatayā ca samyaktvasamatām avataret*

今译：尊者大迦叶啊！如果你能超越八邪，专注于八解脱；如果借由邪平等，你能参透正平等。

支：如今耆年已过八邪，八解正受，以正定越邪定。（T 474，522a17－18）

什：迦叶，若能不舍八邪，入八解脱，以邪相入正法。（T 475，540b6－7）

玄：尊者迦叶，若能不舍八邪，入八解脱，以邪平等入正平等。（T 476，562a14－15）

§ 3.16

na ca te 'vidyā bhavatṛṣṇā ca samudghātitā na ca vidyāvimuktī utpādite | *ānantaryasamatayā ca te samādhivimuktiḥ*

今译：如果无明和贪欲没有被消除，那知识和解脱就不可能出现；如果借由五无间罪你能参透平等解脱。

支：为非不明，非趣有爱，非得明度。亦非极罪，正解已解。（T 474，522b5－6）

什：不灭痴爱，起于明脱。以五逆相而得解脱。（T 475，540b24－25）

---

① 黄宝生认为写本应当有个否定词 *na*，这样就和上下文以及晚期文本一致。见 Huang Baosheng（2011），p. 71，note 1。

玄：不灭无明并诸有爱，而起慧明及以解脱。能以无间平等法性而入解脱平等法性。（T 476，562b9－11）

支谦译文与其他文本的差异是很明显的。有可能早期文本的编者更强调善恶对立而不是两者的平等，而这一点被晚期文本的编者或译者修改了。朝山幸彦（Asayama Yukihiko）曾提出，这种善恶对立的观点可能属于同时代的中国思想。支谦将其应用于自己的翻译中，并以之替换了原文的思想。[①] 但是朝山的观点主要依赖于汉译和藏译本的对比，而在梵文写本出现后，其观点需要重新考虑。根据梵文写本和其他译本的对比，万金川认为支谦的翻译代表了《维摩诘经》的早期形态，善法和恶法对立就是其中的思想，它出现在中观派的诸法平等学说之前。[②] 从我们所举的例证来看，支谦译本中对善法和恶法的观点似乎更接近梵文写本。当然，由于缺少不同传承系统的梵文写本，要确认善法和恶法对立这一点是否属于早期《维摩诘经》文本的思想，还需要更多证据。目前我们可以推测，支谦的译本可能保存了早期《维摩诘经》的二元对立思想。因此支谦译本在这一点上证实了其价值。

结 论

笔者在本文起始就强调了支谦译本被忽视的价值。为了揭示其文献学价值，我们考察了那些能够体现其特征的例证，证实支谦译本包含晚期文本所缺少的内容。因此，我们对于支谦译本文献学价值的认识已经超越了以往的印象，即此译本在内容上比晚期文本简略。

---

① 见 Asayama Yukihiko (1986)，pp. 133－134。
② 见 Wan Jinchuan (2009)，p. 173。

支谦译本还为我们提供了中世印度语的线索。这一语言曾被广泛应用于早期佛教自印度到汉地的传播过程。我们考察了支谦译本与梵文写本之间的差异，这些差异源于写本语言造成的混淆，他们被分为三类。根据驴唇体写本的字形所产生的混淆，我们推断，支谦译本的底本应是用驴唇体写成的。但是，由于例证和翻译背景的复杂性，我们很难将犍陀罗语等同于支谦译本的底本语言。我们只能假设犍陀罗语在支谦底本中扮演了重要角色。

最后，我们注意到支谦译本所表达的哲学思想和其他晚期写本不同。晚期文本中关于善恶平等的文句与支谦译本不同。我们认为支谦译本可能代表了《维摩诘经》早期文本的思想，即肯定善恶二元对立，而不是诸法平等的中观思想，而中观思想应该是晚期文本才有的。

虽然我们讨论的有些问题还没有解决，但是我们已经揭示了支谦译本在文献学、语言学和哲学方面的重要性，它值得学界的关注和进一步研究。

参考文献

Allon, Mark. *Three Gāndhārī Ekottarikāgama-Type Sūtras: British Library Kharoṣṭhī Fragments 12 and 14*. *Gāndhāran Buddhist Texts 2*. Seattle: University of Washington Press, 2001.

Asao Iwamatsu（岩松浅夫）.《偈颂から见た支谦译〈维摩诘经〉の特征について》,《印度学佛教学研究》(*Journal of Indian and Buddhist Studies*) 58.1 (2008), pp. 406 - 413.

Asayama Yukihiko（朝山幸彦）.《〈维摩诘经〉に见られゐ中国的变容》(“A Study of Chinese Modifications of the *Vimalakīrtinirdeśa*”),《印度学佛教学研究》34.2 (1986), pp. 133 - 141.

Bechert, Heinz (ed.). *Die Sprache der ältesten buddhistischen Überlieferung / The Language of the Earliest Buddhist Tradition*. Göttingen:

Vandenhoeck & Ruprecht, 1980.

——. "Methodological Considerations Concerning the Language of the Earliest Buddhist Tradition", *Buddhist Studies Review* 8.1 - 2 (1991), pp. 3 - 19.

Bernhard, Franz. "Gāndhārī and the Buddhist Mission in Central Asia", in *Añjali: Felicitation Volume Presented to Oliver Hector de Alewis Wijesekera on His Sixtieth Birthday*. J. Tilakasiri (ed.). Peradeniya: Felicitation Volume Editorial Committee, University of Ceylon, 1970, pp. 55 - 69.

Boucher, Daniel. "Gāndhārī and the Early Chinese Buddhist Translations Reconsidered: The Case of the *Saddharmapuṇḍarīkasūtra*", *Journal of the American Oriental Society* 118.4 (1998), pp. 471 - 506.

Brough, John. *The Gāndhārī Dharmapada*. London: Oxford University Press, 1962.

Burrow, Thomas. *The Language of the Kharoṣṭhī Documents from Chinese* ... Cambridge: Cambridge University Press, 1937.

Caillat, Colette (ed.). *Dialectes dans les littératures indo-aryennes*. Paris: Collège de France, 1989.

Davids, Caroline, A. F. Rhys and William, Stede (eds.). *Pali-English Dictionary*. Oxford: Pali Text Society, 1905.

Edgerton, Franklin. *Buddhist Hybrid Sanskrit Grammar and Dictionary*, 2 vols. New Haven: Yale University Press, 1953.

Fussman, Gérad. "Gāndhārī écrite, Gāndhārī parlée", in Caillat 1989, pp. 433 - 501.

Glass, Andrew. *Four Gāndhārī Saṃyuktāgama Sūtras: Senior Kharoṣṭhī Fragment 5*. *Gāndhāran Buddhist Texts 4*. Seattle: University of Washington Press, 2007.

Harrison, Paul. "Experimental Samples of Chinese Translations of Two Buddhist Sūtras Analysed in the Light of Recent Sanskrit Manuscript Discoveries", *Journal of the International Association of Buddhist Studies*

31.1－2 (2008), pp. 205－249.

Huang Baosheng(黄宝生).《梵汉对勘维摩诘所说经》. 北京：中国社会科学出版社,2011.

von Hinüber, Oskar. *Das ältere Mittelindisch im Überblick*. Wien: Österreichischen Akademie der Wissenschaften, 2001.

Karashima Seishi(辛嶋静志). *The Textual Study of the Chinese Versions of the Saddharmapuṇḍrikasūtra in the Light of the Sanskrit and Tibetan Versions*. Tokyo: The Sankibo Press, 1992.

——.《长阿含经の原语の研究》. 东京：平河出版社,1994.

——. "A Study of the Language of Early Chinese Buddhist Translations: A Comparison between the Translations by Lokakṣema and Zhi Qian", *Annual Report of the International Research Institute for Advanced Buddhology at Soka University* 16 (2013), pp. 273－288.

Lamotte, Étienne. *The Teaching of Vimalakīrti (Vimalakīrtinirdeśa)*. Sara Boin (trans.). Oxford: The Pāli Text Society, 1976.

Lenz, Timothy. *A New Version of the Gāndhārī Dharmapada and a Collection of Previous-birth Stories: British Library Kharoṣṭhī Fragments 16 + 25*. *Gandhāran Buddhist Texts 3*. Seattle: University of Washington Press, 2003.

——, Timothy. *Gāndhāran Avadānas: British Library Kharoṣṭhī Fragments 1－3 and 21 and Supplementary Fragments A-C*. *Gāndhāran Buddhist Texts 6*. Seattle: University of Washington Press, 2010.

Mather, Richard. "*Vimalakīrti* and Gentry Buddhism", *History of Religions* 8.1 (1968), pp. 60－73.

McRae, John R. "The *Vimalakīrtinirdeśa Sutra*: Translated from the Chinese (Taisho Volume 14, Number 475)", in *BDK English Tripiṭaka* 20－Ⅰ, 26－Ⅰ. Berkeley: Numata Center for Buddhist Translation and Research, 2004, pp. 57－181.

Nattier, Jan. "The Teaching of *Vimalakīrti* (*Vimalakīrtinirdeśa*): A Review of Four English Translations", *Buddhist Literature*, Vol. 2.

Bloomington: Department of Religious Studies, Indiana University, 2000, pp. 234 – 258.

——. *A Guide to the Earliest Chinese Buddhist Translations: Texts from the Eastern Han*（东汉）*and Three Kingdoms*（三国）*Periods*. Tokyo: The International Research Institute for Advanced Buddhology, Soka University, 2008.

Norman, K. R. "The Language in Which the Buddha Taught", in *Buddhism and Jainism*. Harish Chandra Das (ed.). Cuttack: Institute of Oriental and Orissan Studies, 1976a , pp. 15 – 23.

——. "The Labialization of Vowels in Middle Indo-Aryan", *Studien zur Indologie und Iranistik* 2 (1976b), pp. 41 – 58.

——. "The Language of Early Buddhism", in *Premier colloque Etienne Lamotte*, Bruxelles et Liège, 24 – 27 September 1989, pp. 83 – 99, Louvain-la-Neuve: Universite de Louvain, Institut orientaliste, 1993.

Oshika Jisshu（大鹿实秋）. *Tibetan Text of Vimalakīrtinirdeśa*. 千叶：成田山新胜寺，1970.

Pischel, Richard. *Grammatik der Prakrit Sprachen*. Strassburg: Karl J. Trubner, 1900.

Vkn intro. Study Group on Buddhist Sanskrit Literature (ed.). *Introduction to Vimalakīrtinirdeśa and Jñānālokālaṃkāra*. Tokyo: Taisho University Press, 2004.

Vkn Study Group on Buddhist Sanskrit Literature (ed.). *Vimalakīrtinirdeśa and Jñānālokālaṃkāra: Transliterated Sanskrit Text Collated with Tibetan*（藏文）*and Chinese*（汉文）*Translations*, Part Ⅱ, *Vimalakīrtinirdeśa: Transliterated Sanskrit Text Collated with Tibetan*（藏文）*and Chinese*（汉文）*Translations*. Tokyo: Taishio University Press, 2004.

—— (ed.). *Vimalakīrtinirdeśa: A Sanskrit Edition Based upon the Manuscript Newly Found at the Potala Palace*. Tokyo: Taishio University Press, 2006.

Salomon，Richard. *Ancient Buddhist Scrolls from Gāndhāra: The British Library Kharoṣṭhī Fragments*. Seattle：University of Washington Press；London：British Library，1999.

——. *A Gāndhārī Version of the Rhinoceros Sūtra: British Library Kharoṣṭhī Fragment 5B*. *Gāndhāran Buddhist Texts 1*. Seattle：University of Washington Press，2000.

Shi Guopu（释果朴）.《敦煌写卷 P3006 支谦本〈维摩诘经〉注解考》. 台北：法鼓文化事业股份有限公司，1998.

Tsukamoto Zenryū（塚本善隆）. *A History of Early Chinese Buddhism: From Its Introduction to the Death of Hui yuan*. Leon Hurvitz（trans.）. 2 vols. Tokyo：Kodansha.

Wan Jinchuan（万金川）.《梵本〈维摩经〉的发现与文本对勘研究的文化与思想转向》,《正观》51（2009），pp. 144－201.

Willemen，Charles. "The Preface to the Dharmapadas Fa-chü Ching and Ch'u-yao Ching"，*T'oung Pao* 59（1973），pp. 203－219.

Zürcher，Erik. *The Buddhist Conquest of China: The Spread and Adaptation of Buddhism in Early Medieval China*. 2 vols. Leiden：E. J. Brill，1959；reprint，1972.

鸠摩罗什在所译《维摩经》中的思想倾向

日本学者河口慧海最早于1928年在他所译的《维摩经》中提到了鸠摩罗什汉译与藏译的差别，并指出这是为其自身的犯戒行为开脱。① 此后20世纪60年代，户田宏文和中村元两位日本学者也先后撰文指出鸠摩罗什的汉译中添加了译者个人的思想。② 中村教授还在1993年第五次中日佛教学术会议上再次发表了这篇论文，题为“基于现实生活的思考——鸠摩罗什译本的特征”，其内容和思想与之前的基本一致。③ 近期万金川教授在《梵本〈维摩经〉的发现与文本对勘研究的文化与思想转向》中将日本大正大学新刊的梵本《维摩经》与支谦、鸠摩罗什和玄奘的三个汉译本作对比，同时辅以藏译为参考，重新检视河口慧海、朝山幸彦和中村元所作的研究，从“归化”这一角度分析鸠摩罗什对译文的加工，还特别指出鸠摩罗什译文中由“想”到“相”的变化是基于大乘菩萨道的

---

① 参见［日］河口慧海《汉藏对照　国译维摩经》，东京：世界文库刊行会，1928年。

② 参见［日］户田宏文《维摩经に显れた鸠摩罗什三藏の思想》，收于《干潟博士古稀记念论文集》，福冈：九州大学文学部・干潟博士古稀记念会，1964年，第422—440页；［日］中村元《クマーラジーヴァ（罗什）の思想的特征——维摩经汉译の仕方を通して》，收于《金仓圆照博士古稀记念——印度学佛教学论集》，京都：平乐寺书店，1966年，第365—379页。

③ 参见［日］中村元著、刘建译《基于现实生活的思考——鸠摩罗什译本的特征》，《世界宗教研究》1994年第2期，第6—17页。

人间实践精神。笔者受这一研究思路和方法的启发，在作《维摩经》的梵汉对勘时，特别关注鸠摩罗什译经中的个人思想，希望在原有的研究基础上有所补充和增益。首先除了将"想"译为"相"之外，还有不少地方罗什"无中生有"，在没有与"相"相应的梵文词出现的地方加入"相"，或是将不表示"相"的意义的词译为"相"，如下所示：

§ 1.10

satvair samādhānagataṃ gatīgataṃ gatīṣu sarvāsu vimuktamānasam | *jaleruhaṃ vā salile na lipyase niṣevitā te munipadma śūnyatā4*[①] ‖ 14 ‖

藏：*sems can rnams daṅ 'gro bar bźugs śiṅ kun 'grogs kyaṅ* ‖ *'gro ba thams cad las ni rnam par grol ba'i thugs* ‖ *pad ma dag ni chu skyes chu yis yoṅ mi gos* ‖ *thub pa'i pad mas stoṅ pa ñid ni ṅes par bsgoms* |[②]（p. 14）

今译：你与众生一起进入轮回各道，在所有道中，心获得解脱。犹如莲花在水中却不着水，莲花一样的仙人啊，你保持空性。[③]

支：（无）

什：悉知众生来去相，善于诸法得解脱。不著世间如莲华，常善入于空寂行。（T 475，538a12－13）

---

① 本文梵文均引自 Study Group on Buddhist Sanskrit Literature（ed.），*Vimalakīrtinirdeśa: A Sanskrit Edition Based upon the Manuscript Newly Found at the Potala Palace*，Tokyo：Taisho University Press，2006。

② 文中藏文引自 Jisshu Oshika（大鹿实秋），*Tibetan Text of Vimalakīrtinirdeśa*，千叶：成田山新胜寺，1970 年。

③ 此处参考了黄宝生的译文，个别字句有改动，见黄宝生《梵汉对勘维摩诘所说经》，北京：中国社会科学出版社，2011 年，第 26—27 页。

玄：已到有情平等趣，善于诸趣心解脱。牟尼如是善修空，犹如莲花不著水。（T 476，558c29－559a1）

鸠摩罗什对第一句颂的翻译与其他文本出入颇大。虽然梵文 gata 有“知道”的意思，但是 samādhāna 一般指“集中、调整、定心”，samādhānagata 解作“悉知”有些牵强。还有后半句“心”（mānasa）的省略，以及变“趣”为“法”，等等。笔者在这里要重点强调的是“相”的加入，为什么不译成“入诸趣”，而要用“来去相”呢？僧肇在《注维摩诘经》中说：

众生形往来于六趣，心驰骋于是非，悉知之也。①

再联系同为罗什所译的《摩诃般若波罗蜜经》中所说：

菩萨学是道种智已，入众生深心相。入已，随众生心如应说法，所言不虚。何以故？是菩萨摩诃萨善知众生根相，知一切众生心、心数法生死所趣。（T 223，381c27－382a2）

我们不难看出罗什在此有意强调佛所具有的“一切种智”，可以知晓轮回于六道的众生的空相，而后一句的“善于诸法得解脱”也是这一佛智的体现。

§ 3.6

virāgo 'nārambaṇagatikaḥ

---

① （后秦）僧肇等注：《注维摩诘所说经》，上海：上海古籍出版社，2011 年，第 17 页。

藏：*'dod chags daṅ bral ba dmigs pa med par 'gro ba ste* (p. 24)

今译：（法）因无所缘，所以没有贪着。

支：不以淫，为无罣碍。（T 474，521c19）

什：法离于相，无所缘故。（T 475，540a7）

玄：法离贪着，无所缘故。（T 476，561c4－5）

我们可以看到除鸠摩罗什外，没有任何一个文本出现“相”，梵文的 rāga、藏文的 'dod chags、支谦的“淫”、玄奘的“贪着”均表示同一个意义。而在佛经中也往往将“贪”与“所缘”对举，正是对这些客体对象的渴望，才有了对外物的贪念，而因为没有了这些攀缘，也就没有了贪着。那么罗什译本为什么会出现“相”，而不见“贪着”呢？

我们再来看僧肇等人的《注维摩诘经》：

缘，心缘也。相，心之影响也。夫有缘故有相，无缘则无相也。①

僧肇在这里将心、缘和相联系起来，因为缘和相都源自心，受心的影响，一旦心无差别，心为空，也就没有了相，所以说“无缘则无相”。僧肇在此很可能是秉承罗什之意，有意强调“诸法无相”的思想。

§ 3.51

sarvasatvānubodho hi bodhiḥ

---

① （后秦）僧肇等注：《注维摩诘所说经》，第 42 页。

藏：*sems can thams cad rjes su rtogs pa ni byaṅ chub yin pa'i phyir ro*（p. 34）

今译：因为菩提是一切众生的觉悟。

支：一切人民当从觉道故。（T 474，524a1）

什：一切众生即菩提相。（T 475，542b16－17）

玄：夫菩提者，一切有情等所随觉。（T 476，564c26－27）

这句中村元也曾讨论过，他认为原文似为"一切众生可悟者方为菩提"之意，"悟"应为未来可能实现的目标，而在罗什那里，"悟"是现在既存的。[①] 从梵文、藏文、支谦和玄奘的译文来看，都有"众生得觉"的意思，而鸠摩罗什省去了这个"觉"，却在菩提后加上了"相"。虽然窥基在注疏中说：

旧云："一切众生即菩提相。"以等随觉，即有当来菩提相故，此乃事均俱当证故。（T 1782，1058c22－24）

这就是把众生随弥勒而觉悟与众生有菩提相相等同，认为两者都是将来可以得证的。但是根据僧肇的批注："无相之相是菩提相也。"[②]竺道生也说道："菩提既是无相，理极之慧。言得之者，得即是菩提相也。果是其相，则非实矣。苟得非实，一切众生亦是此之得理也。所以然者，菩提本无不周，众生即是其相故也。"[③]因此罗什这里的"菩提相"其实是为了突出"无相"，进一步说众生的"无相"即"菩提相"，意识到这个道理就得到菩提了。正如前文中村元

① 参见[日] 中村元著、刘建译《基于现实生活的思考——鸠摩罗什译本的特征》，《世界宗教研究》1994 年第 2 期，第 8 页。

② （后秦）僧肇等注：《注维摩诘所说经》，第 76 页。

③ 同上。

所说，罗什的译文有当下即得的意义，与玄奘等将来当得的意思是不同的。

§ 4.4

svāgataṃ mañjuśriyo 'svāgataṃ mañjuśriyo 'nāgatasyādṛṣṭaśrutapūrvas ya darśanam |

藏：*'jam dpal legs par 'oṅs so* | *'jam dpal* | *śin tu legs par 'oṅs so* | *sṅon ma 'oṅs* | *ma mthoṅ* | *ma thos pa mthoṅ ṅo* ‖ (p. 43)

今译：欢迎，文殊师利！不欢迎，文殊师利。从前未见未闻未曾来的出现了。

支：维摩诘言："劳乎！文殊师利，不面在昔，辱来相见。"（T 474，525c2－3）

什：时维摩诘言："善来！文殊师利，不来相而来，不见相而见。"（T 475，544b12－14）

玄：时无垢称见妙吉祥，唱言："善来！不来而来，不见而见，不闻而闻。"（T 476，567c24－26）

支谦的这句译文曾被鸠摩罗什的弟子僧睿在其为《维摩诘经》所作的序中作为批评的例子，他在讲到前代译文伤本乖趣时特别提到：

至如以不来相为辱来，不见相为相见。（T 2145，58c13－28）

这句的梵文和其他文本不太一致，首先起始的 svāgataṃ（欢迎）和 'svāgataṃ（不欢迎），从藏文来看很可能对应 svāgataṃ（欢迎）和 susvāgataṃ（十分欢迎），而汉译均省略了后一个词。再说到引起争议的后半句，相比梵文，支谦只是少了“不来”和“不闻”；而鸠摩罗什省掉了“不闻”，却在“不来”和“不见”后都加入了“相”。玄奘译文明显也受到了罗什的影响，只是去掉了“相”，又加上了“不闻而闻”。那么这里的“相”又有什么意义呢？根据僧肇的解释：

> 将明法身大士举动进止不违实相。实相不来，以之而来。实相无见，以之相见。不来而能来，不见而能见。法身若此，何善如之？①

据此看来，这里的不来相是指实相不来，以法身而来；不见相亦为实相不见，以法身相见。从这个解释来看，“相”的加入意在强调诸法之实相与法身的关系。其实从支谦此句译文和后面对文殊响应的省略，笔者推测此句原本很可能只是一句简单的问候语，但是随着文本的发展，加之罗什有意地加工，就使得它具有了问候之外更深层的含义。受罗什译文的影响，汉地的注释家们对“不来相而来”的理解众说纷纭，如吉藏在《维摩经义疏》中所列举的：

> 言不来相而来者。有人言：“法身无来，应身有来，故云不来相而来。”有人言：“真谛无来，世谛有来。故言不来相而来。”有人言：“实法无来，相续有来。”有人言：“法界体无来，法界用有来。”有人言：“中道无来，假名有来。”今明此文，非但近是宾主交言，以相慰问。远贯一经，该通众教。故前以此言，标其篇首。如大品无住住之言，涅槃不闻闻之旨。（T 1781，955c12－19）

---

① （后秦）僧肇等注：《注维摩诘所说经》，第 95 页。

从以上所列举的几个例证来看，很明显，鸠摩罗什在译文中是有意加入“相”的，或者将其他语词置换为“相”，其用意是为了体现他所信奉的中观派的“中道实相”的思想。诸法实相的意义就是指事物的本来面目、真相。般若中观学说认为世间万物的真相是空，是“非空非有”的中道。所以体认到诸法的“毕竟空”，“中道”就是实相。而鸠摩罗什认为菩萨要取得诸法实相，只要通过观“无相”一谛即可。这也就是僧肇在注中屡屡强调“无相”的原因，无疑这是鸠摩罗什思想的反映。

其次，笔者还想讨论一下善恶同一的问题。这一思想属于中观派。根据中观哲学，诸法皆平等无二，这一点在《维摩诘经》中也常被提及。① 但是有意思的是，涉及善恶的平等不二，梵文本和几个译本都有上下文不一致的地方，只有罗什文本是一以贯之的。我们来看下面几个例子：

§ 3.13

yadi sthaviro mahākāśyapo 'ṣṭau ca mithyātvāni samatikrāmet, aṣṭau ca vimokṣān samāpadyeta mithyāsamatayā ca samyaktvasamatām avataret

藏：*gal te | gnas brtan 'od sruṅ chen po | log pa ñid brgyad las kyaṅ mi 'da'źiṅ rnam par thar pa brgyad la'aṅ sñoms par 'jug ciṅ log pa'i mñam pa ñid kyis yaṅ dag pa'i mñam pa ñid la 'jug pa daṅ |* (p. 25)

今译：尊者大迦叶啊！如果你能舍离八邪入八解脱，以邪平等入正平等。

---

① E. Lamotte, *The Teaching of Vimalakīrti* (*Vimalakīrtinirdeśa*), Sara Boin (trans.), Oxford: The Pāli Text Society, 1976, p. lxviii.

支：如今耆年已过八邪，八解正受，以正定越邪定。（T 474，522a17－18）

什：迦叶，若能不舍八邪，入八解脱，以邪相入正法。（T 475，540b6－7）

玄：尊者迦叶，若能不舍八邪，入八解脱，以邪平等入正平等。（T 476，562a14－15）

§ 3.16

na ca te 'vidyā bhavatṛṣṇā ca samudghātitā na ca vidyāvimuktī utpādite | ānantaryasamatayā ca te samādhivimuktiḥ

藏：*khyod kyis ma rig pa daṅ srid pa'i sreg pa'aṅ ma bcom la rig pa daṅ rnam par grol pa yaṅ ma skyed | mtshams med pa'i mñam pa ñid daṅ | khyod kyi rnam par grol ba yaṅ mtshuṅs* |（p. 26）

今译：你不消除对无明和存有的贪着，就得不到知识和解脱。你应以无间平等获得禅定解脱。

支：为非不明，非趣有爱，非得明度。亦非极罪，正解已解。（T 474，522b5－6）

什：不灭痴爱，起于明脱。以五逆相而得解脱。（T 475，540b24－26）

玄：不灭无明并诸有爱，而起慧明及以解脱。能以无间平等法性而入解脱平等法性。（T 476，562b9－11）

这两个例子，万金川教授在他的论文中都有详尽的分析，笔者在这里只作简要的说明。第一例的前半句梵文与支谦本一致，即“离八邪入八解脱”；但后半句，梵文、罗什译和藏译意义均同，只有支谦为“正定越邪定”。第二例中,前半句梵文亦与支谦本同,但是后半句又只有支谦本与众不同,否定了五无间罪。万教授认为“舍离八邪”与“不舍八邪”之间的巨大反差可能涉及经本思想因于诠释观点的变异(亦即由原初“圣俗对扬”的二元性诠释典范走向“圣俗不二”的辩证性诠释架构)。① 那些支谦和梵文本相同的地方,也就是反映善恶对立思想的文句,在万教授看来更有可能是直承大乘佛教兴起之前“圣俗对扬”的佛教传统思维,乃至它根本就是《维摩经》结集之初该经本原型里的主流思想。② 笔者认同万教授的观点,支谦译本与晚期文本的不一致确实极有可能代表了《维摩经》文本在思想上的重大变化。不过这也同时让我们思考一个问题:为什么9世纪的藏译本和12世纪中期的梵文写本仍会保留一些早期思想的痕迹,而时间明显早于他们的罗什译本却完全看不到任何前后思想矛盾的地方,只有“圣俗不二”这一种思想呢?这应该归于罗什有意地改动。由于我们缺少早期写本,只能通过支谦的译文和晚期的梵文、藏译来推测,可能鸠摩罗什的写本也含有体现“善恶对立”和“善恶同一”思想的文句,但是鸠摩罗什出于个人的中观思想,主张“圣俗不二”,所以对所有与此矛盾的文句都作了改动。再从僧肇的两段注释来看:

> 八邪八解,本性常一。善观八邪,即入八解。曷为舍邪更求解脱乎?若能如是者,名入解脱也。③
>
> 声闻以痴嗜智,故痴灭而明。以爱系心,故爱解而脱。大

---

① 万金川:《梵本〈维摩经〉的发现与文本对勘研究的文化与思想转向》,《正观》第51期,2009年,第172页。

② 同上,第173页。

③ (后秦)僧肇等注:《注维摩诘所说经》,第48页。

士观痴爱真相即是明脱，故不灭痴爱而起明脱。①

很显然，罗什将“痴爱”与“明脱”的对立视作声闻的理念，也就是小乘的思想，而“八邪”与“八解”同一，“痴爱真相即是明脱”才是他所秉承的中观思想。和前文加入“相”一样，罗什为了宣扬个人的思想，再次对经文作了改动。

中村元曾指出：“在研究、探讨鸠摩罗什的思想结构时，不能只着眼于他所译的诸经典，而应该将整部《注维摩经》也作为研究、讨论对象。”②确实，罗什个人的著作传世极少，这使得我们在讨论其思想时有很多难解之处。笔者在对《维摩经》的研究中，尝试将它与《注维摩经》结合起来，其中当然还有不少问题，希望在进一步的研究中得到改进。

① （后秦）僧肇等注：《注维摩诘所说经》，第51页。

② 参见［日］中村元著、刘建译《基于现实生活的思考——鸠摩罗什译本的特征》，《世界宗教研究》1994年第2期，第9页。

“烦恼即菩提”与鸠摩罗什译《维摩诘经》

一、智𫖮对《维摩经》的引用

“烦恼即菩提”一语在汉地佛教中广为流传。根据我们现有的资料，在汉地最早提出这一思想的人应该是天台宗的高僧智𫖮。他的这一说法及与其相关的论点奠定了天台宗“性具善恶”的理论基础，并常常被其后来者引用。而在谈到这一思想的渊源时，吴汝钧指出智𫖮的“烦恼即菩提”思想源自中观派的“生死即涅槃”思想，即认为生死轮回与涅槃并无分别。① 正如《中论》中那句著名的偈子所说：

> 涅槃与世间，无有少分别。世间与涅槃，亦无少分别。②

但要注意的是，中观派强调这一等同的前提是要断除烦恼，即断除烦恼后，生死无异于涅槃。《中论》对这一点也有明确的表述：

> 业烦恼灭故，名之为解脱。业烦恼非实，入空戏论谈。③

---

① Ng Yu-Kwan, *T'ien T'ai Buddhism and Early Mādhyamika*, Honululu: University of Hawaii Press, 1956, p. 163.

② 《中论》(T 1564, 36a4－5)。

③ 《中论》(T 1564, 23c28－29)。

吴汝钧指出,智𫖮在此基础上走得更远,他认为不断烦恼就可以进入涅槃,还提出了"烦恼即菩提"等观点。① 而研究天台宗善恶观思想的学者 Ziporyn 则将智𫖮及其继承者的"性具善恶"理论的来源主要归结于天台宗自身的思想,如"一念三千"等。②

此处我们无意从智𫖮的哲学体系角度深究这一思想的形成,只想考察它的经典依据。换句话说,就是智𫖮是否借鉴了佛经中的类似说法。从这些观点出现的上下文来看,我们发现智𫖮频繁引证用以确立其观点合理性的佛经之一就是《维摩诘经》,如下所示:

> 净名曰:"一切众生即菩提相,不可复得。"此即烦恼之集,而是无作道谛,亦是苦灭。……一切烦恼即是菩提。③
>
> "一切烦恼之俦为如来种",此明由烦恼道即有般若也。又云:"五无间皆生解脱相。"此由不善即有善法解脱也。"一切众生即涅槃相不可复灭",此即生死为法身也。④
>
> 当知蔽即法性,蔽起即法性起,蔽息即法性息。……贪欲即菩提。净名云:"行于非道通达佛道,一切众生即菩提相,不可复得,即涅槃相,不可复灭。为增上慢说离淫怒痴名为解脱,无增上慢者说淫怒痴性即是解脱。"⑤
>
> 净名云:"一切众生即大涅槃,即是佛,即是菩提。"虽言断尽,无所可断,不思议断。不断无明爱取,而入圆净涅槃。不

---

① Ng Yu-Kwan, *T'ien T'ai Buddhism and Early Mādhyamika*, pp. 164 - 166.

② Brook Ziporyn, *Evil and/or/as the Good: Omnicentrism, Intersubjectivity and Value Paradox in Tiantai Buddhist Thought*, Cambridge: Harvard University Press, 2000, p. 241.

③ 《法华玄义》(T 1716, 787c26 - 789c28)。

④ 《法华文句》(T 1718, 94b27 - c2)。

⑤ 《摩诃止观》(T 1911, 18a28 - b8)。

> 断名色七支，而入性净涅槃。不断行有善恶，而入方便净涅槃。净名云："以五逆相而得解脱，亦不缚不脱。"如此而推。[1]
>
> 是名四分烦恼具足一切佛法，亦名行于非道通达佛道，亦名烦恼是菩提，亦名不断烦恼而入涅槃。[2]

从以上引文来看，《维摩经》在智𫖮之前就已经有了"烦恼即菩提""不断烦恼而得涅槃"的思想。但是作为一部体现中观思想的早期大乘佛经，[3]《维摩经》为什么会有这些与中观思想不相一致的说法？值得注意的是，智𫖮所引用的《维摩经》是鸠摩罗什的译本，这一译本被认为在某些地方基于译者的个人思想改动了原经文，[4]那么这些观点究竟是不是《维摩经》的原有之意呢？其实早在唐代窥基依据玄奘的同本异译《维摩经》即《说无垢称经》作疏时，就注意到了这个问题。他写道：

> 菩萨虽同凡夫，不舍生死，由大智故，而亦不同，故无烦恼。虽同二乘，证于涅槃。由大悲故，而亦不同，故无所住。二乘不尔，若舍生死，即断烦恼。若证涅槃，而必住之。故说

① 《摩诃止观》(T 1911，125c1－127a9)。

② 《摩诃止观》(T 1911，104c25－102a6)。

③ 关于《维摩经》的哲学思想，拉莫特(Lamotte)认为它体现了中观派早期的思想，见 Lamotte, *The Teaching of Vimalakīrti* (*Vimalakīrtinirdeśa*), Sara Boin (trans.), Oxford: The Pāli Text Society, 1976, p. lxii。

④ 参见[日]户田宏文《维摩经に显れた鸠摩罗什三藏の思想》，收于《干潟博士古稀记念论文集》，福冈：九州大学文学部・干潟博士古稀记念会，1964年，第422—440页；[日]中村元《クマーラジーヴァ(罗什)の思想的特征——维摩经汉译の仕方を通して》，收于《金仓圆照博士古稀记念——印度学佛教学论集》，京都：平乐寺书店，1966年，第365—379页；万金川《梵本〈维摩经〉的发现与文本对勘研究的文化与思想转向》，《正观》第51期，2009年，第172页。

菩萨名真入寂。旧云:"不断烦恼而入涅槃。"今言无烦恼,其理甚乖。亦可言留惑故不断烦恼,证无住处,名入涅槃。[①]

由此可见,玄奘本和智𫖮所依据的鸠摩罗什本在是否"断烦恼"一节是有分歧的。因为汉地僧人长期以来都沿用罗什本,所以这一问题并未引起注意。近来由于《维摩经》梵文写本的发现,不少学者利用文献对勘的方法,对《维摩经》的不同文本进行研究。《维摩经》目前有梵、汉、藏文的五个文本。其中梵文本和藏译本都是晚期文本,分别为12世纪[②]和9世纪[③]作品。汉译本时间较早,分别为3世纪支谦所译的《佛法普入道门三昧经》、5世纪初鸠摩罗什译的《维摩诘所说经》和7世纪中玄奘译的《说无垢称经》。

二、罗什思想与"烦恼即菩提"的形成

下面笔者拟通过对这五个文本的对比来考察"烦恼即菩提"的出处为何及其成因。首先,我们来看"不断烦恼而入涅槃":

§ 3.3

tathā pratisaṃlīyaś ca yathā saṃsārāvacarāṃś ca

---

① 《说无垢称经疏》(T 1782, 1042a19 - 26)。

② 《维摩经》梵文写本于20世纪90年代发现于我国西藏布达拉宫,其时间被认定为12世纪中期,见 Paul Harrison, "Experimental Samples of Chinese Translations of Two Buddhist Sūtras Analysed in the Light of Recent Sanskrit Manuscript Discoveries", *Journal of the International Association of Buddhist Studies* 31.1 - 2 (2008), pp. 218 - 219, note 26。

③ 藏文译本是9世纪初印度僧人法性戒(Dharmatāśīla)所译,见 Lamotte, *The Teaching of Vimalakīrti* (*Vimalakīrtinirdeśa*), p. xxxvii.

kleśān na prajahāsi nirvāṇasamavasaraṇaś ca bhavasi |①

今译：不舍生死烦恼而入涅槃，这就是如何禅定。

T：*ji ltar 'khor ba na spyod pa'i ñon moṅs pa rnams kyaṅ mi spoṅ la | mya ṅan las 'das pa la yaṅ dag par gźol bar gyur ba de ltar naṅ du yaṅ dag gźag par gyis śig* |②

今译：不除灭生死带来的烦恼，而进入涅槃，这就是如何禅定。

支：于生死劳垢而不造，在禅行如泥洹。（T 474，521c9）

什：不断烦恼而入涅槃，是为宴坐。（T 475，539c25）

玄：不舍生死而无烦恼，虽证涅槃而无所住，是为宴坐。（T 476，561b18－20）

此例中，梵、藏文本与鸠摩罗什本较为接近，而支谦本和玄奘本在“断烦恼”这一点上呈现出完全不同的面貌，都强调涅槃的获得是去除了烦恼的。

还有上文中智顗在阐述“不断烦恼而入涅槃”时经常引用的一句经文：

§ 3.16

na ca te 'vidyā bhavatṛṣṇā ca samudghātitā na ca vidyāvimuktī utpādite | ānantaryasamatayā ca te samādhivimuktiḥ

---

① 本文梵文均引自 Study Group on Buddhist Sanskrit Literature (ed.), *Vimalakīrtinirdeśa: A Sanskrit Edition Based upon the Manuscript Newly Found at the Potala Palace*, Tokyo: Taisho University Press, 2006。

② 文中藏文引自 Oshika Jisshu（大鹿实秋），*Tibetan Text of Vimalakīrtinirdeśa*，千叶：成田山新胜寺，1970 年。

今译：如果不灭除无明和对存有的贪爱，你就不能得到智慧和解脱。通过五无间业的平等性，你可以得到三昧解脱。

T：*khyod kyis ma rig pa daṅ srid pa'i sreg pa'aṅ ma bcom la rig pa daṅ rnam par grol pa yaṅ ma skyed* | *mtshams med pa'i mñam pa ñid daṅ* | *khyod kyi rnam par grol ba yaṅ mtshuṅs* |（p. 26）

今译：如果不断除无明和贪爱，你就不会获得知识和解脱。如果借由五无间业的平等性，你就能获得解脱的平等性。

支：为非不明，非趣有爱，非得明度。亦非极罪，正解已解。（T 474，522b5－6）

什：不灭痴爱，起于明脱。以五逆相而得解脱。（T 475，540b24－25）

玄：不灭无明并诸有爱，而起慧明及以解脱。能以无间平等法性而入解脱平等法性。（T 476，562b9－11）

这里的“无明”和“贪爱”都属于烦恼，而智慧和解脱则等同于涅槃，如窥基所说：“所证真理，名解脱故，即是涅槃。”[①]因此“不灭痴爱”也就意味着“不断烦恼”，“起明脱”也可以看作“入涅槃”。也正因为这一寓意，智顗在其著作中才频频引用。而通过文本的对比，我们发现只有玄奘与罗什的译文比较接近。与其意相反，梵、藏文本和支谦文本似乎都支持消除无明和执着以得到智慧和解脱。

另外智顗常引用的后半句“以五逆相而得解脱”也与梵文本等有出入。最早的支谦文本否定了无间罪，梵、藏文本和玄奘的译文则指出通过五无间罪的平等性而体会解脱的平等性，这种平等性，

① 《说无垢称经疏》（T 1782，1046b11－13）。

依窥基所言，“即真如也”①。无间罪业是极苦真如，解脱是极乐真如，两者本质是相同的。② 罗什的译文却没有提及这一平等性以及体会的过程，而是以五逆相直接得解脱。

我们再来看与“烦恼即菩提”相关的一例：

§ 3.58

sarvakleśapraśamanamaṇḍa eṣa yathābhūtābhisaṃbodhanatayā

今译：灭诸烦恼即是道场，因为依真实而得证悟。

T：*yaṅ dag pa ji lta ba bźin du mṅon par rdzogs par byaṅ chub pa'i phyir de ni ñon moṅs pa thams cad rab tu źi ba'i sñiṅ po'o* ‖

今译：这是灭除烦恼的道场，因为如实证悟诸法性。

支：众劳之静是佛，从是最正觉故。（T 474，524b9－10）

什：诸烦恼是道场，知如实故。（T 475，542c28－29）

玄：息诸烦恼是妙菩提，如实现证真法性故。（T 476，565c3－4）

虽然罗什“烦恼是道场”并没有被智𫖮直接援引以证明其观点，但是某种程度上，它和“烦恼即菩提”非常接近。因为“道场”一词往往和 bodhi（菩提）连用，所以往往就隐含了“菩提”之意，如此处玄奘就将其译为“妙菩提”。因此我们可以推测，“烦恼即菩提”或“烦恼是菩提”这种表述很可能受到了“烦恼是道场”的影响。而

---

① 《说无垢称经疏》（T 1782，1046b16）。

② 《说无垢称经疏》：“以极苦真如，入极乐真如，体一味故。”（T 1782，1046b16－17）。

值得我们特别注意的是，鸠摩罗什的这一译文迥异于其他所有文本，它们无一例外都有灭除烦恼之意。

以下两例也是智𫖮经常引用的：

§ 3.51

sarvasatvānubodho hi bodhiḥ

今译：因为菩提就是众生得到证悟。

T：*sems can thams cad rjes su rtogs pa ni byaṅ chub yin pa'i phyir ro*

今译：菩提就是众生的证悟。

支：一切人民当从觉道。（T 474，524a1）

什：一切众生即菩提相。（T 475，542b16－17）

玄：夫菩提者，一切有情等所随觉。（T 476，564c26－27）

§ 3.51

na hy aparinirvṛtānāṃ sarvasatvānāṃ tathāgatāḥ parinirvānti ｜ parinirvṛtāni te satvāni paśyanti nirvāṇaprakṛtikāni ｜

今译：如来不入涅槃因为众生未入涅槃。如来认为已涅槃之众生均有涅槃相。

T：*sems can thams cad yoṅs su mya ṅan las ma 'das par de bźin gśegs pa yoṅs su mya ṅan las mi 'da' ste ｜ de dag gi sems can thams cad śin tu yoṅs su mya ṅan las 'das śiṅ mya ṅan las 'das pa'i raṅ bśin can du mthoṅ ba'i phyir ro ｜*

今译：直到众生都得涅槃，如来才入涅槃。因为众生都得涅槃后，如来观见众生皆有涅槃性。

支：如来者，不舍众人独灭度也，必当灭度诸凡夫故。

(T 474, 524a3－4)

什：诸佛知一切众生毕竟寂灭，即涅槃相，不复更灭。(T 475, 542b18－19)

玄：非一切有情不般涅槃，佛说真如为般涅槃。以佛观见一切有情，本性寂静即涅槃相，故说真如为般涅槃。(T 476, 564c28－565a1)

这两段往往被智𫖮连用，即我们在前文中多次看到的："一切众生即菩提相，即涅槃相，不复更灭。"将罗什的译文与梵文及其他诸译本对照，我们注意到他将众生直接与"菩提相"等同，也就是说，众生现在已经得悟。但其他文本似乎都倾向于菩提是众生未来的证悟。如窥基注释中所说：

一切有情，皆有佛性。若勤来者，尔等皆能随觉诸法。弥勒当随觉，慈氏得授记。有情当随觉，亦应得授记。旧云"一切众生即菩提相"，以等随觉，即有当来菩提相故。①

窥基根据玄奘译文指出，众生因为有佛性，所以通过修行，将来会证悟得到菩提。他为了调和新、旧译文，还特别指出罗什的"菩提相"是未来的菩提相。但正如中村元所说，其他文本中的"悟"是未来可能实现的目标，而罗什的"悟"则是现在既存的。② 其后的"众生即涅槃相"也与此类似，强调众生已经得到涅槃，因此无须再有解脱。但是梵、藏文本和支谦的译文似乎都倾向于众生的将来得

① 《说无垢称经疏》(T 1782, 1058c20－23)。

② ［日］中村元：《クマーラジーヴァ(罗什)の思想的特征——维摩经汉译の仕方を通して》,《金仓圆照博士古稀记念——印度学佛教学论集》，第370页。

度,而且是先有涅槃,然后有涅槃性。

在以上的几个对比例证中,虽然有些地方还不能确定,因为文本呈现的内容有前后不一致的地方,但是从总体来看,罗什的译文和其他文本是有明显差异的。这种差异是客观的文献方面的原因,还是译者主观意识造成的呢?

首先谈及文献原因,我们当然不能完全排除罗什的底本可能与其他文本不同。不过从文本发展的角度来看,时间上晚于罗什的玄奘译本、梵文本和藏译本几乎都没有出现"烦恼即菩提"或"不断烦恼而入涅槃""不断痴爱起于明脱"这种说法,那么罗什时代的写本应该不会出现这样的思想。而且这些思想一致的译文也不太可能是因为写本偶然的失误所致。

再者,我们对比了经中其他有关烦恼和涅槃相关的内容,发现几乎都是讲去除烦恼得菩提,断除烦恼起善业,起大悲,引发瑜伽行地或得解脱;①或者是将道场与离烦恼相连,将无烦恼行等同于菩萨行。② 可以说,除了鸠摩罗什译文的这几处例外,经中并没有表现出"不断烦恼而入涅槃"或将烦恼与菩提、涅槃等同的思想,而是与中观派的思想一致,强调去除烦恼之后生死方等同于涅槃。

由此看来,罗什极可能是因为思想上的原因改动了经文。前文所提到的户田宏文和中村元等学者都认为,罗什在《维摩经》的译文中添加了个人的思想倾向,即对于世俗生活的重视,如中村元就指出:"在肯定人们被烦恼所苦的迷妄生存的本身即为菩提这一点上,罗什的译本是最彻底的。"③万金川则认为,鸠摩罗什的改动

---

① 见 *Vimalakīrtinirdeśa: A Sanskrit Edition Based upon the Manuscript Newly Found at the Potala Palace*, 4.17, 3.73, 4.15, 3.72。

② Ibid., 3.59, 3.52, 4.20.

③ [日] 中村元:《クマーラジーヴァ(罗什)の思想的特征——维摩经汉译の仕方を通して》,第368页。

可能是基于大乘菩萨道的人间实践精神，因而重视“有为法”所构成的世俗世界。[①] 根据笔者近期的研究，鸠摩罗什的《维摩经》翻译在两方面融入了个人的思想：一方面，他在译文中有意加入“相”，或者将其他语词置换为“相”，其用意是为了体现他所信奉的中观派的“中道实相”的思想；另一方面，他很可能将原来含有“善恶对立”的内容改为“善恶同一”之意，这也是出于其个人“圣俗不二”的中观思想。

那么具体到此处，鸠摩罗什在译文中融入了何种思想呢？我们从《注维摩诘经》中可以一窥端倪。在解释“不断烦恼而入涅槃”时，僧肇引用鸠摩罗什之语：“什曰：‘烦恼即涅槃，故不待断而后入也。’”[②]而且作为罗什译经助手和亲传弟子的僧肇，在《注维摩诘经》中也有类似解释，如对“不灭痴爱而起明脱”，他指出：“大士观痴爱真相即是明脱，故不灭痴爱而起明脱。”[③]

三、智𫖮对《维摩经》的注疏与评判

据此我们可以推测，鸠摩罗什本身就有“不断烦恼而入涅槃”以及将烦恼与菩提、涅槃相等同的思想。其译经团队依据这一思想对《维摩经》中的经文作了调整和改动，而这些涉及“不断烦恼”的经文正好契合了智𫖮的思想，于是被他广泛征引。那么相应地，智𫖮对《维摩经》中的这类经文是如何解释的，他又是如何看待《维摩经》的呢？

智𫖮曾撰写了三部关于《维摩经》的注疏，即《维摩经略疏》《维摩经玄疏》和《维摩诘经三观玄义》。就此来看，智𫖮对《维摩经》是

---

① 万金川：《梵本〈维摩经〉的发现与文本对勘研究的文化与思想转向》，《正观》第51期，第190页。

② 《注维摩诘经》(T 1775，345b5－6)。

③ 《注维摩诘经》(T 1775，350b3－5)。

特别重视的。他在注释中也多次提及"不断烦恼"的思想，如在《维摩经玄疏》起始的解题部分，智顗在用"一心三观"思想阐释《维摩经》时，数次提到"烦恼即菩提"：

> 知涅槃即生死，未度苦谛令度苦谛也。知菩提即烦恼，未解集谛令解集谛也。知烦恼即菩提，未安道谛令安道谛也。知生死即涅槃，未得涅槃令得涅槃也。菩萨如是慈悲誓愿，无缘无念，而覆一切众生。……若知生死即涅槃即是善修止也。若知烦恼即菩提即是善修观也。如阴阳调适万物长成。若巧修止观即能一心具万行也。①

在这里，"烦恼即菩提"和"生死即涅槃"被作为贯通四谛和修行止观的基础，因为智顗认为"烦恼即菩提"体现了"一心三观"思想。"一心三观"脱胎于《中论》中阐述中道的偈子："众因缘生法，我说即是空。亦为是假名，亦是中道义。"②智顗对此的理解是"因缘所生法，即空、即假、即中"，他指出：

> 即中、即假、即空，不一不异，无三无一。二乘但一即，别教但二即，圆具三即。三即，真实相也。③

智顗认为空、假、中三者相即之理是法华圆教所特有的。正因为圆教中三者的圆融，便可以于一心中同时观空、观假、观中，即所谓的"一心三观"，由此便衍生出一心具一切法，一切法皆平等。

智顗还以"一心三观"来解释"不断烦恼而入涅槃"：

---

① 《维摩经玄疏》(T 1777，530c28－531a8)。
② 《中论》(T 1564，33b11－12)。
③ 《法华玄义》(T 1716，780a29－781a19)

今明不思议之三观，见不思议三谛之理。不断见思尘沙无明之惑，与三谛之理相应。一心三观之智不阂烦恼，烦恼不障一心三观之智。智不断惑与理谛相应，即是不断烦恼而入涅槃。①

而在另一部注释里，对同一段内容，智觊加入了烦恼可以“作佛事”的特征，使其具有了方便法门的性质，如下所示：

贪恚痴性具一切法，即烦恼不可断也。则是“不灭痴爱，起于明脱”。若身子等断惑入般，如破壁得出。怖畏生死，不能用烦恼而作佛事。菩萨以趣佛慧，不断而入。如得通者，壁不能碍。是则还用烦恼以为佛事，是名不断烦恼而入涅槃。②

这里提及的“用烦恼以为佛事”，吴汝钧认为是指烦恼有助于证得真谛和佛性。③ 这正是烦恼作为方便法门的体现。在智觊“不断烦恼”这一理论中，烦恼具有了多重意义，吴汝钧将其归纳为两点。其一便是“方便”之意，寓意烦恼可以直接或间接地导向法门及佛事，从而获得佛性或涅槃。④ 另一个意义则是无明与法性的等同，⑤这一点虽然罗什译文没有明确地提出，但是在“不灭痴爱而起明脱”中已暗含此意，前文已提到僧肇在注释中说“痴爱真相即是明脱”，将无明与智慧和解脱相等同，如果无明即解脱，则无明亦同于真如、法性。

---

① 《维摩经玄疏》(T 1777，531c7－11)。
② 《维摩经略疏》(T 1778，612b22－27)。
③ NgYu-Kwan，*T'ien T'ai Buddhism and Early Mādhyamika*，p. 167.
④ Ibid.
⑤ Ibid.，pp. 170－173.

再有就是智𫖮对"不思议解脱"的阐释。智𫖮认为圆教所说的"不思议",其本质就在于不断烦恼。而他所宣扬的"不思议解脱"自然就意味着"不断烦恼而入涅槃"。他也将这一思想应用到《维摩经》的"不思议解脱"中:

> 若不断烦恼而得解脱即是不思议解脱。故此经云:"不断痴爱起于明脱,以五逆相而得解脱,亦不缚不脱。"问曰:"若不断烦恼结业,云何而得解脱?"答曰:"譬如未得神通之人若在牢狱,必须穿墙破壁,方得走脱。若是得神通之人处在牢狱。虽不穿墙破壁,而出入无碍也。"①
>
> 思议解脱即是离文字之解脱。……若不思议解脱即是不离文字之解脱。……若离文字之解脱,即是断烦恼入涅槃。不离文字之解脱即不断烦恼而入涅槃,名为不思议解脱也。②

我们可以看出智𫖮对"不思议解脱"的阐释带有明显的圆教色彩。在他看来,体悟到烦恼与涅槃,无明与法性彼此无碍,进而不断烦恼而得解脱,正是圆教思想的重要特征。这也引出了本文最后讨论的一个问题:既然智𫖮以《维摩经》中的语句来证明其"不断烦恼"的思想,又在阐释《维摩经》时融入其圆教思想,那么智𫖮是否将《维摩经》作为圆教的经典呢?我们可以参看下面这段问答:

> 问曰:"若不断而入是不思议者,通教亦说不断而入涅槃,何故非不思议解脱?"答曰:"通教不见惑相,名为不断,而实是

① 《维摩经玄疏》(T 1777, 550c27 - 551a4)。
② 《维摩经玄疏》(T 1777, 550a14 - b7)。

断。如明时实自无暗，不同有芥子之小不妨须弥之大也。”①

这里所说的“通教亦说不断而入涅槃”，吴汝钧认为指的就是《维摩诘经》。② 也就是说，虽然《维摩经》中有“不断烦恼”这样的说法，但它仍属通教，而不是圆教。智颤之所以这样判断，是因为它的“不断”没有认识到“惑相”，但他也并没有解释其所指为何。根据吴汝钧的理解，这里的“惑相”即“烦恼相”，应该是指前文提到的烦恼的两重含义，即烦恼有方便法门的性质和无明即法性。③ 但从上文我们对这两重含义在罗什译《维摩经》中的考察来看，那些与“不断烦恼而入涅槃”相关的经文其实是蕴含了这两重意义。而且智颤的以下注释似乎也并未否定《维摩经》具有圆教的不思议解脱和对“惑相”的认识：

> 圆教明义解惑相，即智不断惑，而究竟永离二种盖缠，故名无碍解脱。故文云不断痴爱起于明脱。④
>
> 故此经云：“不断痴爱起于明脱。”菩萨住是解脱，能以须弥内于芥子，种种示现也。问曰：“何意决须不断烦恼而入涅槃是不思议解脱之相耶？”答曰：“须弥入芥子，小不障大，大不阂小，故云不思议耳。”⑤

根据智颤的解释，圆教对惑相的正确认识就是“智不断惑”，而这种不断所得而得解脱，也就是无碍解脱，即第二个注释中所说的不思

---

① 《维摩经玄疏》(T 1777，550b23－26)。
② Ng Yu-Kwan，*T'ien T'ai Buddhism and early Mādhyamika*，p. 173.
③ Ibid.
④ 《维摩经略疏》(T 1778，575c15－17)。
⑤ 《维摩经玄疏》(T 1777，531c11－15)。

议解脱。而在解释这种不思议解脱时，智𫖮又用了“须弥入芥子”的比喻，联系前文对通教批评时所用的类似比喻，不难发现这里的“不断烦恼而入涅槃”是具有圆教的不思议解脱相的，正如芥子之小不碍须弥之大，是圆通无碍的。那么智𫖮是否自相矛盾呢？并非如此，我们认为智𫖮是就《维摩经》整体而言才对其提出非圆教的批评。如前文所述，《维摩经》中除了鸠摩罗什有意改动的这几处之外，大部分都是主张断除烦恼的。而作为《维摩经》的注释者，智𫖮想必注意到了此点，所以他才会说“名为不断，而实是断”，其意就在于阐明其主旨是“断”，而这种“断”自然缺乏圆教对“烦恼相”的正确认识。也正是因为注意到《维摩经》整体的倾向，即中观思想的倾向，智𫖮没有把它划为圆教，而是归入通教。

总之，《维摩经》中被鸠摩罗什改动的经文尽管与其整体中观思想不符，却得到了汉地高僧智𫖮的特别重视，并且很有可能启发了他的“性具善恶”理论，特别是“烦恼即菩提”等思想，成为其著述的重要经典依据，这可以说是译经史和中印佛教交流史中特别值得注意的一个案例。

《药师经》的文献学研究

《药师经》梵、藏、汉对勘研究

药师佛和《药师经》在汉地佛教乃至整个东亚佛教的地位和影响，此处无须赘述。此经约形成于公元2世纪晚期到3世纪早期。[①] 根据研究《药师经》的学者伯恩鲍姆（Birnbaum）的推测，它的编纂地点可能在中亚。[②] 早在东晋时期便有了《药师经》的汉译本，即帛尸梨蜜陀罗译《佛说灌顶拔除过罪生死得度经》（T 1331）。[③] 此后又几经重译，其中不乏玄奘、义净这样的译经大师的作品。此中又以玄奘译本流传最广。本文的考察也以此文本为主。为了更全面地把握玄奘译经的特点及其对后来者的影响，我们将会使用梵、藏、汉等多个文本进行对勘研究。

在梵文本方面，考虑到梵文写本的多样性，我们选择了三个不

---

① 详见 Birnbaum, *The Healing Buddha*, Boulder: Shambhala, 1979, pp. 60－61。根据辛嶋静志的意见，形成时间应晚于3世纪，可能迟至四五世纪。

② Ibid.

③ 关于此译本的译者及真伪问题，一直存在争议，僧佑《出三藏记集》中将此经列入疑经伪撰杂录中："《灌顶经》一卷（一名"药师琉璃光经或名灌顶拔除过罪生死得度经"）右一部。宋孝武帝大明元年。秣陵鹿野寺比丘慧简依经抄撰（此经后有续命法，所以遍行于世）。"（T 2145, 39a21－22）；而费长房《历代三宝记》和道宣《大唐内典录》则将其归于帛尸梨蜜陀罗名下。对于此经的真伪，后文有详细讨论。

同的版本。其中叔本(Schopen)[①]和瓦伊达(Vaidya)[②]的版本都是在吉尔吉特写本的基础上编订的,时间约在6世纪中到7世纪。[③] 而斯奎因(Schøyen)写本则是根据近年新发现的阿富汗巴米扬地区的写本编辑的,[④]时间与前者相近,也在六七世纪。汉译方面,我们选择了三个译本,分别是:隋达摩笈多译《佛说药师如来本愿经》(T 449),唐玄奘译《药师琉璃光如来本愿功德经》(T 450),唐义净译《药师琉璃光七佛本愿功德经》(T 451)。藏译方面,情况比较特殊。此经的藏译本有两个,时间均在八九世纪。一个是胜友(Jinamitra)、施戒(Dānaśīla)和智军(Ye shes sde)翻译的 *'phags pa bcom ldan 'das sman gi bla vaiḍūrya'i 'od kyi sngon gyi smon lam gyi khyad par rgyas pa zhes bya ba theg pa chen po'i mdo*(简称"BhP"),是前文所列的几个梵文写本和达摩笈多、玄奘译本的平行文本;另一个是胜友、施戒、戒帝释觉(Śīlendrabodhi)和智军翻译的 *'phags pa te bzhin gshegs pa bdun gyi sngon gyi smon lam gyi khyad par rgyas pa zhes bya ba theg pa chen po'i mdo*(简称"StP"),与义净译本更为接近,应是系出同源。考虑到我们讨论的文本以前者为主,因而我们只选择了 BhP,同时参考 StP,将异文在注解中标出。

---

① 叔本精校本见 Gregory Schopen, *The Bhaiṣajyaguru Sūtra and the Buddhism of Gilgit*, a Thesis submitted in the Australian National University, 1978, pp. 48 - 82, unpublished。

② P. L. Vaidya, "Bhaiṣajyaguruvaiḍūryaprabharājasūtram", in *Mahāyāna-sūtrasaṃgrahaḥ*, P. L. Vaidya (ed.), Darbhanga: Mithila Institute, 1961, pp. 165 - 173.

③ 见 N. Dutt, *Gilgit Manuscripts*, Delhi: Srinagar, 1939, pp. 42 - 43。

④ 关于斯奎因写本的相关介绍可参考萨尔吉《斯奎因收集品中的佛教写本(第一、二卷)》,《华林》2003年第3期,第441—444页;陈明《阿富汗出土梵语戏剧残叶跋》,《西域研究》2011年第4期,第90—100页。

通过对勘,我们将玄奘译文的特点归纳为如下三点,因为义净译文多处受其影响,所以统称为"汉译"。

一、汉译的"创造"

§5.7

Schøyen[①]: *bodhiprāptasya ca me ye nānāvyādhiparipīḍitā atrāṇā aśaraṇā bhaiṣajyopakaraṇarahitā anāthā daridrā duḥkhitāḥ sace teṣāṃ mama nāmadheyaṃ karṇapuṭe nipatet teṣāṃ sarvavyādhayaḥ praśameyur arogāś ca nirupadravāḥ syur yāvad bodhiparyavasānam idaṃ saptamaṃ mahāpraṇidhānam abhūt*

今译:当我得菩提时,若有受种种病痛折磨的、无庇护的、无救助的、缺少药物和生计所需物品的、无依靠的、贫穷的、受苦的(人),我的名字一经其耳,他们所有的病痛就会消失,健康安乐,直到证得菩提。这是第七大愿。

Schopen: *saptamam tasya mahāpraṇidhānam abhūt: bodhiprāptasya ca me ye nānāvyādhiparipīḍitā* <u>*satvā*</u> *atrānā aśaranā bhaisajyopakaraṇavirahitā anāthā daridrā duḥkhitā, sace teṣām mama nāmadheyaṃ karṇapuṭe nipatet, teṣām sarvavyādhaya praśameyuh nirogāś ca nirupadravāś ca syūr yāva bodhiparyavasānam*

今译:他的第七大愿如下:当我得菩提时,若有受种种病痛折磨的、无庇护的、无救助的、缺少药物和生计所需物品的、

---

① 本文中所引用的 Schøyen 写本内容系笔者参与的斯坦福《药师经》项目的团队成果,将于 2025 年作为 *Buddhist Manuscripts* Ⅴ的一部分在挪威奥斯陆出版。目前文本内容为初校稿,请以最终出版物为准。

无依靠的、贫穷的、受苦的众生，我的名字一经其耳，他们所有的病痛就会消失，健康安乐，直到证得菩提。

Vaidya：*saptamaṃ tasya mahāpraṇidhānam abhūt - yadāham anāgate – – – tadā bodhiprāptasya ca me ye nānāvyādhiparipīḍitāḥ* <u>*sattvā*</u> *atrāṇā aśaraṇā bhaiṣajyopakaraṇavirahitā anāthā daridrā duḥkhitāḥ, sacet teṣāṃ mama nāmadheyaṃ karṇapuṭe nipatet, teṣāṃ sarvavyādhayaḥ praśameyuḥ, nīrogāś ca nirupadravāś ca te syur yāva bodhiparyavasānam* ‖

今译：他的第七大愿如下：在未来世……当我得菩提时，若有受种种病痛折磨的、无庇护的、无救助的、缺少药物和生计所需物品的、无依靠的、贫穷的、受苦的众生，我的名字一经其耳，所有的病痛就会消失，健康安乐，直到证得菩提。

T：*de'i smon lam chen po bdun pa ni / gan gi tshe bdag ma 'ongs pa'i dus na / bla na med pa yan dag par rdzogs pa'i byang chub mngon par rdzogs par sangs rgyas pa de'i tshe bdag byang chub thob pa na /* <u>*sems can*</u> *gang su dag nad sna tshogs kyis yongs su gzir ba / skyabs med pa / mgon med pa / 'tshog chas dang / sman mi bdog pa / dpung gnyen med pa / dbul ba / sdug bsngal ba gang dag gi rna lam du bdag gi ming grag pa de dag ni*[①] *nad thams cad rab tu zhi bar gyur cig / byang chub gyi mthar thug gi bar du nad med cing gnod pa med par gnas par gyur cig ces btab bo /*

今译：他的第七大愿是：当我于未来世证得菩提时，那些受种种病痛折磨的、无庇护的、无救助的、缺少物资和药品的、

---

① Stp 作“de dag”。

无依靠的、贫穷的、受苦的众生听到我的名字，所有的病痛就会消失，健康安乐，直到证得菩提。

笈：第七大愿：愿我来世得菩提时，若有众生诸患逼切，无护无依，无有住处，远离一切资生医药。又无亲属，贫穷可愍。此人若得闻我名号，众患悉除，无诸痛恼，乃至究竟无上菩提。（T 449，401c20 - 24）

玄：第七大愿：愿我来世得菩提时，若诸有情众病逼切，无救无归，无医无药，无亲无家，贫穷多苦。我之名号一经其耳，众病悉[①]除，身心安乐。家属资具，悉皆丰足，乃至证得无上菩提。（T 450，405a29 - b4）

净：第七大愿，愿我来世得菩提时，若诸有情贫穷困苦，无有归趣，众病所逼，无药无医。暂闻我名，众病消散。眷属增盛，资财无乏。身心安乐，乃至菩提。（T 451，413a29 - b3）

此段内容为药师佛所发十二大愿中的第七大愿，主要内容是祈愿为病痛折磨、无依无靠的众生在得闻佛号后能消灾解病。从整体来看，除了个别词语的差异外，几个文本的意义并无出入。但值得注意的是，玄奘和义净的译本在结尾处增加了一句，即有关家属和财物丰足的内容。此句在与其时间接近的梵文写本、笈多译本及时间晚于他们的藏文译本中都未出现，而笔者在其他经中也未找到类似的文献依据，我们只能推测此系译者所造，且极有可能为玄奘，义净只是在其基础上略加修改而已。联系上下文来看，前文提到缺少亲属和生计所需物资，玄奘有可能认为听闻佛名号后，不止病痛消散，且所缺之物都可获得或增长，故加入此句，以此凸显药师佛之愿力。

---

① 《大藏经》此处加一“得”字，其他诸本皆无，笔者据文意删之。

§ 18

Schøyen: *sapta pratimāḥ kartavyāḥ* | *ekaikāyā pratimāyā sapta dīpā jvālayitavyāḥ* | *ekaiko dīpaḥ śakaṭacakk-rapramāṇaṃ kartavyaṃ yady ekonapaṃcāśatime divase ālokaṃ na kṣīyate veditavyaṃ sarvasaṃpad iti* | *paṃcaraṃgikāś ca patakā ekonapaṃcāśat kartavyāḥ*

今译：应造七尊如来佛像，每一尊前应点燃七盏灯，每盏灯如车轮一般。如果四十九天灯火不熄，就知道一切圆满了。应造四十九面五色彩幡。

Schopen: *sapta pratimā kartavyāh*, *ekaikāyā pratimāyāh sapta sapta dīpāh sthapayitavyāh*, *ekameko dīpaḥ śakaṭ-acakrapramāṇaḥ kartavyaḥ yadi navacatvāriṃśatime divase āloko na kṣīyate paṃcaraṃgikāś ca patākā navacatvā-riṃśad dṛṣṭikā kartavyāḥ*

今译：应造七尊如来佛像，每一尊前应放置七盏灯，每盏灯如车轮一般。如果四十九天灯火不熄，应造四十九面五色彩幡。

Vaidya: *sapta pratimāḥ kartavyā* | *ekaikayā pratimayā sapta sapta dīpāḥ prajvālayitavyāḥ* | *ekaiko dīpaḥ śakaṭacakrapramāṇaḥ kartavyaḥ* | *yadi ekonacatvāriṃśatime divase āloko na kṣīyate*, *veditavyaṃ sarvasaṃpad iti* | *pañcaraṅgikāḥ patākāḥ ekonapañcāśadadhikāḥ kartavyāḥ* ‖

今译：应造七尊如来佛像，每一尊前应点燃七盏灯，每盏灯如车轮一般。如果四十九天灯火不熄，就知道一切圆满了。应造超出四十九面五色彩幡。

T: *sku gzugs bdun bya'o* / *sku gzugs re re'i spyan sngar* *yang mar me bdun bdun gzhag*[①] *go / mar me re re'i tshad kyang shing rta'i 'phang*[②] *lo tsam du byas te*[③]*/ ci nas kyang zhag bzhi bcu rtsa dgur mar me mi zad par bya'o / tshon sna lnga pa'i*[④] *ba dan bzhi bcu rtsa dgu las lhag par bya'o //*

今译：应造七尊像，每尊像前放七盏灯，每一盏灯都像车轮一样大。一定要四十九天灯火不熄，应造超出四十九面五色飞幡。

笈：应造七躯彼如来像，一一像前各置七灯，一一灯量大如车轮，或复乃至四十九日光明不绝。当造五色彩幡，长四十九尺。（T 449，404a7－10）

玄：造彼如来形像七躯，一一像前各置七灯，一一灯量大如车轮，乃至四十九日光明不绝。造五色彩幡，长四十九搩手。应放杂类众生至四十九。可得过度危厄之难，不为诸横恶鬼所持。（T 450，407c8－12）

净：造彼如来形像七躯，一一像前各置七灯，其七灯状圆若车轮，乃至四十九夜光明不绝。造杂彩幡四十九首，并一长幡四十九尺。放四十九生。如是即能离灾厄难，不为诸横恶鬼所持。（T 451，415c20－24）

此段是救脱菩萨传授阿难救患者摆脱重病之法，包括斋戒、供僧、读诵《药师经》、造像、燃灯和造彩幡等仪轨。经比对后不难发现，玄奘译文增加了放生的内容，并指出如此可以度过灾难，不受恶鬼干扰。此段文字应系直接引自帛尸梨蜜陀罗所译之《佛说灌

① Stp 作"bzhag"。
② Stp 作"phang"。
③ Stp 作"bya ste"。
④ Stp 作"lnga'i"。

顶拔除过罪生死得度经》，其文如下：

> 应放杂类众生至四十九。可得过度危厄之难。不为诸横恶鬼所持。（T 1331，535b4－17）

这段文字最早应是出现于帛尸梨蜜陀罗译文中，但未见于梵、藏文本，极有可能是译者个人所作。由此可见，首先，玄奘在译经时肯定参阅了此前的汉译文本，包括被怀疑为伪经的《佛说灌顶拔除过罪生死得度经》；其次，玄奘肯定了其译者的创造，将其引入自己的译文中。而义净受玄奘的影响，也添加了这段内容，只对文字作了略微的改动。

二、汉译的“取舍”

§ 14

Schøyen：*nirmalacittena sarvasatveṣu maitracittena karuṇāmuditopekṣacittena sarvasatveṣu samacittena bhavitavyaṃ* | … *yeṣām agnyudakaviṣaśastraprapātacaṇḍahastisiṃhavyāghrarikṣatarakṣadvīpikāśīviṣavṛścikaśatapādidaṃśamaśakādibhayaṃ bhavet tais tasya tathāgatasya pūjā kartavyā* | *tadā sarvabhayebhyaḥ parimokṣyaṃti* |

今译：（这些善男信女们）应以对众生无垢之心，慈、悲、喜、舍心，对众生平等之心，……那些恐惧火、水、毒药、刀、悬崖、恶象、狮子、老虎、熊、鬣狗、蚰蜒、毒蛇、蝎子、蜈蚣、蚊虻等物的人应供养如来，那时他们将会摆脱一切恐惧。

Schopen：*nirmalacittenākaluṣacittenāvyapādacittena bhavitavyam*；… *yeṣām agnibhayam udakabhayam caṇḍahasti-*

bhayam siṃhavyāghrabhayam ikṣatarakṣāśīviṣavṛścikaśatapādabhayaṃ tais tasya tathāgatasya pūjā kartavyā sarvebhyo bhayebhyah parimokṣyanti

今译：（这些善男信女们）应以无垢心、无秽心、无害心，……对于那些恐惧火，恐惧水，恐惧恶象，恐惧狮子和老虎，恐惧熊、鬣狗、毒蛇、蝎子、蜈蚣的人，他们应供养如来，就会摆脱一切恐惧。

Vaidya：*nirmalacittena akaluṣacittena avyāpādacittena sarvasattveṣu maitracittena upekṣācittena sarvasattvānām antike samacittena bhavitavyam* | *... yeṣām agnyudakaviṣaśastraprapātacaṇḍahastisiṃhavyāghrarkṣatarakṣudvīpikāśīviṣavṛścikaśatapadadaṃśamaśakādibhayaṃ bhavati*，*tais tasya tathāgatasya pūjā kartavyā* | *te sarvabhayebhyaḥ parimokṣyante* |

今译：（这些善男信女们）应以对众生无垢心、无秽心和无害心，慈心和舍心，对众生平等之心，……那些恐惧火、水、毒药、刀、悬崖、恶象、狮子、老虎、熊、鬣狗、蚰蜒、毒蛇、蝎子、蜈蚣、蚊虻等物的人应供养如来，他们将会摆脱一切恐惧。

T：*dri ma med pa'i sems dang / rnyog pa med pa'i sems dang / gnod sems med pa'i sems dang / byams pa'i sems dang / btang snyoms kyi sems dang / mnyam pa'i sems su bya / ... gang dag mes 'jigs pa dang / chus 'jigs pa dang / mtshon gyis 'jigs pa dang / dug gis 'jigs pa dang g-yang sas 'jigs pa dang / glang po che gtum pos 'jigs pa dang / seng ges 'jigs pa dang / stag gis 'jigs pa dang / dom dang / dred dang / sbrul gdug pas 'jigs pa dang / sbrul dang / sdig pa dang / rkang lag brgya pas 'jigs pa de dag gis de bzhin gshegs* *pa de la mchod pa byas na 'jigs pa thams cad las*[①] *yongs su thar bar 'gyur ro* /

今译：应怀无垢心、无秽心、无害于众生心、慈心、舍心、平等心，……或有恐惧火、恐惧水、恐惧刀、恐惧毒药、恐惧悬崖、恐惧恶象、恐惧狮子、恐惧老虎、恐惧熊、恐惧鬣狗、恐惧毒蛇、恐惧蛇、恐惧蝎子、恐惧蜈蚣者，他们应供养如来，一切恐惧皆可解脱。

笈：应生无垢浊心、无怒害心，于一切众生，起利益心，慈、悲、喜、舍、平等之心。……或有水怖、火怖、刀怖、毒怖、悬崄之怖、恶象、师子、虎、狼、熊罴、毒蛇、恶蝎、蜈蚣、蚰蜒如是等怖，忆念供养彼如来者，一切怖畏皆得解脱。(T 449, 403a23 - b7)

玄：应生无垢浊心、无怒害心，于一切有情起利益、安乐、慈、悲、喜、舍平等之心，……或有水、火、刀、毒、悬崄、恶象、师子、虎、狼、熊罴、毒蛇、恶蝎、蜈蚣、蚰蜒[②]、蚊虻等怖。若能至心忆念彼佛，恭敬供养，一切怖畏皆得解脱。(T 450, 406c13 - 407a5)

净：心无垢浊，亦无恚害。于诸有情常起利乐、慈、悲、喜、舍平等之心。……或有水、火、刀、毒、悬崖、险道、恶象、师子、虎、狼、熊罴、蛇、蝎、蜈蚣如是等怖。若能至心忆念彼佛，恭敬供养。一切怖畏皆得解脱。(T 451, 415a12 - 24)

此段经文是讲供奉药师佛的礼仪。在讲到众生应发各种心时，几个文本的表述出现了差异。Schøyen 本没有“无秽心”“无害心”和“利益心”；Schopen 本最简短，慈、悲、喜、舍心、利益平等心均无；Vaidya 本和藏文本一致，少了“利益心”“悲心”和“喜心”。另据 Schopen 本的注释，X 写本中提到了无垢心、无秽心、慈心和

---

① Stp 没有“las”。

② 《大藏经》作“蜒”，笔者据敦煌本改为“蜒”。

平等心；而另一个 Z 写本是梵文写本中内容最多，也是与笈多译文最接近的，只是在各种心的顺序上略有不同。[①] 要说明的是，梵文本的这种差异应不是出于时间或地域原因，[②]可能是写本的传承系统不同所致。还有诸文本中最繁复的玄奘译文，在笈多本的基础上又多了“安乐心”，对此，我们目前没有找到梵文写本的依据。这可能是因为汉译佛经中“利益安乐”往往连用，译者习惯使然。

此段经文结尾部分提到的种种怖畏，各版本亦有不同。Schopen 本与藏译和笈多本较为一致；Schøyen 本、Vaidya 本则与玄奘、义净译本相近，只是义净本结尾处缺少“蚊虻”，另外，根据叔本的注释，X 写本也与 Schøyen 本、Vaidya 本和玄奘文本内容一致。结合这两个例子，我们不难发现汉译本似乎并不与哪一个文本完全对应，有些地方与 A 本相同，有些与 B 本对应，有的可能和 C 本一致。出现这种情况应有两种可能：第一，他们所依据的写本与我们目前所见的不同；第二，这是译者在参考多个写本后作出的取舍。笔者更倾向于第二种可能，而这一点也为笈多的汉地助手慧矩所证实。他在《药师如来本愿功德经序》中写道：

> 矩早学梵书，恒披叶典。思遇此经，验其纰谬。开皇十七

---

① 其文为“*nirmalacittenākaluṣacittena āvyāpādacittena maitracittena sarvasatveṣu hitacittena bhavitavyaṃ karuṇā— cittena muditācittena upekṣācittena samacittena bhavitavyaṃ*”，意为：应怀无垢心、无秽心、无害心、慈心、利益众生心、悲心、喜心、舍心、平等心。

② 前文已提过这几个写本的时间相近，地域虽不同，但根据何离巽（Paul Harrison）对几个写本的考察，他认为不存在所谓的吉尔吉特版本或巴米扬版本，这一文本传承的流变与地域无关。参见 Paul Harrison, “Introduction”, p. 1，即《药师经》校勘本前言部分，将在 *Buddhist Manuscripts* Ⅴ中出版。

> 年初获一本，犹恐脱误，未敢即翻。至大业十一年复得二本，更相雠比，方为揩定。遂与三藏法师达磨笈多并大隋翻经沙门法行、明则、长顺、海驭等，于东都洛水南上林园翻经馆重译此本。（T 449，401a13－19）

据此可见，笈多的译本参考了三个写本。玄奘译本的情况有可能与此类似。根据杜特（N. Dutt）对《药师经》吉尔吉特写本的研究，在某一卷写本的结尾处标有题记，应为出资抄经的一位王子的名字。他的年代与统治罽宾的朝日王（bālāditya）同时。[①] 杜特还进一步指出玄奘的《药师经》写本应与吉尔吉特写本同时。根据玄奘传记的记载，他当时在罽宾停留了两年学习经论，国王特赐给他抄经人助其抄录写本，[②]可能其中就有《药师经》的写本，且不止一本。从玄奘译经的严谨态度来看，他也应该会选用多个写本进行比较。具体到这个例子中，玄奘和义净所用底本虽与笈多不同，但他们对各种"心"的选择却与笈多极为接近；而在后一句所列举的各种"恐惧"中，玄奘选择了最全的版本，而笈多和义净都略去了"蚊虻"。因此笔者认为他们的译文是对诸写本进行取舍后的结果，而非对某个写本一字不漏的翻译。

三、汉译的"中国化"

所谓"中国化"即将原本打着外国文化烙印的东西本土化，使其更为符合中国的文化伦理和社会习俗。佛经诞生于古代印度，其文化背景与中国不尽相同。因而这种本土化在佛经翻译中自然

---

① N. Dutt, *Gilgit Manuscripts*, pp. 42－43.

② 见《大唐大慈恩寺三藏法师传》："又承远来慕学，寻读无本，遂给书手二十人令写经论，别给五人供承驱使。资待所须事事公给。"（T 2053，231a27－29）

不乏用例。我们在以下经文中就可以看出这种手法的应用。

§ 14

Schøyen：*yadi vā dīrghāyuṣkatāṃ dīrghāyur bhavati* | *yadi bhogāṃ prārthayati bhogavān bhavati* | *yady aiśvaryaṃ tad alpakṛcchreṇa prāpnoti* | *yadi putrābhilāṣī bhavati putrapratilābho bhavati* |

今译：如求长寿，则得长寿；如求受用，则得受用；如求权势，则唾手可得；若是求子，便可得子。

Schopen：*yadi dīrghāyuṣkatām prārthayanti dirghāyuṣkā bhavanti*，*yadi bhogān prārthayanti bhogasamṛddho bhavati*，*yady aiśvaryam prārthayanty alpakṛcchrena labhanti*，*yadi putrābhilāṣiṇo bhavanti putralābhaṃ pratilabhante* |

今译：如求长寿，则得长寿；如求受用，则得受用；如求权势，则唾手可得；若是求子，便可得子。

Vaidya：*yadi dīrgham āyuḥ kāmayate*，*dīrghāyuṣko bhavati* | *yadi bhogaṃ prārthayate*，*bhogasamṛddho bhavati* | *yadi aiśvaryam abhiprārthayate*，*tad alpakṛcchreṇa prāpnoti* | *yadi putrābhilāṣī bhavati*，*putraṃ pratilabhate* |

今译：如求长寿，则得长寿；如求受用，则得受用；如求权势，则唾手可得；若是求子，便可得子。

T：*gal te tshe ring bar smon na ni tshe ring por 'gyur ro // gal te longs spyod dang ldan par smon na ni longs spyod 'byor par 'gyur ro // gal te dbang phyug dang ldan par smon na ni tshegs chung ngus rnyed par 'gyur ro // gal te bu 'dod na ni bu rnyed par 'gyur ro //*

今译：若有求长寿的，便得长寿；若有求财富的，便得财富；若有求权势的，便可轻易得到；若有求子的，便可得子。

笈：求长寿得长寿，求福报得福报，求自在得自在，求男女得男女。（T 449，403a27－29）

玄：求长寿得长寿，求富饶得富饶，求官位得官位，求男女得男女。（T 450，406c17－18）

净：求长寿得长寿，求富饶得富饶，求官位得官位，求男女得男女。（T 451，415a15－17）

这段内容承接上文所述的供养药师佛仪式，是说供养后便可圆满所愿。而从这几个愿望的翻译中，我们便可窥见汉译者是如何将之“中国化”的。

我们重点来看玄奘对梵文 bhoga 和 aiśvarya 两个词的翻译。笈多将其分别译为“福报”和“自在”。bhoga 是从梵语动词 bhuj（享受，受报）衍生而来的名词，有“受用”“财富”“资生”等义。笈多的“福报”虽也符合其义，但是过于抽象，且偏向宗教意义，如因修行得福报。而 aiśvarya 是从名词 īśvara（主宰，神）派生而来，表示“王位”“权势”等意义。īśvara 在汉译佛经中常被译为“自在”，如“观自在”（lokeśvara）、大自在天（maheśvara）等。笈多可能受此影响将其译成“自在”，但汉语的“自在”与梵文的“王权”之意有一定差异，且“自在”常为佛家或道家用来指修行达到通达无碍、出离烦恼或是自然无为的状态，与凡夫俗子所求似乎相去甚远。其实在中国传统社会中，对于世俗之人，还有什么比升官发财、长命百岁、子孙满堂更具有诱惑力呢？玄奘作为深知中国文化、内外兼通的高僧，自然知道如何使经文更适应中国的信众。还有，他很可能参考了帛尸梨蜜陀罗译文中对“官位”一词的译法。于是他将这两个词译成更为通俗的“富饶”和“官位”，并且这两个词为义净所沿用。虽然只是简单的两个词，却可以看出译经大师们在经文“中国化”

方面所做的努力。

小 结

通过我们对多个文本的比对及对相关文献和背景的考察，我们可以初步确认，玄奘等汉译者在翻译《药师经》时同时参考了多个写本，根据自己的译经风格和喜好作出取舍；此外，玄奘还创造性地在经文中加入了一些延展性、解释性的内容，使经文更为详尽；再者，他为了使经文更适应中国人的文化习俗，还对梵文本的个别内容作了改动。而这些内容大多都为后来的译者——义净所沿用。在认识到汉译这些特点的同时，我们也不能忽视另外两个方面的思考。

其一，我们的梵汉对勘应该以何种方式进行？以前学者们往往直接用手头可以找到的梵文写本和汉译进行比对，指出汉译在哪些地方忠于梵文，哪些地方有差异。但是近年来，随着佛教文献学的发展，我们开始意识到这一方法的缺陷和问题。首先，它忽视了汉译本所据之底本与用来比对的梵文本两者在年代和传承系统上的不同。由于佛经写本内容随着年代变迁会有所增加或改动，不同年代的写本对应的汉译内容往往会有差异。比如笔者曾撰文评论过的《金刚经》梵文写本与鸠摩罗什的译本。玄奘所用写本晚于罗什，他认为罗什译本有多处省略。孔泽（Conze）也是因为用晚期写本与罗什译本对照，从而得出罗什写本不忠实于梵文的结论。实际上，所谓的“省略”是由于罗什的底本较早，并没有后来添加的那些内容。[1] 由此可见，我们如果一味强调梵文本的唯一正确，将会影响我们对汉译的客观判断。在《药师经》这一对勘研究

① 详见范慕尤《从梵汉对勘看鸠摩罗什译〈金刚经〉》，《西域研究》2015 年第 1 期，第 114—120 页；该文已收入本书，见第 65—78 页。

中，笔者同时使用了三个梵文本及两个藏文本（可惜没有义净本对应的梵文本），意在以此作为尝试的案例，通过汇集多个不同的文本进行比对并参考相关的背景资料，以求获得对汉译较为全面客观的认识。

其二，由于玄奘译经的时代较晚，其所用梵文本大多是已经编订完成的文本，且他的风格较为严谨，特别注重与梵文的对应，因此在用梵文本与其汉译对勘时，学者们多会强调他忠实于梵文，在意义甚至是语法层面都与之一一对应，①但却较少关注他在译经本土化方面的工作。本文虽只有一个用例，但亦可见玄奘在译经时不止考虑准确传译梵文原典，也重视汉地读者的理解和接受程度，也会作出适当的调整以适应汉地的世俗文化习惯。笔者希望能以这方面的例证来引起学界对此问题的关注，以期启发我们未来对玄奘译经的进一步研究。

附　录

本文写作时主要应用了在美国斯坦福大学参与的《药师经》写本团队研究的材料和西方学者在这方面的研究资料。后经同行学者提醒，看到了方广锠、杨维中几位先生对《药师经》真伪问题的讨论。鉴于本文的理论基础是《药师经》的汉译基于梵本，因此有必要澄清这一问题。笔者认为方广锠先生的观点提出了一个新颖的视角，即文化的双向交流，其关于"药师佛"神格的形成的考证也启发了笔者对此问题的思考。不过笔者认为方先生的讨论中忽视或者说混淆了三个问题。首先，在佛教文献学界，特别是梵文佛教写本研究界，几乎可以称之为共识的就是写本

① 参见黄宝生《梵汉对勘〈维摩诘所说经〉》，北京：中国社会科学出版社，2011年，第23页；王继红《玄奘译经的语言学考察——以〈阿毗达摩俱舍论〉梵汉对勘为例》，《外语教学与研究》2006年第1期，第66—72页。

的时间不等于文本出现的时间。因为我们目前所见写本的时间大多在5世纪以后，而我们知道早期大乘经典是在1世纪前后出现的。所以一般佛教文献学者都不会用写本的时间来判断这一经典出现的时间。举个可能极端的例子，目前《维摩诘经》唯一存世的梵文本是在布达拉宫发现的写于11世纪左右的写本，而最早的《维摩诘经》汉译本——支谦译本——译于3世纪。难道我们可以据此说《维摩诘经》是伪经吗？方先生曾在文中强调，必须要确定吉尔吉特写本的时间才可以确定其最初产生地，[①]后根据辛嶋静志的意见，即吉尔吉特写本时间为7世纪初乃至7世纪后半叶到8世纪前半叶，而指出吉尔吉特本不可能成为《灌顶经》的源头。[②] 可实际上，吉尔吉特写本只是《药师经》形成过程中一个阶段的一个版本。近年来，国际佛教文献界越来越接受一个观点，即大部分大乘佛经有一个逐步形成的过程，在这一过程中，文本往往会发生由简至繁的变化。研究早期大乘文献的权威学者何离巽(Paul Harrison)以《金刚经》不同时期的梵文写本进行对比，生动地对此观点作出了阐释。[③] 也就是说，很有可能《药师经》初期的梵文本在中亚出现后，传播到汉地，被译成《佛说灌顶拔除过罪生死得度经》。这也可以解释为什么它与晚出的笈多、玄奘等版本不同，因为它对应的是更早的梵文写本。

其次，方广锠认为“药师佛”的神格是在《灌顶经》(T 1331)中

---

① 见方广锠《关于汉梵〈药师经〉的若干问题》，《宗教学研究》2015年第2期，第83页。

② 方广锠：《再谈关于汉梵〈药师经〉的若干问题》，《世界宗教研究》2016年第6期，第190页。

③ 详见Paul Harrison, “Experimental Core Samples of Chinese Translations of Two Buddhist Sūtras Analysed in the Light of Recent Sanskrit Manuscript Discoveries”, *Journal of the International Association of Buddhist Studies* 31.1–2 (2010), pp. 205–250。

形成的，并提到伍小劼博士对《灌顶经》中"药师佛"神格及其形成原因作了详细的研究，亦得出了相同的结论。[①] 笔者认为这一说法有些先入为主，忽视了对相关梵文佛典的考察。虽然"药师琉璃光如来"这一名号是在《灌顶经》中首次出现，但是这一形象却并不是"药师如来"所独有的。研究《药师经》写本的美国学者叔本（G. Schopen）对经中药师如来出现的背景和他所显现的神通作了详尽考察，指出他主要的功能是救助众生摆脱对死亡和转世——特别是转世于三恶道——的恐惧。[②] 更进一步说，死亡以及转世轮回其实都是业力使然，因此真正与药师如来形象密切相关的是业力，而死亡和转世都是业力的一种表现。从这个意义上来说，经中所谓"续命法"的情节，即某人身患重病、求生不得时，用燃灯神幡救其摆脱病痛之苦，[③]其实按照叔本的说法，这并不是简单的消灾续命，而是使其人意识到所做业及相随而来的业报。所以《灌顶经》会特别提到"其人若明了者信验罪福"[④]，笈多本还多了"乃至失命不造恶业"[⑤]，玄奘本亦与此类似。[⑥] 而这也解释了方广锠在论文中提出的疑问，即为什么在主张"不生"的佛教体系中，却出现一个主张"延寿"的药师佛。[⑦] 因为此经的本意并不是延寿续命，而是强调佛教传统的业报思想，一方面使人对造作恶业心生畏惧，另一

---

① 方广锠：《药师佛探源——对"药师佛"汉译佛典的文献学考察》，《宗教学研究》2014 年第 4 期，第 95—96 页。

② Gregory Schopen, *The Bhaiṣajyaguru Sūtra and the Buddhism of Gilgit*, pp. 129 - 133.

③ 详见《佛说灌顶经》（T 1331, 535b8 - 17、c22）。笈多本和玄奘本与其略有出入，加入了"皈依供养药师如来"等内容，但没有对阎罗王的描述。

④ 《佛说灌顶经》（T 1331, 536a3 - 4）。

⑤ 《佛说药师如来本愿经》（T 449, 403c28）。

⑥ 《药师琉璃光如来本愿功德经》（T 450, 407b26 - 27）。

⑦ 方广锠：《药师佛探源——对"药师佛"汉译佛典的文献学考察》，《宗教学研究》2014 年第 4 期，第 90 页。

方面则使人对皈依药师佛心生向往。因为药师佛可以改变业报所决定的横死和转生于恶道。再回到前文所说的，药师佛这一“神格”并不是独有的，根据叔本对吉尔吉特多部早期大乘佛典的研究，他为我们勾勒出了一组具有类似功能的佛或菩萨的群像，其典型特征就是闻其名号可不受恶业影响，不堕于恶道，转生于善业道。这些形象包括了阿弥陀佛（Amitābha）、尸弃佛（Śikhin）、观音菩萨（Avalokiteśvara）等。① 这组群像和这些佛经中与《药师经》相近的语句有力地佐证了药师佛的形象产生于深受印度佛教文化影响的中亚一带，而非汉地。相应地，《药师经》也是产生并流行于这一地区的早期大乘佛典之一。

最后也是最重要的证据就是平行文句，即《药师经》与其他早期大乘佛经中的类似文句。据叔本的研究，《药师经》与早期大乘佛经，如《妙法莲华经》《八千颂般若》《宝积经》等均存在大量平行文句。因篇幅所限，此处无法一一列举。兹举两例，一处是对药师如来净土的描写：

§ 6

Schøyen：*suviśuddhaṃ tad buddhakṣetraṃ apagatakāmadoṣam* *apagatāpāyaduḥkhaśabdam* *apagatamātṛgrāmam* | *vaidūryamayī ca sā pṛthivī kuḍyaprākāraprāsādatoraṇagavākṣajālaniryūhāḥ saptaratnamayā, yadṛśī sukhāvatī lokadhātus tādṛśaṃ* |

今译：此佛土极为严净，无有欲尘，无恶道苦声，无有女人。琉璃为地，城垣宫阁、门窗罗网皆七宝所成。此土与极乐

① Gregory Schopen, *The Bhaiṣajyaguru Sūtra and the Buddhism of Gilgit*, pp. 132 – 147.

净土一样。

《妙法莲华经》类似文句：*apagatāpāyam apagatamātrgrāmam ... virajam nāma buddhakṣetram bhaviṣyati ... vaiḍūryamayaṃ suvarṇasūtrāṣṭāpadavinaddhaṃ*, *sarvatra cāṣṭāpadasmiṃ ratnavṛkṣo bhaviṣyati saptānām ratnānām puṣpaphalaiḥ satatasamitaṃ samarpitaḥ*（*Saddharmapuṇḍarīka*, 205.32①）

今译：无有恶道，无有女人。此佛土名为毗罗阇。琉璃所成，金绳界道。遍布宝树，其花皆七宝所成。

类似描写在其他经中还有很多，此处不一一列举。还有一处是涉及转生和西方极乐世界的：

§ 11

Vaidya：*yeṣām evaṃ praṇidhānam evam abhiprāyam-anena vayaṃ kuśalamūlena paścimāyāṃ diśi sukhāvatyāṃ lokadhātau upapadyema yatrāmitāyus tathāgataḥ* | *yaiḥ punas tasya bhagavato bhaiṣajyaguruvaidūryaprabhasya tathāgatasya nāmadheyaṃ śrutaṃ bhaviṣyati*

今译：他们发下大愿："愿以我等善根生于阿弥陀佛所在的西方极乐世界。"那些听到药师琉璃光如来名号的人，在他们死时会有八位有神通的菩萨出现在他们面前。

《大乘庄严宝王经》：*sucetanās te sattvā ye tava nāmadheyam anusmaranti*, *gacchanti te sukhāvatīlokadhātum*,

---

① 原文见 Kern and B. Nanjio（eds.），*Saddharmapuṇḍarīka*，Bihliotheca Buddhica X，St. Petersbourg，1912；转引自 Schopen，*The Bhaiṣajyaguru Sūtra and the Buddhism of Gilgit*，p. 236。

amitābhasya tathāgatasya *dharmam anusmaranti śṛnvanti* (*Kāraṇḍavyūha*, 275.21[①])

今译：有善意的众生忆念你(指观音菩萨)的名号，他们就会生于阿弥陀如来的极乐净土，忆念听闻佛法。

从以上平行经文来看，关于转世极乐净土这段内容，《药师经》与《大乘庄严宝王经》除了所持诵的名号不同，其他几乎完全一致。除此之外，还有持诵释迦牟尼佛等其他佛名号得以转生于极乐净土的。就此问题，叔本有专文研究，通过对吉尔吉特写本中有关转生于阿弥陀佛净土的经文的考察，他指出，在这批早期大乘佛典中，转生于阿弥陀佛净土并不只限于与阿弥陀佛有关的仪式，而是可以借由持诵其他佛或菩萨的名号，持诵经文、偈子，或礼敬其他佛来得到。也就是说，他已经成了大乘信众的佛事行为的一种普遍性的回报，而这正是此一时期大乘佛典中的一种新趋势。[②] 我们似乎无法将这一趋势归于汉地佛教的产物，否则《妙法莲华经》《大乘庄严宝王经》《月灯三昧经》等包括这一内容的经典都有成为伪经的可能。

综上所述，笔者认为药师如来的形象和《药师经》文本都产生于印度佛教背景下，很可能在西域地区，而经文应是以梵文本的形式传入汉地的。最早的《药师经》译本即《佛说灌顶拔除过罪生死得度经》很可能是由帛尸梨蜜陀罗携来梵本，汉地传译和笔受完成了译文，由于帛氏不通汉语，而传译和笔受的梵文能力有限，因此译文中会有脱漏错讹之处。再者，经文中某些概念和内容具有道

---

① 见 Gregory Schopen, *The Bhaiṣajyaguru Sūtra and the Buddhism of Gilgit*, p. 280。

② 详见 Schopen, "Sukhāvatī as a Generalized Religion Goal", *Indo-Iranian Journal* 19 (1977), pp. 177－210。

教色彩，这在鸠摩罗什"新译"出现之前的汉译佛经中是极为普遍的现象。此译文可能经过了多次修改，一直到刘宋时期慧简编修后才有了定本，所以才会说"依经抄撰"，而在这一过程中，很有可能删去了在译者看来不太合乎汉地文化或习俗的内容，比如以血肉祭祀药叉、罗刹的部分；同时也有可能加入了一些具有本土色彩的内容，但这并不能改变其本质，即其为梵文佛经之译本，而非汉地所造之伪经。

女性地位与《药师经》的翻译与传播

在汉地佛教的众多寺庙中，药师佛、阿弥陀佛和释迦牟尼作为横三世佛同受礼拜，广为人知。药师佛的东方琉璃佛土亦和阿弥陀佛的西方极乐佛土并称。而记述其十二大愿和敬拜药师佛所得的功德的《药师经》（*Bhaiṣajyaguru Sūtra*）无疑是对汉地佛教影响最大的大乘佛典之一。

根据梵文写本所示，此经全名应为《药师琉璃光如来本愿殊胜广说分别》（*Bhaiṣajyaguru-vaiḍūryaprabhasyatathāgatasyapūrva-praṇidhānaviśeṣavistaravibhaṅga*）。[①] 汉地流传最广、影响最大的玄奘译本将此经名译为"药师琉璃光如来本愿功德经"（T 450），为行文方便，下文凡提到此经均使用简称"《药师经》"。

关于药师佛的形象来源，学界有不同意见，[②] 伯恩鲍姆（Birnbaum）认为药师佛可能源于《法华经》中的药王菩萨。但叔

---

① 对经名的理解，学者们有不同看法。翻译中文《药师经》的伯恩鲍姆（Birnbaum）将其译为"药师琉璃光如来"；而研究其梵文写本的叔本（Schopen）则不赞成这种将其拆分成两部分的理解，见 G. Schopen，*The Bhaiṣajyaguru Sūtra and the Buddhism of Gilgit*，Doctoral thesis of Australian National University，1978，pp. 125 - 161；何离巽（Paul Harrison）则倾向于将其解释为"拥有最好的药——绿玉光的如来"，见 Paul Harrison，*An Introduction of a Second Copy of the Bhaiṣajyaguru Sūtra in the Schøyen Collection*，note 1，近期出版。

② 详见 Birnbaum，*The Healing Buddha*，Boulder：Shambhala，1979，p. 24。

本(G. Schopen)对此有不同看法,他认为虽然在某些地方,药师佛的名号中会出现与“药王菩萨”类似的“药王”(Bhaiṣajyarāja),但这两者其实并无共同之处。“王”(rāja)并不是“药师琉璃光如来”名号的原初组成部分,而只是一个后期附加物,很可能是在“药王菩萨”影响变大后才加上的。① 如依后者所说,《药师经》的出现时间有可能早于《法华经》(时间约在 2 世纪中期),即 2 世纪早期。不过综合佛典语言、历史背景和汉译时间等因素,笔者倾向于伯恩鲍姆所推定的编纂时间——2 世纪晚期到 3 世纪早期。②

此外,伯恩鲍姆还根据《药师经》中药师佛和日光、月光两位菩萨的形象及中国求法僧的记录等将此经的诞生地推定为中亚。③ 在讨论此经的编纂地点时,伯恩鲍姆提出了一个有趣的观点,引起了笔者的注意。他指出,从此经中反复强调的女性所受苦难和对摆脱女性身份的渴望可以推断,在此经出现的地方,女性的地位应该很低。④ 而且在提及大理佛画师张胜温的《药师经十二大愿》画卷时,他认为画卷上的第八大愿之所以没有了汉译本的“女身转男”情节,是因为在当地传播此经的僧人发现当地女性地位颇高,遂改动了此愿的内容。⑤ 也就是说,此经中涉及女性地位的内容可能影响了经文的传译。

那么《药师经》中究竟有哪些涉及女性的内容,它们在传播的过程中是否受到当地文化的影响,是否会发生变化呢? 思及于此,笔者认为应集合各个版本,梳理其中与女性相关的内容并考察其

① 详见 Schopen, *The Bhaiṣajyaguru Sūtra and the Buddhism of Gilgit*, pp. 127 - 128。

② 详见 Birnbaum, *The Healing Buddha*, pp. 60 - 61。

③ Ibid. Charles Willemen 教授曾向笔者提及《药师经》的产生地在巴克特里亚,即大夏(今阿富汗境内)。他还指出经中所说的东方是指大夏以东,而不是中国以东。

④ 见 Birnbaum, *The Healing Buddha*, p. 64。

⑤ Ibid., p. 63.

变迁及背景。

《药师经》的梵文本不但有几个吉尔吉特写本，近期还发现了与其时间相近的阿富汗写本。① 而且它还有多个汉、藏译本，其中汉译本有 4 个，依时间顺序分别为：东晋时帛尸梨蜜陀罗译《佛说灌顶拔除过罪生死得度经》(T 1331)②、隋达摩笈多译《佛说药师如来本愿经》(T 449)、唐玄奘译《药师琉璃光如来本愿功德经》(T 450)、唐义净译《药师琉璃光七佛本愿功德经》(T 451)。藏译本有两个，一个是胜友(Jinamitra)、施戒(Dānaśīla)和智军(Ye shes sde)翻译的 *'phags pa bcom ldan 'das sman gi bla vaiḍūrya'i 'od kyi sngon gyi smon lam gyi khyad par rgyas pa zhes bya ba theg pa chen po' i mdo*(简称"BhP")，另一个是胜友、施戒、戒帝释觉(Śīlendrabodhi)和智军翻译的 *'phags pa te bzhin gshegs pa bdun gyi sngon gyi smon lam gyi khyad par rgyas pa zhes bya ba theg pa chen po'i mdo*(简称"StP")，都是 9 世纪初的译本。③ 需要强调的是，BhP 是和 3 个梵文本对应的平行文本；而 StP 则是和义净译本对应的平行文本，换句话说，这两个译本是同源的，且

---

① 研究《药师经》吉尔吉特写本的学者杜特(Nalinaksha Dutt)将其写本定为 6 世纪中到 7 世纪，见 N. Dutt, *Gilgit Manuscripts*, Delhi: Srinagar, 1939, pp. 42 - 43。阿富汗写本即挪威人斯奎因(Schøyen)在巴米扬地区所购的一批佛教写本，其中有两部《药师经》写本，编号为 2 号的写本目前由美国斯坦福大学的教授率领其团队负责研究，其成果将会于 2024 年出版。笔者有幸参与了这一工作，全面阅读了该写本，根据何离巽(Paul Harrison)教授的意见，写本时间可以暂定为六七世纪。

② 僧佑《出三藏记集》中将此经列入疑经伪撰杂录中："《灌顶经》一卷(一名'药师琉璃光经或名灌顶拔除过罪生死得度经')右一部。宋孝武帝大明元年。魅陵鹿野寺比丘慧简依经抄撰(此经后有续命法，所以遍行于世)。"(T 2145, 39a21 - 22)而费长房《历代三宝记》和道宣《大唐内典录》则将其归于帛尸梨蜜陀罗名下。

③ 见 Schopen, *The Bhaiṣajyaguru Sūtra and the Buddhism of Gilgit*, p. 73。

和其他文本在内容上有较大的差异。

在进行文本的对比分析之前，有必要先对其相关背景，也就是佛典中对女性的态度和女性的地位作一个简要的介绍。受到印度当时社会背景的影响，原始佛教时期，女性的地位很低，形象都是比较负面的，生为女子被认为是宿世恶业所致，有诸多弱点，注定要受到种种痛苦的折磨，比如《增一阿含经》和《大智度论》中都提到女子有五种恶。[①] 而且女子多欲，容易破坏出家人的修行，这在经中多有提及，比如"女人多情态，坏人正道意"[②]，再如"妇人是众苦本、是障碍本、是杀害本、是系缚本、是忧愁本、是怨对本、是生盲本"[③]。正是因为女子的这些"缺陷"，她们在修行上阻碍重重，难以在俗世和出家人中获得较高的地位，成为转轮王或菩萨等，即《中阿含经》等早期佛典就已经确立的"五障"概念。[④] 这一概念的影响一直延续到早期大乘佛典中，比如《法华经》中就提到：

> 女身垢秽，非是法器，云何能得无上菩提？佛道悬旷，经无量劫，勤苦积行，具修诸度，然后乃成。又女人身犹有五障：一者，不得作梵天王；二者，帝释；三者，魔王；四者，转轮圣王；五者，佛身。（T 262，35c7－11）

身为女子在修行成道方面受到的种种限制使得不少大乘经典中都

---

① 《大智度论》："大火烧人，是犹可近；清风无形，是亦可捉；元蛇含毒，犹亦可触；女人之心，不可得实。夫为女人，有五种恶。"（T 1509，166a20－22）《增壹阿含经》："云何为五：一者秽恶，二者两舌，三者嫉妒，四者瞋恚，五者无反复。"（T 125，700c11－13）

② 《修行本起经》（T 184，462a22）。

③ 《大宝积经》（T 310，258c2－4）。

④ 详见《中阿含经》："当知女人不得行五事。若女人作如来、无所著、等正觉及转轮王、天帝释、魔王、大梵天者，终无是处。"（T 26，607b10－13）

出现了"转女成男"的内容，比如《大宝积经》中就写道：

> 姊妹啊，这个陀罗尼名叫"宝积陀罗尼"，它有大益处、大功德、大愿力，它可以消除一切女子之所以为女子的特征，可以不留余地地消除一切由身、语、业之苦形成的障碍。（女子）一旦听到这一陀罗尼，就可完全脱去女身。（她的）女根会消失，男根出现，（她）会成为根器具足的善男子。[①]

《法华经》中也有类似段落：

> 若有女人闻是《药王菩萨本事品》，能受持者，尽是女身，后不复受。（T 262，54b27 – 29）

这种性别上的转换往往都是和持诵某部经典或者某个佛、菩萨的名号相联系的。具体到《药师经》，就是借由持诵药师佛的名号来摆脱女身，获得男身。不过在对这一基本内容的表述上，各文本存在着差异，这也正是下文要重点探讨的内容。"转女成男"首次出现是作为药师佛的第八大愿。（文本的排列顺序为梵、汉、藏，以下不再注出。）

§ 5.8[②]

Dutt[③]： *aṣṭamaṃ tasya mahāpraṇidhānam abhūt:*

---

① 这是笔者据梵文所译，原文见［日］久留宫圆秀，*Ratnaketuparivarta*，*Sanskrit Text*，京都：平乐寺书院，1978 年，第 37 页。

② 本文中的梵文编号依据 Schopen 本，以下不再注出。

③ 这一梵文本是杜特根据几个吉尔吉特写本编订的精校本，参考了汉译和藏译。瓦伊达（Vaidya）也出版过这一写本，因为和杜特的没有太大区别，考虑到篇幅原因，这里便没有列出。

［*yadā ... tadā*］*yaḥ kaścin mātṛgrāmo nānāśtrīdoṣaśataiḥ saṃkliṣṭaṃ strībhāvaṃ vijugupsitaṃ mātṛgrāmayoniṃ ca parimoktukāmo mama nāmadheyaṃ dhārayet*, *tasya mātṛgrāmasya na strībhāvo bhavet yāva bodhiparyavasānam* ‖ [①]

今译：若有女子身受百种妇人之苦痛的折磨，想要脱去女身，意欲解除女形，只要持诵我的名号，她就不会再有女身，直到证得菩提。

Schopen[②]：*aṣṭamaṃ tasya mahāpraṇidhānam abhūt*：*ya kaści mātrgrāmo* ｜ *nānāstrīdoṣaśatai samkliṣṭam strībhāvam vijugupsan*，*mātṛgrāmayoniṃ parimoktukāmo*，*mama nāmadheyam dhārayet*， *tasya mātrgrāmasya na strībhāvam bhaved yāva bodhiparyavasānam*[③]

今译：第八大愿是：若有女子身受百种妇人之苦痛的折磨，想要脱去女身，意欲解除女形，只要持诵我的名号，她就不会再有女身，直到证得菩提。

Schøyen：*bodhir**6***（*pr*）*āp*（*ta*）*sya ca me* ｜ *kaścin mātrigrāmo nānāstrīdoṣaśataiḥ saṃ*（*k*）*liṣṭaṃ strībhāvaṃ vijug*（*u*）*psaṃto māv**1***（*tṛgrā*）*mayoneḥ parimoktukāmo mama nāmadheyaṃ dhārayet tasya mātṛgrāmasya strībhāvo vinivartet* 〈｜〉 *puruv**2***（*ṣa*）*bhāvo bhaved yāvad bodhiparyavasānād idam aṣṭamaṃ mahāpraṇidhānam abhūt* ‖ (fol. 4r5 – v2)

---

① Dutt，*Gilgit Manuscripts*，p. 5.

② 叔本的这一版本也是基于吉尔吉特写本所作的精校本，不过他在选择写本和编辑方法上与杜特略有不同，所以两者会有一些差别。总体而言，叔本的精校本更为严谨。

③ Schopen，*The Bhaiṣajyaguru Sūtra and the Buddhism of Gilgit*，p. 41.

今译：当我获得菩提时，若有女子身受百种妇人之苦痛的折磨，想要脱去女身，意欲解除女形，只要持诵我的名号，她就会脱去女身，获得男身，直到证得菩提。这是第八大愿。

帛：第八愿者：使我来世以善业因缘。为诸愚冥无量众生讲宣妙法，令得度脱入智慧门，普使明了无诸疑惑。（T 1331，532c24－26）

笈：第八大愿：愿我来世得菩提时，若有女人为妇人百恶所逼恼故，厌离女身，愿舍女形，闻我名已，转女人身，成丈夫相，乃至究竟无上菩提。（T 449，401c25－28）

玄：第八大愿：愿我来世得菩提时，若有女人为女百恶之所逼恼，极生厌离，愿舍女身，闻我名已，一切皆得转女成男，具丈夫相，乃至证得无上菩提。（T 450，405b5－8）

义：第八大愿：愿我来世得菩提时，若有女人为女众苦之所逼切，极生厌离，愿舍女身，若闻我名，至心称念，即于现身，转成男子，具丈夫相，乃至菩提。（T 451，413b4－7）

Rgyud na 131－3－7－8

藏①：*de'i smon lam chen po brgyad pa ni gang gi tshe bdag ma 'ongs pa'i dus na / bla na med pa yang dag par rdzogs pa'i byang chub mngon par rdzogs par sangs rgyas pa de'i tshe bdag byang chub thob pa na / bud med gang la la bud med kyi skyon brgya dag gis kun nas ngon mongs par gyur pa / bud med kyi dngos po la smod pa / bud med kyi skye gnas las yongs su thar bar 'dod pa de dag bud med kyi dngos po las log par gyur cig / byang chub kyi mthar thug bar du*

---

① 前文已提到两个藏译本并非同源，笔者对两者作了比较后，发现在这段内容上，它们只有个别的文字差异，考虑到篇幅，就没有将两个文本同时列出，只列了叔本所编的 BhP 的精校本，在文本差异处加以注释。

skye pa'i dbang po byung[1] *bar gyur cig ces btab bo* ‖[2]

今译：第八大愿：当我于未来世现证无量正等正觉时，在我获得菩提以后，若有女子身受百种妇人之苦痛的折磨，想要脱去女身，意欲解除女形，她们将会转女身，得男身，直到得菩提。

首先，几个梵文本的内容略有差别，主要集中在最后一句。Dutt本和Schopen本中只提到了不再有女身，但是Schøyen本、笈多、玄奘、义净和藏译本都在其后加上了"得男身"的内容。对于写本的这种差异，我们发现很难从时间和地域角度作出解释。在时间上，吉尔吉特写本和阿富汗写本很接近。而且7世纪初（615年）的笈多译本就有了"得男身"的内容，因此这一多出来的部分不太可能是后期附加内容；在地域因素上，根据何离巽（Paul Harrison）的考察，Schøyen 2号写本，即我们所用的写本，在有些地方与Schøyen 1号写本一致，有些地方却与吉尔吉特写本一致，不同于1号写本。因此他认为不存在所谓的吉尔吉特版本或巴米扬版本，这一文本传承的流变是不受这两个佛教中心地理距离的影响的，也就是说，地域是与此无关的。[3] 目前似乎只能将这一差异归因于梵文写本的不同传承系统。

其次，此经最早的汉译本——帛尸梨蜜陀罗的译本（T 1331）的第八大愿与其他文本皆不相同，根本没有提到摆脱女身的内容。虽然此译本被疑为伪经，但笔者将其内容，特别是十二大愿部分与梵文本及其他译本作了详细的比对，除了个别文字的差异以外，誓愿的主体内容都是一致的，只有第八大愿是个例外。那么造成这一例外的原因是

---

① StP本作"'byung"。

② 见Schopen，*The Bhaiṣajyaguru Sūtra and the Buddhism of Gilgit*，p. 84。

③ 见Paul Harrison，"Introduction"，p. 1。

什么呢？一种可能是，译者当时所用的底本上这段内容有缺损，译者只好参照第九愿创作了第八愿。如果我们将这两段内容稍作比对，就会发现第八愿的“讲宣妙法，令得度脱，入智慧门”与第九愿的“显扬清净、无上道法，使入正真，无诸邪僻”在意义和表述上都极为接近。

另一个可能的原因是译者的人为修改。谈及此点，我们有必要在此对译者的情况作一补充。据相关史料记载，帛尸梨蜜陀罗不懂汉语，①因此记录在他名下的汉译实际并非他所译，而是根据他携来汉地的写本，由其助手译出，最后署上他的名字。这也就可以解释此译本的汉语表述为何更为地道，以致被怀疑为汉地撰述的伪经。其时，东晋信仰佛教的多为上层门阀贵族，他们也是名僧如支道林、竺道潜、帛尸梨蜜陀罗等人交游的对象。这些贵族家庭的女性地位普遍比较高，她们当中也不乏佛教的支持者，有不少后妃都曾大力资助修庙建寺。在这一背景下，汉地的译者可能顾虑到这些贵族女性的感受，摒弃了原文中对女性受百苦逼恼而迫切希望摆脱女身的描述。再者，后文描述净土时，也没有提到其中“无有女人”，而这一点不但出现在《药师经》的其他所有文本中，也作为净土或佛土的一个重要特征频繁出现在其他佛经中。因此笔者比较倾向于译者人为改动这一原因。

再次，义净的汉译本中有一个细节值得注意，就是在女身转为男身这一句，他的翻译是“即于现身，转成男子”，其中的“于现身”是其他文本所没有的。从梵文中我们可以清楚地看到这句是祈愿语气，表示一种希望或可能性，②而这一愿望的实现一般是在未来

① 见《世说新语》：“高座道人不作汉语，或问此意，简文曰：‘以简应对之烦。’”转引自汤用彤《汉魏两晋南北朝佛教史》，北京：北京大学出版社，1997 年，第 117 页。

② [德] 斯坦茨勒著、季羡林译：《梵文基础读本》，北京：北京大学出版社，2009 年，第 40 页。

世，因为只有转成男子才能获得菩提。因此藏文用了与其相对应的语法形式 gyur cig，即发愿语气的标记；而玄奘译本也用了“得”来对应这一语气，其中暗含将来的意思。此外，从后文类似内容我们可以进一步确证此点。

在《药师经》的后半部分，当提到四众受持八分斋戒，听闻药师佛名号后所得的利益时，作为补充，“转女成男”的内容再次出现了。

§ 12

Dutt：*yaś ca mātṛgrāmaḥ tasya bhagavato bhaiṣajyaguruvaiḍūryaprabhasya tathāgatasya nāmadheyaṃ śrutvā codgrahīṣyati tasya sa eva paścimastrībhāvaḥ pratikāṃksitavyaḥ*①

今译：若有女子听到世尊药师琉璃光如来的名号后，受持（它），她后世就再不会有女身。

Schopen：*yena punar mātṛgrāmeṇa tasya tathāgatasya nāmadheyaṃ śrutaṃ bhaviṣyati udgṛhītaṃ sa tasya paścimo mātṛgrāmabhāvaḥ pratikāṃksitavyaḥ*②

今译：若有女子将来听到并受持如来的名号，她后世就再不会有女身。

Schøyen：*yaś ca mātṛgrāmas tasya tathāgatasya nāmadheyaṃ* **r3** *śrutvodgrahīṣyati* | *tasya sa eva paścimastrībhāvaḥ pratikāṃkṣitavyaḥ* ‖ （fols. 11r2 - r3）

今译：若有女子听到如来的名号后，受持（它），她后世就再不会有女身。

---

① 见 Dutt，*Gilgit Manuscripts*，p. 15。

② 见 Schopen，*The Bhaiṣajyaguru Sūtra and the Buddhism of Gilgit*，p. 52。

帛：若是女人，化成男子，无复忧苦患难者也。（T 1331, 533c14－15）

笈：若有女人得闻说此如来名号，至心受持，此人于后永离女身。（T 449, 403a2－4）

玄：若是女人得闻世尊药师如来名号，至心受持，于后不复更受女身。（T 450, 406b19－21）

义：若是女人得闻药师琉璃光如来名号，至心受持，于后不复更受女身。（T 451, 414b20－21）

藏：*bud med gang gis de bzhin gshegs pa de'i mtshan thos shin bzung ba de'i bud med kyi dngos po de tha ma yin par shes par bya'o*

今译：如果有女人听到并受持如来的名号，那她这一世的女身就是最后的。

虽然文辞略有差异，但是除了帛尸梨蜜陀罗的译本外，其他文本都明确地表示转女成男是在未来世，而非此世。这也再次印证了前文女身的脱去是在未来世。从现有的文献证据来看，义净的译文几乎找不到依据，那就只有另一个可能，即人为的添加或改动。那促使他作出这一改动的原因为何呢？笔者推测，可能与其历史背景有关。

延续前文所述之佛经中的女性地位，在大乘思想兴起后，《维摩诘经》《法华经》中都提到诸法无男女之分，[①]女性地位逐渐提升，比如《胜鬘狮子吼一乘大方便方广经》就记载了与维摩诘居士齐名的女性居士胜鬘夫人。她在佛前演说一乘、一谛、一依等概

① 《维摩诘经》："舍利弗，若能转此女身，则一切女人亦当能转。如舍利弗非女而现女身，一切女人亦复如是，虽现女身而非女也。是故佛说一切诸法非男非女。"（T 475, 548c2－5）《妙法莲华经》："又复不行，上中下法，有为无为，实不实法，亦不分别，是男是女。"（T 262, 37c10－11）

念，解说“一乘真实”和“如来藏法身”等思想。她还得到了佛的授记，于两万阿僧祇劫后当得作佛，号“普光如来”。①

还有经中提到菩萨以女身现于世间，为天子，为女王，不受“五障”的限制。比如北凉昙无谶所译的《大方等无想经》中就出现了这样一位净光天女：

> 是天女者，常于无量阿僧祇劫为众生故，现受女身。……世尊，惟愿如来，为诸众生，说是天女未来之事。善男子，汝今谛听，我当说之。以方便故，我涅槃已。七百年后，是南天竺有一小国，名曰无明。彼国有河，名曰黑闇。南岸有城，名曰熟谷。其城有王，名曰等乘。其王夫人，产育一女，名曰增长。……尔时诸臣即奉此女，以继王嗣。女既承正，威伏天下。阎浮提中所有国土悉来承奉，无拒违者。……若闻大乘方等经者，恭敬供养，尊重赞叹。满二十年受持、读诵、书写、解说是《大云经》，然后寿尽。是时乃当转此女身，为众生故，示大神通。为欲供养无量寿佛故，故生彼界。世尊，是女王者。未来当得阿耨多罗三藐三菩提不耶？善男子，如是女王，未来之世过无量劫当得作佛。（T 387，1107a1－b1）

此后，在唐代达摩流支所译的《宝雨经》中也出现了一位菩萨，以女身为王：

> 天子，以是缘故，我涅槃后最后时分，第四五百年中法欲灭时，汝于此赡部洲东北方摩诃支那国位居阿鞞跋致，实是菩萨，故现女身，为自在主。经于多岁，正法治化。养育众生，犹

① 详见《胜鬘狮子吼一乘大方便方广经》。

如赤子。（T 660，284b15－23）

此类内容在武则天统治时期，无疑切合了她的政治需要，可以为其登基称帝提供经典依据。在这些佛经的基础上，法明、薛怀义等人在武则天的授意下又结合了民间流行的弥勒信仰，伪造了《大云经》和《大云经疏》，将武则天说成弥勒下生，以女身当王。① 值得注意的是，义净正处于这一时代背景中，而且他从印度求法回国后受到了武则天的隆重礼遇，②不可能不受到当时佛教界这一风气的影响。虽然他译《药师经》是在中宗时期，是受皇帝所请而译，③但是基于女性对皇权、朝廷乃至佛教长期以来的巨大影响，④他可能在翻译时有意加入了于现世转女身的内容，也就是说，女子于现世便可转为男子，获得菩提。虽然与“女身当王”的表述不同，但其隐含的意义类似，即女子可以在现世为王，甚至成菩萨、成佛。

结　论

《药师经》最初可能编纂形成于女性地位较低的地区，因而经中会描述女子为百苦所逼，并两次提及通过持诵药师佛名号由女子转为男身。但此类内容在不同地区传播时，却因为当地不同的

---

① 刘昫等撰《旧唐书·则天皇后本纪》：“有沙门十人，伪撰《大云经》。表上之，盛言神皇受命之事。制颁于天下，令诸州各置大云寺，总度僧千人。”（北京：中华书局，1975 年校点本，第 1 册，第 121 页）

② 见《宋高僧传》：“天后亲迎于上东门外。诸寺缁伍具幡盖歌乐前导。敕于佛授记寺安置焉。”（T 2061，710b20－22）

③ 见《宋高僧传》：“帝以昔居房部，幽厄无归。祈念药师，遂蒙降祉。荷兹往泽，重阐鸿猷。因命法徒更重传译于大佛光殿。二卷成文曰《药师瑠璃光佛本愿功德经》，帝御法筵，手自笔受。”（T 2061，710c14－18）

④ 中宗时期，中宗的妻子韦后和女儿安乐公主依然把持朝政，有极大的权力。

文化背景出现了不同程度的变异。在佛教初传汉地时期，其信众多集中在上层贵族和文人士大夫中。直至东晋时期，信仰佛教的女性多为后宫妃嫔和门阀世家，因此当时的《药师经》译本中对于“转女成男”的内容多有省略。而到了隋唐时期，随着佛教的广泛流行，大量中下层人民信仰佛教，佛经翻译对于此点自然无须避讳。但武周易代这一特殊历史时期，由于佛教得到了统治者的特别重视，甚至佛教经典也被用来证明女主登基的合法性，在这一背景下，《药师经》中“转女成男”的内容就被译者作了一定的调整，使得女子更易转为男身。

当然我们也注意到，这两个汉译本中涉及女性内容的改动并非一以贯之。译者为何没有在后文加以改动，也没有在校订译文时将其统一处理？还有，当时是否有其他汉译中存在类似情况？笔者认为这些问题都值得我们进行进一步的考察。本文囿于篇幅和有限的材料，只能提供一个观察角度，以使大家认识到《药师经》这一重要佛典在流传过程中可能经历的各种演变。

义净译《药师经》真伪考辨

——以汉藏对勘为基础

《药师经》梵文全名为 *Bhaiṣajyaguruvaiḍūryaprabhāsya tathāgatasya pūrvapraṇidhānaviśeṣavistaravibhaṅga*（药师琉璃光如来本愿殊胜广分别）。[①]为行文方便，下文简称为"《药师经》"。此经约在公元2世纪晚期到3世纪早期形成于中亚地区。[②] 早在东晋时期，便有了《药师经》的汉译本，即《佛说灌顶拔除过罪生死得度经》（T 1331）；[③]此后又有隋代达摩笈多译《佛说药师如来本愿经》（T 449）和唐代玄奘译《药师琉璃光如来本愿功德经》（T 450），遂使药师信仰广泛流传。药师佛作为东方净土的掌管

---

① 瓦伊达（P. L. Vaidya）编订本的题名为 *Bhaiṣajyaguruvaiḍūryaprabharāja*（药师琉璃光王），藏文译本的梵文题名为 *Bhaiṣajyaguruvaiḍūryaprabhāsya pūrvapraṇidhānaviśeṣavistara*（药师琉璃光本愿殊胜广说）。此处笔者所用的是斯奎因（Schøyen）写本的题名。目前已知的《药师经》梵文写本有两个系统，一为吉尔吉特系统，一为阿富汗巴米扬系统。相关的信息和研究情况，参见范慕尤《〈药师经〉梵、藏、汉对勘研究》，《宗教学研究》2019年第2期，第93—100页；该文已收入本书，见第157—178页。

② 详见 Birnbaum, *The Healing Buddha*, Boulder: Shambhala, 1979, pp. 60-61。

③ 关于此译本的译者及真伪问题一直存在争议，僧佑《出三藏记集》中将此经列入疑经伪撰杂录中："《灌顶经》一卷（一名'药师琉璃光经'或名'灌顶拔除过罪生死得度经'）右一部。宋孝武帝大明元年，秣陵鹿野寺比丘慧简依经抄撰（此经后有续命法，所以遍行于世）。"（T 2145，39a21-22）而费长房《历代三宝记》和道宣《大唐内典录》则将其归于帛尸梨蜜陀罗名下。

者，和西方的阿弥陀佛、正中的释迦牟尼佛一起，作为横三世佛广受尊崇。

因为此经消灾除难的效用，在玄奘之后，义净受唐中宗之请，于神龙三年(707)再度翻译此经。对此，《宋高僧传》的记载如下：

> 帝以昔居房部，幽厄无归，祈念药师，遂蒙降祉。荷兹往泽，重阐鸿猷。因命法徒更重传译于大佛光殿。二卷成文曰"药师瑠璃光佛本愿功德经"，帝御法筵，手自笔受。(T 2061，710c14－18)

值得注意的是，义净的译本名为"药师琉璃光七佛本愿功德经"(T 451)，而且有两卷。此前译本均为一卷。其中一佛变为七佛，并且多了其他六佛的大愿，佛和菩萨的神咒，对六佛和神咒的供养及其功德等内容。吕建福认为，此译本改自《药师如来本愿功德经》，即玄奘译本，其内容原本不属于密教，义净将其改造为密教经典，增加了陀罗尼神咒等密教内容。[①] 若按此说，则义净的译本并不能算完整的译本，而应为编撰本。这样一来，义净似乎有了伪造经典的嫌疑，此经也不能称为真经了。而黄宝生在做《药师经》的梵汉对勘时指出，现存梵本与义净之前的汉译一致，义净所据梵本尚未被发现。[②] 也就是说，义净译本很可能是有梵文底本的，只是失传了。那么我们如何判断义净译本是译自梵文还是个人撰述呢？或者进一步说，哪些是翻译，哪些是个人的创作？

所幸我们有义净译本的藏文平行译本，即胜友(Jinamitra)、施戒(Dānaśīla)、戒帝释觉(Śīlendrabodhi)和智军(Ye shes sde)于9世纪

① 吕建福：《中国密教史》，北京：中国社会科学出版社，1995年，第239页。
② 黄宝生主编：《梵语佛经读本》，北京：中国社会科学出版社，2014年，第110页。

左右翻译的 *'phags pa de bzhin gshegs pa bdun gyi sngon gyi smon lam gyi khyad par rgyas pa zhes bya ba theg pa chen po'i mdo*（圣七如来本愿殊胜广说）（下文简称“StP”）。藏译的开头就标明了此经的梵文名称为 *Āryasaptatathāgata-pūrvapraṇidhānaviśeṣavistara*（圣七如来本愿殊胜广说），说明此经是从梵文译出的。再者，此经的三位印度译师也足可证明这一点。因此我们通过汉藏对勘可以考察义净译本中是否存在个人撰述。不过这里要说明的是，在对勘中我们注意到，藏译本和义净译本在不少细节处存在差异，很可能他们所据的底本属于不同的传承系统。毕竟时间和地域不同，两者所用的梵文写本存在差异是很正常的。因篇幅所限，我们的对勘将主要集中在涉及密教的内容上。

首先，我们对七佛这一部分作了详细的对勘，发现除个别文字的差异外，汉译的七佛名号及其大愿与藏译均一一对应。其中在第三佛金色宝光妙行成就如来部分，在讲完佛的大愿和佛土之后，提到了此佛为除众生业障所说的一段咒语，其咒如下：

藏：*tad yathā siddhe siddhe susiddhe mocani mokṣaṇi mukte vimukte amale vimale māṃgalye hiracya garbhe ratna garbhe sarva aratha sādhani parama aratha sādhani manase mahāmanase adbhute atydbhute vītbhye suvarṇe brahmaghoṣe brahmādhyuṣite sarva arththeṣu aparājite sarvatra apratihate catuṣṣaṣṭhibhutakoṭi bhāṣite namaḥ sarva tathāgatānāṃ svāhā*①（256b1－2）

净：呾姪他　悉睇悉睇　苏悉睇　谟折儞木刹儞　目帝　毘目帝　庵末丽毘末丽　忙揭例呬噸若揭鞞曷喇呾娜　揭鞞

① 如无特别说明，本文所引藏译均出自德格版《大藏经》，da 部，经号 503。

萨婆颎他婆但儞　钵啰摩颎他　娑但儞末捺细　莫诃末捺细　颎步帝颎室步帝　毘多婆曳　苏跋泥　跋罗蚶摩　瞿侠佉　跋啰蚶摩柱侠帝　萨婆颎剃数　阿钵啰匝帝萨跋呾啰　阿钵喇底喝帝　折睹杀　瑟檄勃陀俱胝　婆侠帝　纳摩娑婆呾他揭多喃　莎诃（T 451，411b10－19）

此段咒语汉译和藏译一致，而在说完神咒之后，则提到了佛因何说此神咒，以及如何持诵、供养此神咒。如下所示（画线部分代表意义有差异）：

藏：*bcom ldan 'das kyis gzungs sngags 'di gsungs pa na byang chub sems dpa' i 'khor 'dus pa thams cad dang | brya byin dang | tshangs pa dang | 'jig rten skyong pa thams cad kyis bcom ldan 'das de la legs so zhes bya ba gsol te | bcom ldan 'das khyod kyis sems can thams cad la thugs brtse ba'i slad du sdig pa thams cad bsal ba dang | nad thams cad rab tu zhi bar bgyi ba dang | re ba thams cad yong su bskang ba'i slad du gzungs sngags kyi tshig ' di lta bu 'di dag bka' stsal pa legs so legs so |* （256b2－4）

今译：世尊说此神咒时，众菩萨、帝释天、梵天和护世天王说道："善哉，世尊！您为了爱护众生，消除罪业，除去疾病，满足其愿望，说如此神咒，善哉善哉。"

净：尔时世尊说此大力大明咒时，众中所有诸大菩萨、四大天王、释、梵王等赞言："善哉！善哉！大悲世尊！能说如是过去如来大力神咒，为欲饶益无量众生，竭烦恼海，登涅槃岸，除去疾病，所愿皆满。"（T 451，411b20－24）

藏：*gzungs kyi tshig 'di dag 'dzin pa dang | klog pa dang | kun chub par byed pa dang | dad par byed pa dang | nyin lan gsum mtshan lan gsum du sems can thams cad la snying rje ba'i sems yid la byed pa dang | me tog dang | bdug pa dang | spos dang | mar me rnams kyis mchod pa gtsang mar byas te | phags pa'i lam yan lag brgyad dang ldan par byas na |*（256b5－6）

今译：（他们）持诵、通晓并信奉此神咒。对众生起慈悲心，三天三夜用花、熏香、香、各式灯火清净供养，持八戒斋。

净：于此神咒起敬信心。若读若诵，若为他人演说其义。于诸含识起大悲心。昼夜六时香、华、灯烛殷重供养，清净澡浴，持八戒斋。（T 451，411b25）

因篇幅所限，我们省去了中间部分的内容，不过从对比可以看出，虽然部分词句存在差异，但整体内容，特别是涉及供养的仪式，两者是一致的。

其次我们要考察“药师咒”这一部分，也可以说是义净译本中影响最大的一部分。目前汉地广为流传的药师咒就源于此。此段内容如下：

复次，曼殊室利！彼药师琉璃光如来得菩提时，由本愿力观诸有情，遇众病、苦、瘦、疟、干消、黄热等病，或被厌魅、蛊道所中，或复短命，或时横死。欲令是等病苦消除，所求愿满。时彼世尊入三摩地，名曰灭除一切众生苦恼。既入定已，于肉髻中出大光明，光中演说大陀罗尼咒曰：

南谟薄伽伐帝　鞞杀社窭噜　薜琉璃钵喇婆　曷啰阇也　呾他揭多也　阿啰喝帝　三藐三勃陀也呾姪他唵　鞞杀逝鞞

杀逝　鞞杀社三没揭帝 莎诃

尔时光中说此咒已，大地震动，放大光明。一切众生病苦皆除，受安隐乐。曼殊室利！若见男子、女人有病苦者，应当一心为彼病人清净澡漱，或食或药，或无虫水，咒一百八遍，与彼服食。所有病苦悉皆消灭。若有所求，指心念诵，皆得如意，无病延年。命终之后，生彼世界，得不退转，乃至菩提。是故，曼殊室利！若有男子、女人于彼药师琉璃光如来至心殷重恭敬供养者，常持此咒，勿令废忘。

复次，曼殊室利！若有净信男子、女人，得闻如上七佛如来应正等觉所有名号，闻已诵持，晨嚼齿木，澡漱清净。以诸香、花、末香、烧香、涂香，作众伎乐，供养形像。于此经典若自书，若教人书，一心受持，听闻其义。于彼法师，应修供养。一切所有资身之具，悉皆施与，勿令乏少。如是便蒙诸佛护念，所求愿满，乃至菩提。（T 451，414b22－c21）

在藏译本中没有发现与上述内容对应的文本，不过在发现梵文本之前，我们还不能完全确定此段内容是否为义净自己所撰写。但可以确定的是，“药师咒”应该是其来有自的，不太可能为个人创造。因为在东晋的汉译本《灌顶经》（T 1331）中就已经出现了“药师咒”：

南谟鼻杀遮俱嚧吠瑠璃耶　钵波喝逻社耶　哆姪他　鼻杀遮鼻杀遮　娑婆揭帝　萨婆诃（T 1331，536a25－27）

我们将其转写为梵文，与义净所译进行对比，如下所示（画线部分表示文字一致）：

净：*namo bhagavate bhaiṣajyaguruvaiḍūryaprabharājāya tathāgatāya arhate saṃyaksam-buddhāya tadyathā oṃ bhaiṣajye bhaiṣajye bhaiṣajya samudgate svāhā*

帛：*namo bhaiṣajyaguruvaiḍūryaprabharājāya tadyathā bhaiṣajye bhaiṣajye sarvagate svāhā*

通过对比可以很明显地看出两段咒语的渊源关系，因此我们可以推测，东晋时期的梵文底本中已经出现了“药师咒”，此后又经过了一定的发展，义净时期的梵文写本中有了固定的形态。但正如我们前文所说，义净所据的写本和藏译的梵文底本属于不同的传承系统，因而藏译本中没有此段咒语。

再次，我们要考察的是经文结尾部分的密咒及其相关内容。第一个密咒名为“如来琉璃光”，说咒因缘如下（画线部分为差异内容）：

藏：*'jam dpal de bzhin gshegs pa'i ting nge 'dzin gyi stobs bskyed pa'i vaiḍūrya'i 'od ces bgyi ba'i gzungs yod de | rigs kyi bu'm rigs kyi bumo sems can thams cad snying rje ba'i sems kyis gzungs de bzung ngam | bklags sam | mchod na bsam pa thams cad yongs su rdzogs par 'gyur | de bzhin gshegs pas dgongs shing de bzhin gshegs pa mthong bar 'gyur | las kyi sgrib pa thams cad rnam par dag pa'i sangs rgyas kyi zhing du skye bar 'gyur ro | 'jam dpal gyis gsol pa | bcom ldan 'das de bzhin gshegs pa'i ting nge 'dzin gyi stobs bskyed pa vaiḍūrya'i 'od ces ba bgyi ba'i gzungs de gang lags | de nas de bzhin gshegs pa de dag gis gsung dbyangs gcig gis gzungs kyi tshig 'di dag bka' stsal to |* (270b7－271a1)

今译：文殊师利啊！这个神咒叫“如来定力琉璃光”，善男信

> 女为众生起大悲心，持诵供养，一切心愿得以满足。如来现身并为护念。一切业障都会消除，会生于佛土。文殊师利道："请世尊演说如来定力琉璃光神咒。"于是如来以一声说咒曰……
>
> 净：曼殊室利！有大神咒名曰"如来定力琉璃光"。若有男子、女人书写、读诵、恭敬供养，于诸含识起大悲心，所有愿求皆得满足。诸佛现身而为护念，离众障恼，当生佛国。时七如来以一音声即说咒曰……（T 451，417a6－11）

我们注意到义净译本少了文殊师利请佛说咒那句，另外在如来前加上了"七"，关于这一点，下文还会再作讨论。以下是咒语的对照（藏译画线部分为汉译缺失的内容，汉译画线部分为藏译缺少的内容）：

> 藏：*tad yathā ghume imi nimihi mati saptatathāgata-samādhyadhiṣṭhite atimate pale pāpaṃ śodhani sarvapāpaṃ nāśaya mama budhe buddhottame ume gume buddhakṣetra-pariśodhani dhame nidhame meru meruśikhare sarva akālamṛtyunivāraṇi buddhe subuddhe buddhādhiṣṭhāna rakṣānatume sarvadeva same asame samanharanatume sarvabuddha bodhisatvānāṃ śame praṣamanatume sarva ityupadravavyādhayaḥ pūraṇi pūrayame sarva āśāyavaiḍūrya-pratibhase sarvapāpaṃ kṣayaṃ kari svāhā*（271a2－4）
>
> 净：但姪他　具谜具谜　瞽尼谜腻呬　末底末底　驲级怛他揭多三摩地频提瑟耻帝　频帝末帝波例　波跛输但儞　萨婆波跛那世也　勃睇勃图嗢答谜坞谜矩谜　佛铎器怛罗钵里输但儞　昙谜昵昙谜　谜噜谜噜　谜噜尸揭唡　萨婆哥罗　蜜栗睹　尼婆喇儞　勃提苏勃睇　佛陀频提瑟侘泥娜曷咯叉睹谜　萨婆提婆　三谜频三谜三曼捼汉囒睹谜萨婆佛陀

菩提萨埵　苫谜苫谜　钵喇苫谜曼　睹谜　萨婆　伊底坞波达婆萨婆毘何大也　萨婆萨埵难者晡𠿒泥　晡𠿒泥　晡𠿒也谜　萨婆阿舍　薜琉璃也　钵唎底婆细　萨婆波跛　著杨羯哂莎诃（T 451，417a12）

从以上对比来看，汉译和藏译的这段咒语并不完全一致。这既有可能是经文在流传过程中发生了变化，也有可能是写本在传抄中形成的差异。这也从侧面证明了上文所说的“药师咒”发生流变的可能。

关于宣说此神咒产生的效果和持诵、供养等仪式的对比如下（汉译画线部分是与藏译不同之处）：

藏：*gzungs 'di bka' stsal pa'i tshe snang ba chen po byung ste | sa chen po gyos nas rdzu 'phrul rnam par 'phrul pa dag snang ngo | 'khor ji ltar lhags pa des kying lha'i spos dang | bdug pa rnams kyis de bzhin gshegs pa de dag la mchod nas | legs so zhes bya ba gsol te | lan bdun bskor ba byas so | de nas sangs rgyas bcom ldan 'das de dag gis 'di skad ces bka' stsal to | rigs kyi bu'm rigs kyi bu mo gang la la zhig | gzungs 'di 'chang ngam | klog gam | mchod dam | gtsang mar byas te | phyogs gtsang mar 'phags pa'i yan lag brgyad dang ldan par byas la | sems can thams cad la mchog tu snying rje bas | des de bzhin gshegs pa bdun po de dag gi sku gzugs byas la | de bzhin gshegs pa 'di da la me tog dang | bdug pa dang | mar me dang | spos dang | phrang pa dang | rol mo'i sgra dang | rgyal mtsan dang | va bad rnams kyis mchod pa byed cing | nyi ma bdun du 'phags pa'i yan lag brgyad la gnas te* | *gzungs kyi tshig 'di dag lan stong rtsa brgyad du bton na* |（271a4－271b1）

今译：当这一神咒被宣说时，大放光明，大地震动，种种神变显现。此种景象出现在大众面前。他们用神香和各种熏香供养如来。口称"善哉"，右绕七匝。然后世尊说道："族姓子，族姓女啊！这个神咒应被受持读诵、供养、清净施行。在清净处持八戒斋。于一切有情起大悲心，造七佛神像，用花、香、灯、熏香、鬘、伎乐、幢、幡供养。在七日中持八戒斋，诵咒一千零八遍。"

净：尔时七佛说此咒时，光明普照，大地震动。种种神变一时俱现。时诸大众见此事已，各各随力以天香、花、涂香、末香奉上彼佛。咸唱善哉，右绕七匝。彼佛世尊同声唱言："汝等一切人天大众。应如是知。若有善男子、善女人若王、王子、妃、后、大臣、寮庶之类。若于此咒受持、读诵、听闻、演说。以妙香、花供养经卷，着新净衣，在清净处持八戒斋。于诸含识常生慈愍。如是供养，得无量福。若复有人有所祈愿。应当造此七佛形像，可于静处以诸香、华、悬缯、幡盖、上妙饮食及诸伎乐而为供养，并复供养菩萨诸天。在佛像前端坐诵咒。于七日中持八戒斋。诵满一千八遍。"（T 451，417a26－b10）

此段文字的主体内容一致，只是在细节上存在一些差异。相比而言，义净的译文似乎更加详尽。其中有一个值得注意的问题，那就是义净译文中所列举的善男子、善女人等一系列人物，与此类似的表述在其译文中多次出现，比如在关于供养第二佛宝月智严光音自在王如来的部分提到"若有净信男子、女人、国王、王子、大臣、辅相、中宫、婇女"（T 451，410c9－10），对应的藏文为"rigs kyi bu'm rigs kyi bu mo rgyal po'm rgyal bu"（254b1），即族姓子、族姓女、国王、王子。

再如前文提到的第三佛说咒之后也提到“若有净信男子、女人、国王、王子、大臣、辅相、中宫、婇女”（T 451，411b25－26），对应藏文为“rgyal po'm rgyal bu'm dge bsnyen nam dge bsnyen ma”（256b4－5），其意为族姓子、族姓女、优婆塞和优婆夷。

通过几个文本的对比，我们认为，义净的这一表述极有可能不是自原文译出，更大的可能是受到玄奘译文的影响。玄奘译文中只出现了一次这一表述，是在刹帝利灌顶王供养药师如来消灾解难这一段的末尾：

> 若帝、后、妃主、储君、王子、大臣、辅相、中宫、采女、百官黎庶为病所苦及余厄难，亦应造立五色神旛，然灯续明，放诸生命，散杂色华，烧众名香。病得除愈，众难解脱。（T 450，407c23－27）

义净译文从内容到遣词造句都和玄奘高度类似：

> 若帝、后、妃主、储君、王子、大臣、辅相、宫中婇女、百官黎庶为病所苦及余厄难，亦应敬造七佛形像，读诵此经，然灯造幡，放诸生命，至诚供养，烧香散花，即得病苦销除，解脱众难。（T 451，416a9－13）

此段文字在梵文写本、藏译和达摩笈多译本中均无对应内容。根据笔者此前对《药师经》诸文本的对勘，玄奘在译经中参考了前代译文，并将《灌顶经》译者所添加的文字引用到了自己的译文中。[①] 此处

① 范慕尤：《〈药师经〉梵、藏、汉对勘研究》，《宗教学研究》2019年第2期，第94页（见本书第164页）。

亦是引自《灌顶经》，其文如下：

> 若国王、大臣，及诸辅相、王子、妃主、中宫、彩女若为病苦所恼，亦应造立五色缯幡，然灯续明，救诸生命。散杂色华，烧众名香。（T 1331，535b18－21）

可以看出，玄奘对此段文字稍加改动后将其加入了自己的译文中，义净亦沿用了这一"创造"。而且他还将"帝、后、王子"这一表述或意义相近的表述作为自己译文的一个常用短语，虽然与原文并不完全对应。笔者认为使用这一短语一方面是译者为了保持用语的前后一致，另一方面是这一表述更贴近中国的文化习惯。

第二个密咒是帝释天、梵天和四天王在佛面前发誓所宣说的密咒（藏译画线部分为汉译缺失的内容）：

> **藏**：*tad yathā aghu maghu taraghu mamaghu ghure hāhūhe mramra mra<u>mra</u> jujuri juri svāhā* |
>
> **汉译**：但姪他　恶褒莫褒　呾罗褒　麼麼褒　具晒　诃呼醯　末啰末啰末啰　紧树晒　布晒　莎诃（T 451，417b28）

关于此咒的供养仪式，没有具体描述，相应的功德与之前的比较接近，即消灾除病、转生佛土等。最后一段咒语为执金刚菩萨所说，如下所示（画线部分代表义净本多出的内容）：

> **藏**：*tad yathā oṃ vajre vajre mahāvajre vajrapāśadhāraṇī sama sama samanta apratihatavajre śama śama praśamantu sarvavyādhyaḥ kuru kuru sarvakarmāṇi samaya manusmara bhagavāna vajrapāṇi sarva āśāmame*

paripūraya svāhā（272b4－5）

净：南麼驭多喃　三藐三佛陀喃　南麼萨婆跋折啰达啰喃呾姪他　唵跋折晒　跋折晒　莫诃跋折晒　跋折啰波舍陀喇儞三麼三麼　三曼頞　阿钵喇底喝多　跋折晒　苫麼苫麼　钵啰苫曼睹谜　萨婆毘阿大也　矩嚕矩嚕　萨婆羯麼阿伐喇拏儞叉也　三麼也末奴三末啰簿伽畔跋折啰波儞萨婆舍谜钵哩　脯喇也　莎诃（T 451，417c16）

我们注意到，这段咒语的起始部分，义净译文多出了一句礼佛的咒语，即“namo saptānāṃ samyaksaṃbuddhāṃ namo sarvavajra-dharāṇāṃ（南无七佛陀，南无一切执金刚菩萨）”。虽然咒语的差异有可能是底本造成的，但考虑到义净在译文中多次在藏文没有提到七佛的情况下出现七佛，比如：

藏：*de lta lags pas dad pa'i rigs kyi bu'm | rigs kyi bu mos de bzhin gshegs pa de la mchod par bgyi 'o |*（268a3）

今译：正是因此，净信男子与女人应供养如来。

净：是故，净信男子女人皆应受持七佛名号随力所能恭敬供养。（T 451，415c11－13）

藏：*kun dga' bo gang gi phyir nga bcom ldan 'das de bzhin gshegs pa sman gyi bla vaiḍūrya'i 'od kyi rgyal po de'i yon tan brjod par khyod dad dam yid ches sam |*（267a1）

今译：阿难啊！你等应深心信仰我所说的药师琉璃光王如来的功德。

净：如我称扬彼七如来名号功德，此是诸佛甚深境界。（T 451，415b7－8）

藏：*bcom ldan 'das de bzhin gshegs pa sman gyi bla vaiḍūrya'i 'od de la mchod na*（266bb6）

今译：若供养药师琉璃光如来。

净：若能至心称名礼赞恭敬供养七佛。（T 451，415b3－a7）

由此我们推测，义净为了强调“七佛”，有意将“如来”或“药师如来”等改为“七佛”。与此类似，以上多出的咒语极有可能是出于同样的原因被译者有意添加的。

在此段咒语后有一段较为详细的供养仪式的描写（画线部分代表差异内容）：

藏：*chos kyi rnam grangs 'di yi ger 'drir stsal bar bgyi* | *de bzhin gshegs pa 'di dag gi sku gzugs bdun kyang bgyi* | *rdo rje 'dzin kyang sku gdung dang bcas par bgyi* | *de bzhin gshegs pa de dag la yang ji skad gong du smos pa bzhin du* | *spos dang* | *bdug pa dang* | *mar me dang* | *phreng ba dang* | *rgyan dang* | *rol mo'i sgra dang* | *sil snyan dang* | *pheg rdob pa rnams kyis mchod de bskor bar bgyi* | *gzungs kyi gsang sngags kyi gzhi 'di dag kyang gdon par bgyi* | *sems can thams cad la yang phan pa'i sems dang* | *byams pa'i sems su bgyi* | *'phags pa'i yan lag brgyad pa'i bsnyen gnas la gnas te* | *lan gsum khrus bgyi zhing* | *gos lan gsum brje bar bgyi* | *tshes brgyad nas brtsams te* | *zla ba phyi ma bcu lnga nya'i bar du nyin gcig bzhin rig sngags lan brgya rtsa brgyad bzlas na* |（272b6－273a3）

今译：应书写此法门，造七如来佛像和执金刚菩萨像，并将佛舍利放置其上。如前所说用香、灯、鬘、装饰、伎乐、铙钹等供养如来。持此神咒，于众生起慈悲心，修持八戒斋，每日沐浴三次，换衣三次，自第八日起到下月的十五日每日念诵咒语一百零八遍。

净：应当书写此经，造七佛像并执金刚菩萨像，皆于像身安佛舍利，于此像前如上所说种种供养，礼拜旋绕。于众生处起慈悲心，受八戒斋，日别三时，澡浴清净，三时衣别，从白月八日至十五日每日诵咒一百八遍，心无散乱。(T 451，417c26-418a3)

此段仪式除了藏译在供养物的描述上更为具体外，两者几无差异。

小　结

总体来看，义净译文中与藏文不对应的部分，除了底本不同可能导致的一些细节差异外，还有译者改动和添加的成分，即与梵文原本不一致或原文不存在的成分。这种改动和添加，一方面是因为受到前代汉译的影响，特别是玄奘译文的影响，这在前文对勘分析中已有提到。除了前文的例证外，义净译本中还有两处也是类似情况，即玄奘引用《灌顶经》的内容被义净所沿用。第一例出现在造续命幡灯一段的结尾部分：

帛：应放杂类众生至四十九，可得过度危厄之难，不为诸横恶鬼所持。(T 1331，535b4-17)

玄：应放杂类众生至四十九，可得过度危厄之难，不为诸横恶鬼所持。(T 450，407c12)

净：放四十九生，如是即能离灾厄难，不为诸横恶鬼所持。(T 451，415c24)

第二例则是在讲到十二药叉大将之前：

帛：阎罗王者主领世间名籍之记。若人为恶作诸非法，无孝顺心，造作五逆。破灭三宝，无君臣法。又有众生不持五戒，不信正法。设有受者，多所毁犯。……阎罗监察随罪轻重考而治之。……是故我今劝诸四辈造续命神幡，然四十九灯，放诸生命。以此幡灯放生功德拔彼精神，令得度苦，今世后世不遭厄难。(T 1331, 535c22)

玄：复次，阿难！彼琰魔王主领世间名籍之记。若诸有情不孝五逆，破辱三宝，坏君臣法，毁于信戒。琰魔法王随罪轻重，考而罚之。是故我今劝诸有情然灯造幡，放生修福，令度苦厄，不遭众难。(T 450, 408a19 - 23)

净：复次，阿难！彼琰魔王簿录世间所有名藉。若诸有情不孝五逆，毁辱三宝，坏君臣法，破于禁戒。琰魔法王随罪轻重考而罚之。是故我今劝诸有情然灯造幡，放生修福，令度苦厄，不遭众难。(T 451, 416b5 - 9)

从中不难看出三者的彼此影响、一脉相承。除了前代译本的影响外，另一方面，义净为了突出或强调某些概念，也会对原文进行改动或增补，如前文分析的“七佛”一词。

结　论

综合不同时期、不同地域的《药师经》文本来看，我们认为它经过了一个文本变迁的过程。它最早可能在2世纪晚期到3世纪早期编纂于中亚地区，[①]此后经过一些修改，在5世纪左右形成定本，就是我们看到的达摩笈多和玄奘译本。到了7世纪初，它又被加

① 见 Birnbaum, *The Healing Buddha*, pp. 60 - 61。根据辛嶋静志的意见，形成时间应晚于3世纪，可能迟至四五世纪。

入了密教元素，就有了义净译本。义净译本作为晚期密教化《药师经》的唯一汉译，厘清它的源流是很有必要的。虽然因为梵本的缺失，我们目前还不能完全确认"药师咒"等内容的出处，但通过汉藏对勘我们可以确定，义净译本和藏文本属于同经异译。义净译本中与密教相关的内容除了少数为译者个人的添加或改动外，都是基于原典的翻译。沈卫荣曾指出："汉藏佛学比较研究对于重构印度大乘佛教传统、系统梳理汉藏佛教交流史，用语文学和文献学的方法处理汉藏译佛经、解决佛经文本的准确性和可靠性问题，以及正确理解汉文佛经这一种特殊类型的古代汉语文献等都具有无可替代的意义。"①本文这一研究实例证明了这一方法的必要及其效果，同时也启发我们更多地将汉藏对勘的方法应用于类似研究中。

---

① 沈卫荣：《汉藏佛学比较研究刍议》，《历史研究》2009年第1期，第63页。

鸠摩罗什与玄奘译经研究

鸠摩罗什译经中的“法相”“法性”和“法界”[①]

鸠摩罗什(344—413)是汉传佛教四大译师之一，也是汉传佛教译经史上承前启后的人物。在他之前的译经被称为“古译”，而自他之后的译经则是“旧译”。[②] 他所翻译的佛典，如《妙法莲华经》《金刚经》等，一直是汉地最广为流传的译本。他对译经史的贡献包括诸多翻译规则的确立，特别是对概念术语的规范。这些术语中有些是此前译经中出现过的，有些是鸠摩罗什新译的。在选用这些术语时，鸠摩罗什同时兼顾了表意的准确性和语言表达的文学性，使其更符合汉地的语言习惯。因此，他所使用的概念术语被广泛引用，影响深远。

在鸠摩罗什所选用的概念术语中，某些重要概念由于使用的范围过于宽泛，涵盖意义太过丰富而难以作出准确的、符合其语境的解释，比如“法性”“法相”等。当我们追根溯源，想借由梵、汉对勘了解其原词时，我们发现这些概念术语与梵文并不是严格对应的。有时同一个汉译词对应多个不同的梵文词，而有时一个梵文词有多个不同的汉译。那么是哪些因素促使鸠摩罗什如此应用这些概念，其中是不是有其偏好，融入了个人的佛教思想？对这些不同佛典、不

---

① 本文的部分内容曾在 2022 年国际佛教学会(IABS)年会发表过，收入本书后作了适当修改。

② 见［日］小野玄妙《佛书解说大辞典》别卷《佛教经典总论》，东京：大东出版社，1936 年，第 7—9 页。

同语境中的概念，我们又应如何理解？鉴于所涉概念和译经较多，本文选取了比较有代表性的三个概念，即“法相”“法性”和“法界”，通过梵汉对勘的方法，在例证的基础上解释这些问题，从而对“法相”等概念的内涵以及鸠摩罗什的佛学思想有较为全面的认识。

一、“法相”的多个对应词与多重内涵

“法相”作为汉地佛教的重要概念，具有多重内涵，其具体意义视佛典内容而定。比如在般若类经典、《妙法莲华经》和《维摩诘经》等早期大乘经典中，“法相”通常指诸法的实相，即诸法本性为空，与真如、实际、法性等同义。而在唯识经典中，“法相”则指诸法所具本质之相状（体相），或指其意义内容（义相）。因为唯识宗之特质在于分析或分类说明法相，所以又被称为法相宗。① 除了这两个比较常见的词义之外，它有时还会表示教义上的区别和纲要。② 还有一个比较少见的用法，是指代阿毗达磨藏，即论藏。③

在鸠摩罗什的译经中，“法相”一词对应多个不同的梵文词。其中真正在字面上一一对应的就是 dharmanimitta。其中，dharma 意为“法”，nimitta 意为“相”，即标志、特征。这是一个偏正式复合词，按照梵文传统语法应称之为依主释，前者与后者有从属关系，其意为诸法之相。但是在鸠摩罗什的译经中，“法相”很少对应 dharmanimitta。在其所译的《小品般若波罗蜜多经》中，笔者只找到了一个“法相”与 dharmanimitta 对应的例证。

---

① 慈怡法师主编：《佛光大辞典》，北京：北京图书馆出版社，2004 年，第 3373 页。

② 同上。

③ 僧肇：《长阿含经序》：“法相，阿毗昙藏也。”（T 1，1a10）

§ 9.4

梵：*śāntapāramiteyaṃ bhagavan sarvadharmanimittā-nupalabdhitām upādāya* |①

今译：世尊啊！这是寂灭般若波罗蜜，因为一切法相不可得故。

什：世尊！寂灭波罗蜜是般若波罗蜜。诸法相不可得故。（T 227，553b20 - 21）

多数情况下，"法相"对应的是 dharmatā（法性），如下所示：

梵：*tat kasya hetoḥ? yo hi tathāgatena dharmo deśitaḥ, tatra dharmadeśanāyāṃ śikṣamāṇās te tāṃ* <u>*dharmatāṃ*</u> *sākṣātkurvanti dhārayanti*

今译：这是什么原因呢？因为能学习如来所说法的人会迅速证得法性并持有它。

什：所以者何？佛所说法于中学者，能证诸法相，证已有所言说。（T 227，537b4 - 5）

§ 1.1

梵：*tathāgatadharmadeśanāyā eva āyuṣman śāriputra eṣa niṣyandaḥ yat te kulaputropadiśantas tāṃ* <u>*dharmatāṃ*</u> *dharmatayā na virodhayanti* ||

今译：尊者舍利弗啊！这是对如来所说法的宣讲。善男子们所说的法性与[真正的]法性并不相悖。

---

① 本文所引的梵文出自 P. L. Vaidya，*Aṣṭasāhasrikā Prajñāpāramitā*，Darbhanga：The Mithila Institute，1960。

什：皆与法相不相违背，以法相力故。（T 227，537b5－6）

除了译为“法相”之外，dharmatā 有时还被译为“诸法实相”，例如：

§ 1.2

梵：*atra padaparyāye śreṇikaḥ parivrājako 'dhimuktaḥ* | *so 'tra sarvatra śraddhānusārī sarvajñajñāne dharmatāṃ pramāṇīkṛtya evam adhimukta iti* |

今译：在这个段落中提到的苦行僧胜军是得解脱者，他于一切处信仰一切智，证得法性，因此被称为得解脱者。

什：是智先尼梵志信解萨婆若智，以得诸法实相故得解脱。（T 227，537c21－23）

正如前文所说，在般若类经典中，“法相”即“诸法实相”，与“法性”同义。“诸法实相”是鸠摩罗什译经中的一个重要概念，体现了他所信奉的中观派的思想。般若中观学说认为一切法，即一切事物的真相是空，是非空非有的“中道”。所以体认到诸法的“毕竟空”就是实相。[①] 正如他所译的《大智度论》所说：

是名无相。有人言：“住是三昧中知一切诸法实相。”所谓毕竟空。（T 1509，96c4－5）

此中实相者，不可破坏。常住不异，无能作者。如后品中，佛语须菩提：“若菩萨观一切法，非常非无常，非苦非乐，非我非无

① 详见汤用彤《汉魏两晋南北朝佛教史》，北京：中华书局，1983 年，第 215—216 页。

我，非有非无等，亦不作是观。是名菩萨行般若波罗蜜。是义舍一切观，灭一切言语，离诸心行。从本已来不生不灭，如涅槃相。一切诸法相亦如是。是名诸法实相。”(T 1509, 190b11－18)

笔者认为鸠摩罗什将 dharmatā 译为“法相”或“诸法实相”，意在强调“法性”和“法相”的内涵相同，即诸法本性或本相为空。在般若和中观经典中，“法性”往往和“真如”“实际”连用以解释“空”或“般若波罗蜜多”，这一点在下文还将详述。

在《小品般若波罗蜜经》和《维摩诘经》中，有时 dharma(法)也被译为“法相”。

§ 9.4

梵：*alakṣaṇapāramiteyaṃ bhagavan sarvadharmānabhinirvṛttitām upādāya*

今译：世尊啊！这就是无相般若波罗蜜多，因为一切法不可得故。

什：无相波罗蜜是般若波罗蜜，诸法相不可得故。

玄：以一切法不可得故。是为无相波罗蜜多。(T 220, 805b19)

§ 1.10

梵：*dharmaprabhedakuśalaṃ paramārthadarśin dharmeśvaraṃ śirasi vandami dharmarājam* ‖ 3 ‖ ①

今译：我礼敬善于分别诸法者、解说第一义者、法自在和法王。

---

① 本文所引的梵文《维摩诘经》出自 Study Group on Buddhist Sanskrit Literature (ed.), *Vimalakīrtinirdeśa: A Sanskrit Edition Based upon the Manuscript Newly Found at the Potala Palace*, Tokyo: Taishio University Press, 2006。

什：能善分别诸法相，于第一义而不动。
已于诸法得自在，是故稽首此法王。（T 475，537c13－14）
玄：能善分别诸法相，观第一义摧怨敌。
已于诸法得自在，是故稽首此法王。（T 476，558b1－2）

从梵文和其他汉译的对比来看，鸠摩罗什所用的“法相”似乎是他个人的选择，玄奘《维摩诘经》译文中出现的“法相”应该是受到了他的影响。在《小品般若波罗蜜经》的例证中，“法相”是和前面的“无相”相对应的。“法相”的本质为空，因而不可得。前文所引的《大智度论》提到过，通过观“无相”，可以获得诸法实相。所以鸠摩罗什在这里应该是有意用“法相”强调“无相”和“诸法实相”的关系。与此类似，鸠摩罗什在《维摩诘经》的例证中所用的“法相”是和“第一义”对应的，关于这一点，可以参考僧肇的注释：

第一义谓诸法一相义也，虽分别诸法殊相而不乖一相。（T 1775，332c19－20）

所谓的“诸法一相”就是“诸法实相”，即毕竟空。“善分别诸法相”的隐含意义是诸法本质上无差别，其真实的相就是空。两者内涵一致。因此这里的“法相”无疑也是鸠摩罗什用来强调“诸法实相”的。

曾有研究指出鸠摩罗什的《维摩诘经》译文中在没有“相”出现的地方加入“相”，或是将其他语词置换为“相”，意在体现他的中观思想，特别是“诸法实相”的观点。[①]据此，可以推断鸠摩罗什将“法”译为“法相”也是他的个人添加，是为了强调“法相”和“无相”

① 范慕尤：《鸠摩罗什在所译〈维摩经〉中的思想倾向》，《佛光学报》2016 年第 1 期，第 105 页；该文已收入本书，见第 127—137 页。

“第一义”等概念的关系，及其所隐含的“诸法实相”思想。

除了以上例证之外，鸠摩罗什译经中还有一处对“法相”的使用很特别，那就是在《金刚经》中，dharmasaṃjñā（法想）被译为“法相”，如下所示：

§ 6

梵：*nāpi teṣāṃ subhūte bodhisatvānāṃ dharmasaṃjñā pravartsyate nādharmasaṃjñā nāpi teṣāṃ saṃjñā nāsaṃjñā pravartsyate* |①

今译：须菩提！那些菩萨们无法想，亦无非法想；无想，亦无非想。

什：无法相，亦无非法相。（T 235，749b6）

真谛：是诸菩萨无法想，无非法想，无想，无非想。（T 237，762c10－11）

玄：善现！彼菩萨摩诃萨无法想转，无非法想转，无想转，亦无非想转。［T 220(9)，980c21－22］

净：彼诸菩萨，非法想，非非法想。非想，非无想。（T 239，772b15－16）

§ 31

梵：*tat kasya hetoḥ dharmasaṃjñā dharmasaṃjñeti subhūte asaṃjñaiṣā tathāgatena bhāṣitā tenocyate dharmasaṃjñeti* |

什：须菩提！所言法相者，如来说即非法相，是名法相。

---

① 本文所引《金刚经》梵文出自 G. Schopen，“Manuscript of *Vajracchedikā* Found at Gilgit”，in *Studies in the Literature of the Great Vehicle: Three Mahāyāna Buddhist Texts*，L. O. Gomez and J. Silk（ed.），Ann Arbor：The University of Michigan，1989，pp. 89－139。

（T 235，752b22－23）

玄：何以故？善现！法想法想者，如来说为非想，是故如来说名法想，法想。［T 220(9)，985c9－10］

在复合词 dharmasaṃjñā 中，saṃjñā 通常被译为“想”，是“五蕴”之一。它既可以指认知事物的心理过程，也可以指认知的结果，即知觉、概念、思想等。因为 dharma 和 saṃjñā 都有多重意义，因此这个复合词在语法上可以作两种理解：其一为偏正式，即依主释，意为对法的认知；其二则为同位语复合词，即梵文传统语法中的持业释（karmadhārya），就是指法这个概念。总体而言，“想”是主体的，侧重精神方面；而“相”是客体的，侧重物质方面。鸠摩罗什用“相”来对译 saṃjñā，在研究《般若经》的学者 Zacchetti 看来，体现了其个人的哲学思想。① 他指出这里的“相”强调的是认知的对象，即 saṃjñā 的对象。“想”是基于对事物外在标记、特征的理解而形成的。如果没有“相”这个对象，也就不会有认知的过程和结果。

值得注意的是，当 saṃjñā 没有鸠摩罗什所强调的这一特殊意义，而是保持原意不变，则依然会被译为“想”。比如罗什译《维摩诘经》里 dharmasaṃjñā 就被译为“法想”。

§ 4.12

梵：*yāpy eṣā dharmasaṃjñā so 'pi viparyāsaḥ* |

今译：法想也是一种颠倒。

---

① Stefano, Zaccheti, *Le version cinese del Sūtra del diamante* (*Vajracchedikā-Prajñāpāramitā-sūtra*): *Uno studio comparative con una traduzione della versione di Kumārajīva*, Tesi di Laurea: Universita degli studi di Venezia Ca'Foscari, 1993, p. 362.

什：此法想者亦是颠倒。（T 475，545a6－7）

玄：此法想即是颠倒。（T 476，568c1）

§ 4.11

梵：*tenātmasaṃjñāṃ viṣṭhāpya dharmasaṃjñotpādayitavyā* |

今译：他应该去除我想，生起法想。

什：即除我想及众生想，当起法想。（T 475，545a2－3）

玄：由此因缘，应除一切有情我想，安住法想。（T 476，568b25－26）

二、“法性”与 dharmadhātu

“法性”一般对应梵文的 dharmatā。tā 在梵文中是一个固定语尾，表示“性质”。如前文所述，在般若类经典等中，“法性”与“法相”的意义一致，都是指诸法本性为空，因而 dharmatā 在罗什译经中，有时译为“法性”，有时译为“法相”。相比而言，“法相”出现的频率似乎更高一些。笔者在罗什译《小品般若波罗蜜经》中只看到了极个别的 dharmatā 与“法性”对应的例证，比如：

§ 8.2

梵：*yā khalu punaḥ subhūte dharmāṇāṃ dharmatā, na sā atītā vā anāgatā vā pratyutpannā vā* |

今译：须菩提啊！诸法的法性不是过去，不是未来，也不是现在。

什：须菩提！诸法性非过去、非未来、非现在。（T 227，552a15－16）

而在对勘中，笔者注意到，罗什更倾向于用“法性”对译 dharmadhātu（法界）。dharmadhātu 中的 dhātu 也有多重意义，包括区域、存在、要素、本质等。因此它和 dharmasaṃjñā 类似，也有两种理解：其一是依主释复合词，表示诸法所在的地域；其二则是持业释复合词，指法这个要素或存在。而 dharmadhātu 的具体内涵则要视其所在经典的上下文而定。具体而言，在《小品般若波罗蜜经》中，它常用来表示“绝对真实”“毕竟空”等含义，与“空”“无相”“无愿”等概念连用，例如：

§ 12.2

梵：*na ca subhūte ānimittaṃ vā apraṇihitaṃ vā anabhisaṃskāro vā anutpādo vā abhāvo vā dharmadhātur vā lujyate vā pralujyate vā* |

今译：须菩提啊！无相、无愿、无作、无生、无性、法界皆不变坏。

什：（无）

玄：说名为空、无相、无愿、无造、无作、无生、无灭，即真法界。非空等法可有变坏故。（T 220，814c14 - 16）

在《小品般若波罗蜜经》中 dharmadhātu 还常与 tathatā（真如）、bhūtakoṭi（实际）等词一起出现，罗什均将其译为“法性”，如下所示：

§ 9.4

梵：*acalitapāramiteyaṃ bhagavan dharmadhātusthititām upādāya* |

今译：世尊啊！这是不动般若波罗蜜多，因为住于法界。

什：不动波罗蜜是般若波罗蜜。法性常住故。（T 227，553b17－18）

在《两万五千颂般若》（*Pañcaviṃśatisāhasrikāprajñāpāramitā*）中也有类似例子：

梵：*na tathatāyāḥ kṛtaśaḥ prajñāpāramitāyāṃ carati, na dharmadhātoḥ kṛtaśaḥ prajñāpāramitāyāṃ carati, na bhūtakoṭeḥ kṛtaśaḥ prajñāpāramitāyāṃ carati*（p. 72）①

今译：［他］修习般若波罗蜜多不是因为真如，也不是因为法界，也不是因为实际。

叉：亦不如、亦不法性、亦不真际故，行般若波罗蜜行。（T 221，6c6－7）

什：不为如、法性、实际故，行般若波罗蜜。（T 223，224a15－16）

从对勘的情况看，笔者认为鸠摩罗什选用“法性”对译dharmadhātu可能有此前译者影响的原因，但更主要地应该是由罗什个人的思想倾向决定的。在记录他个人思想的《鸠摩罗什法师大义》中，他有意将真如、法性、实际与“诸法实相”联系起来，用其指代“诸法实相”：

诸法实相者，假为如、法性、真际。此中非有非无，尚不可得，何况有无耶？（T 1856，135c26－27）

① 本文的梵本《两万五千颂般若》引自 Takayasu Kimura, *Pañcaviṃśatisāhasrikāprajñāpāramitā*, Tokyo: Sankibo Bosshorin, 2007。

鸠摩罗什翻译的《两万五千颂般若经》的注释《大智度论》也多次提到法性与真如、实际以及诸法实相等概念，其意义相等同，如下所示：

> 法性者，诸法实，除心中无明诸结使。以清净实观得诸法本性，名为法性。性名真实，以众生邪观故缚，正观故解。菩萨不作是念，“我疾得法性”。何以故？法性无相，无有远近。亦不言“我久久当得”。何以故？法性无迟无久，法性义如如，法性实际义中说。（T 1509，334a6－12）
>
> 云何得法性？行八圣道分得诸法实相，所谓涅槃是名得法性。复次性名诸法实相。法名般若波罗蜜。菩萨不作是念，“行般若波罗蜜得是诸法性”。何以故？般若波罗蜜及诸法性是二法无有异，皆毕竟空故。（T 1509，334b15－20）

虽然《大智度论》的梵文本缺失，但是根据文中所引用的罗什译《两万五千颂般若经》的原文，我们经过对勘，证实“法性”对应dharmadhātu。从解释中可以看出，它与“诸法实相”的意义相同，都是指诸法本性为空，为无相。而且注释中还分别解释“法”和“性”，强调“性”表示“真实”“诸法实相”等意义。再者，因为通达诸法实相就意味着得到般若波罗蜜多，就可以到达涅槃，所以“法性”也等同于涅槃和般若波罗蜜多。

除了般若类经典以外，在体现早期中观思想的《维摩诘经》中，鸠摩罗什也将 dharmadhātu 译为“法性”。[①] 而且 dharmadhātu 也经常和 tathatā（真如）、bhūtakoṭi（实际）连用，如下所示：

---

① 见 E. Lamotte, *The Teaching of Vimalakīrti*（*Vimalakīrtinirdeśa*），Oxford：The Pāli Text Society，1976，p. lxii。

§ 3.6

梵：*dharmadhātusamavasaraṇaḥ sarvadharmasamāhitaḥ tathatānugato ananugamanayogena bhūtakoṭipratiṣṭhito ’tyantācalitatvāt*

今译：［法］进入一切法中，因为一切都涵盖在法界中；［法］与真如一致，因为与其他不一致；［法］住于实际，因为完全不移动。

什：法同法性入诸法故。法随于如无所随故。法住实际诸边不动故。（T 475，540a11－13）

鸠摩罗什的学生，也是其译经团队中最重要的助手之一——僧肇在参与译经的同时，记录了罗什和他们对经义的讨论，集成了《注维摩诘所说经》这部注疏。其内容或直接或间接地受到罗什思想的影响。比如对这段经文的解释：

如、法性、真际此三空同一实耳。但用观有深浅，故别立三名。始见法实，如远见树知定是树，名为如。见法转深，如近见树知见是何木，名为法性。穷尽法实，如尽知树根茎枝叶之数，名为实际。此三未始非树，因见为异耳。所说真法同此三空也。入诸法者，诸法殊相谁能遍入，遍入诸法者其唯法性乎？（T 1775，346c7－16）

从这段注释来看，首先，真如、法性和实际被并称为三空，内涵相同，都指向法实，即诸法的本质、本性或诸法实相；其次，三者虽意义相同，但对法的见地不同，观法深浅有差别，从真如到法性再到实际，是逐步加深的；再次，诸法殊相是表面的，本质是“一相”即“实相”，而“法性”等同于“实相”，所以僧肇特别提到法性能入诸法。

§ 3.52

梵：*sthitā bodhir dharmadhātusthāne*，*anugatā bodhis tathatāyām*，*pratiṣṭhitā bodhir bhūta-koṭyām*

今译：菩提是住，因为它住于法界；菩提是顺，因为它与真如一致；菩提是立，因为它立于实际。

什：顺是菩提顺于如故，住是菩提住法性故，至是菩提至实际故。（T 475，542b27－28）

僧肇的解释如下：

不异三空菩提义也。随顺本相谓之如，故系之以顺。常住不变谓之性也，故系之以住。到实相彼岸谓之际，故系之以至。（T 1775，363a9－12）

注释先点明了三空与菩提同义。然后对几个重要的概念作了解释。这里"性"被解释为"常住不变"，联系前文《大智度论》中提到"性"有"真实"和"诸法实相"的意义，就不难理解"常住不变"指的就是"真实"或"实相"不变。而且在解释与"法性"同义的"真如"和"实际"时，都特别提到了"本相"或"实相"，再次说明了这些概念与"诸法实相"的密切关系。

除了般若经和中观类佛典，与 dharmadhātu 有密切关系的华严类经典中，鸠摩罗什的翻译也值得注意。"法界"可谓《华严经》最核心的概念。以《华严经》为基础形成于唐代的华严宗对"法界"这一概念异常重视，历代祖师都有详细的诠释，例如智俨的"法界缘起"理论，将"法界"与"缘起"等同，且包含十重玄义；[①]再如法藏

① 详见（唐）智俨《华严一乘十玄门》（T 1868）。

和澄观的“四重法界”理论，将法界分为理、事、理事无碍和事事无碍四重。[①] 这些理论影响深远，几乎成为汉传佛教对“法界”的标准定义，以至于一提到“法界”，多数人都会想到华严宗的解释。

鸠摩罗什所译的《十住经》(*Daśabhūmikasūtra*)(T 498)和早于他的竺法护(231—308)译本《渐备一切智德经》(T 458)是同本异译，均属于《华严经》的一部分，后编入大部为《十地品》。[②] 此后，菩提流支于永平元年(508)译出世亲(Vasubandhu)关于此经的注释《十地经论》。世亲是瑜伽行派(Yogācāra)的奠基人，其论著多阐发瑜伽行思想。这部《十地经论》也不例外，它“上既与般若相贯，下又为瑜伽开宗”[③]。汉地僧人在研习此论的基础上形成了地论派。此派思想对之后的华严宗有重要影响，可以说是华严宗思想的理论来源之一。[④]

笔者对勘《十住经》的梵本和汉译后，发现梵本中的dharmadhātu均被鸠摩罗什译为“法性”，而其他汉译，包括《渐备一切智德经》、佛陀跋陀罗译的六十卷《大方广佛华严经》(T 278)和《十地经论》，均为“法界”：

梵：*dharmadhātusuparyavadāpanāya* | (p. 5)[⑤]

---

① 详见(唐)法藏《华严经探玄记》(T 1733)；(唐)澄观《大方广佛华严经疏》(T 1735)。

② 吕澂先生认为《华严经》有一个逐步编纂扩充的过程，最早的译本是东汉支娄迦谶的《兜沙经》，是后来大部的序分(《名号经》)。后来的大部《华严经》是以此为提纲扩充的。见吕澂《印度佛学源流略讲》，上海：上海人民出版社，2005年，第83—84页。

③ 吕澂：《中国佛学源流略讲》，北京：中华书局，1979年，第139页。

④ 同上，第141—142页。

⑤ 本文的梵文《十地经》引自P. L. Vaidya，*Daśabhūmikasūtra*，Darbhanga：The Mithila Institute，1967。

今译：为了清洁法界。

护：而谛庄严一切法界。(T 285,458b21)

什：清净法性性故。(T 286,498b6)

跋：清净法界故。(T 278, 542c5)

流：二者无作法净辩才，如经“法界净故”。(T 1522, 125b24 - 17)

梵：*dharmadhātuvipulaṃ ākāśadhātuparyavasānam* (p. 8)

今译：(它)如法界一般宽广，终极于虚空界。

护：法界弘广亦无远近，其所游居譬如虚空。(T 285, 458c12)

什：广大如法性，究竟如虚空。(T 286,498b22)

跋：广大如法界，究竟如虚空。(T 278, 542c21)

流：三者胜善决定，大法界故，一切佛根本故，如经“广大如法界故”。大胜高广，一体异名，法相义故，一切法法尔故。复法界大真如观，胜诸凡夫二乘智等净法法尔故。复法界大方便集地，谓说大乘法法尔故。复法界、大白法界、善法法尔故。(T 1522, 126c21 - 27)

我们可以看到佛陀跋陀罗和菩提流支的译文有多处沿用了鸠摩罗什的翻译，但是涉及“法界”这一概念，他们都没有受到鸠摩罗什的影响。结合多个类似例证，笔者认为他们对“法界”的坚持和罗什选用“法性”一样，体现了概念背后不同的意义和思想背景。虽然上文菩提流支所译的注释里提到“法界”的意义为“法相”，又将它与“真如”相提并论，但是《华严经》与《般若经》不同，它的主旨思想是“三界唯心”“依于一心”，因而这些概念在经中的具体所指都会发生变化。

《华严经》中的“法界”是菩萨修行达到的终极目标，是一个真实境界。这个境界存在于一切世界，一切佛土之中，《十地经论》对此有多处解释，例如：

> 所谓无余一切世界广大无量，粗、细、乱住、倒住、正住如帝网差别，十方世界无量差别入皆现前知故。广大如法界，究竟如虚空。尽未来际，尽一切劫数，一切世界数。(T 1522，139c2－6)
>
> 所谓一切佛土一佛土，一佛土一切佛土，一切国土平等清净，一切佛土神通庄严光相具足。离一切烦恼，成就清净道。有无量智能众生悉满其中。入佛上妙平等境界故。随诸众生心之所乐而为示现故。广大如法界，究竟如虚空。(T 1522，139c18)
>
> 是菩萨住此法云地，于一念间于一佛所名三世法界藏、大法明、大法照、大法雨。(T 1522，197c1－3)

当然，如前文所说，《华严经》的主旨是“三界唯心”，“法界”也是以心证得的，存于心中，或者说“法界”即心。华严宗的几位祖师对“法界”的理解都强调这一点，比如澄观对“法界”的解释是：

> 深法界，诸佛众生之心体也。①

再如宗密的“法界”即是一心的思想：

---

① （唐）澄观：《华严法界玄镜》(T 1883，672a28－29)。

统唯一真法界，谓总该万有，即是一心。①

由此可见，《华严经》的“法界”更多指向的是真实不变的“一心”、由此心生出的世界以及证得的圆满境界。而鸠摩罗什所用的“法性”则指向的是毕竟空。虽然也有诸法实相、真如等意义，但是与“法界”的内涵并不完全一致。因此，佛陀跋陀罗和菩提流支都选用了“法界”，而没有用鸠摩罗什的“法性”。笔者认为，鸠摩罗什在《十住经》中坚持使用“法性”对译 dharmadhātu，很可能是源于他对“法性”所体现的般若和中观思想的偏好。

三、“法界”与 dharmadhātu

在笔者所对勘的鸠摩罗什译经中，dharmadhātu 被译为“法界”的情况是极为罕见的，只有 dharmadhātu 作为“十八界”之一，和其他概念一起出现的时候，比如在《两万五千颂般若》中：

梵：*na manodhātuṃ śūnyatayā yojayati na śūnyatāṃ manodhātunā yojayanti, na dharma-dhātuṃ śūnyatayā yojayati na śūnyatāṃ dharmadhātunā yojayati* (p. 78)

今译：[菩萨]不能将意界与空结合，也不能将空与意界结合；他不能将法界与空结合，也不能将空与法界结合。

什：乃至意界不与空合，空不与意界合，法界不与空合，空不与法界合。(T 223, 224c15－17)

“十八界”是佛教的一个基本概念，即内六入(眼、耳、鼻、舌、身、意)、外六入(色、声、香、味、触、法)和六识(眼识、耳识、鼻识、舌

① (唐)宗密：《注华严法界观门》(T 1884, 684b24－25)。

识、身识、意识)。其中的“法界”就是指心的对象,即法这个要素。作为“十八界”的“法界”的意义是固定不变的,罗什很可能是考虑到与其他“界”的用词一致,且与表达“法性”意义的 dharmadhātu 区别开来,所以此处使用了“法界”。

结　语

我们基于《般若经》《维摩诘经》和《十住经》等不同类别经典中的梵汉对勘例证,结合《大智度论》《注维摩诘所说经》《鸠摩罗什法师大义》等注疏,分析了鸠摩罗什译经中的“法相”“法性”和“法界”这三个概念所对应的梵文、出现的语境及其内涵。根据这些分析可以看出:

首先,鸠摩罗什所翻译的概念术语并不是与梵文严格对应的。一方面,不同的梵文词用同一个概念来对译,比如 dharma、dharmatā、dharmasaṃjñā 等都被译为“法相”;而另一方面,同一个概念被译为不同的词语,比如 dharmadhātu 被译为“法性”和“法界”。可以说,他的翻译扩大了这些概念的使用范围,丰富了其内涵。

其次,鸠摩罗什所选用的概念术语与其思想倾向有关。他将 dharmatā 和 dharmasaṃjñā 译为“法相”,将 dharmadhātu 译为“法性”,都和他的中观思想有关,特别是对“诸法实相”这一思想的强调。即使在华严类经典《十住经》中,dharmadhātu 的内涵已有了变化,罗什依然使用体现其中观思想的“法性”来翻译。

再次,某些带有罗什思想倾向的概念术语没有被后来的译者采用。本文开篇就提到罗什作为开一代新风的译经大师,一个突出的贡献就是规范概念术语。他所选用的很多概念术语都被后来的译者广泛引用。可是在我们所考察的这三个概念中,《金刚经》的“法相”、《维摩诘经》的“法性”和《十住经》的“法性”都没有被后来的译者沿用。究其原因,笔者认为很有可能是因为这几个概念有比较明显的个人思想倾向,与梵文以及经文的含义有一定出入。

最后,虽然笔者尽可能全面地选取了鸠摩罗什译经的例证,但是考虑到我们所用的梵文本只是平行文本,并不是罗什译经的底本,很可能我们的对勘和分析是有欠缺的,笔者也希望能有更多的相关文献资料可以帮助改进和完善这一研究。

最后的困顿与坚守

——玄奘晚年的译经

前言：研究背景与讨论点

玄奘(602—664)，中国佛教史上最有代表性的高僧之一，亦是思想史和文化史上极其重要的人物之一。他一生中最重要，也是最为人所知的两项功业：一为"西天取经"，一为长安译经。论及后者，必然要提到朝廷，特别是皇帝本人对此项事业的支持。玄奘自印度取经返回大唐后，就立即拜见太宗皇帝，其言辞酬对令太宗帝心大悦，不仅同意了他的译经请求，还特命他在长安弘福寺设译场，由梁国公房玄龄负责供给译场所需。[①] 之后，太宗还应玄奘所请，为其新译经典亲撰经序。[②] 在太宗之后，从表面上看，高宗对玄奘的态度依然尊崇，如《大唐大慈恩寺三藏法师传》(以下简称"《慈恩传》")所言："大帝以法师先朝所重，嗣位之后，礼敬逾隆。"[③]御制寺碑和皇子出家等事件都被看作高宗和武后对玄奘的特殊礼遇。[④]

不过对于这些事件背后折射出的玄奘与帝王的真实关系及其参与政治的态度，学界颇有争议。比较有代表性的看法是，玄奘很

---

① 详见《慈恩传》(T 2053，253a7 - c19)。

② 详见《慈恩传》(T 2053，255c25 - 256c24)。

③ 《慈恩传》(T 2053，275c12 - 13)。

④ 详见《慈恩传》(T 2053，266b15 - 267c10)。

有政治智慧，与太宗和高宗均保持了良好的私人关系，一直得到帝王的高度宠遇和礼敬。如季羡林就认为："终太宗之世，君臣虽然各有各的打算，但总算是相知极深，恩遇始终优渥。……太宗崩逝以后，玄奘同高宗的关系也处得很好。……新皇帝也像他父亲一样，待玄奘很好。"[①]而在评价玄奘时，他指出，玄奘"是一个很有能力的政治活动家。他同唐王朝统治者的关系是一个互相利用又有点互相尊重的关系"[②]。葛承雍也有类似的看法，他指出玄奘"很了解官场、佛事、人世间的关系"[③]，积极活跃于皇宫内外，争取皇室，特别是帝王的支持，意在"依靠皇帝的权威来显赫于佛门"[④]，称其为"依附皇权的效身者"[⑤]。冉云华也认为玄奘对当时的政治和法律非常敏感，[⑥]虽一开始对太宗的态度被动而谨慎，但后来就比较主动，[⑦]而且也与高宗保持了良好的关系。[⑧]

但是另一方面，陈淑芬对玄奘晚年活动的研究却注意到在貌似和谐的君臣关系下却有暗流涌动，玄奘似乎并未得到高宗的信任，甚至有时被疏远和打击。她在长篇论文《玄奘的最后十年（655—664）——兼论总章二年（669）改葬事》[⑨]中通过对《慈恩传》和《大唐故三藏玄奘法师行状》（以下简称"《行状》"）的重新释读和

① 季羡林：《玄奘与〈大唐西域记〉》，季羡林等校注《大唐西域记》，北京：中华书局，2000年，第113页。

② 同上，第118页。

③ 葛承雍：《唐玄奘晚年活动散论》，《人文杂志》1994年第2期，第95页。

④ 同上，第98页。

⑤ 同上，第97页。

⑥ 冉云华：《玄奘大师与唐太宗及其政治理想探微》，《华冈佛学学报》1985年第8期，第140页。

⑦ 同上，第153页。

⑧ 同上，第143—144页。

⑨ 陈淑芬：《玄奘的最后十年（655—664）——兼论总章二年（669）改葬事》，《中华文史论丛》2009年第3期，第1—97页。

对相关资料的考察，指出玄奘晚年陷入高宗与顾命旧臣的政治斗争之中，因其与长孙无忌、褚遂良等旧臣的关系被归入旧臣一派，从而被疏远和排挤。① “吕才事件”和六臣监共译经的诏令都反映出他的艰难处境。② 而随驾东都和迁居西明寺的经历更是一种无形的牢笼，其实质是就近监视。③ 正是在这样的背景下，玄奘才奏请迁居玉华宫译经。陈文的分析和观点提供了一个重要的视角，可以借此重新审视玄奘晚年的译经活动和思想。

不过，欲全面了解玄奘的译经活动，笔者认为必须对其所译经典进行文献学方面的考察。目前已有的对玄奘译经的梵汉对勘研究几乎都在关注其早期译经，如《维摩诘经》《因明入正理论》《俱舍论》等，④而且大多强调其译经的某些特点，如忠实原文等，缺少对其译经风格的详细分析。因此，本文选取玄奘晚年在玉华宫所译的《大般若波罗蜜多经》（以下简称“《大般若经》”）为考察对象，通过梵汉对勘的方法，以实例分析其译经风格，再结合相关文献，厘清以下几个问题：

首先，显庆四年（659）后，玄奘于玉华宫译经的条件与之前相

---

① 陈淑芬：《玄奘的最后十年（655—664）——兼论总章二年（669）改葬事》，《中华文史论丛》2009 年第 3 期，第 17—22 页。

② “吕才事件”是指永徽六年（655）尚药奉御吕才著书反对玄奘弟子对《因明入正理论》的注疏，质疑玄奘的思想，引起了一场持续半年的争论，甚至牵涉到朝廷官员。详见陈淑芬《玄奘的最后十年（655—664）——兼论总章二年（669）改葬事》，《中华文史论丛》2009 年第 3 期，第 29—35 页。对此事件的评论还可参看陈寒《从“致拜君亲事件”看玄奘晚年与高、武之关系》，《人文杂志》2002 年第 4 期，第 117—118 页。

③ 见陈淑芬《玄奘的最后十年（655—664）——兼论总章二年（669）改葬事》，《中华文史论丛》2009 年第 3 期，第 40 页。

④ 黄宝生：《梵汉对勘〈维摩诘所说经〉》导言，北京：中国社会科学出版社，2011 年；郭良鋆：《〈因明入正理论〉梵汉对照（上）》，《南亚研究》1999 年第 2 期，第 40—48 页。

比有无变化？具体来说，包括译场的组织、人员和后勤供给等。

其次，当时外在环境和个人处境对玄奘的译经是否有影响，他在译经风格上是否有变化？

再次，译经风格变与不变背后的原因是什么？

最后，应如何理解玄奘与皇室及朝廷的关系，玄奘的个人态度究竟为何？

一、译经背景分析

关于玄奘移居玉华宫译经的原委，陈淑芬文中已有了详细的阐述。简要来说，显庆四年(659)，朝堂中以长孙无忌、褚遂良等人为首的旧辅臣系势力已被悉数肃清。玄奘由于与旧派朝臣的关系，为避祸及自保，遂自请移居译经。另一方面，此前随驾洛阳和迁居西明寺等事都使他的译经事业被迫中断，如他在上奏表章中所述："今讵既不任专译，岂宜滥窃鸿恩？"[①]他姿态卑微地请求："请将一二弟子移住玉华。时翻小经，兼得念诵。"[②]其实他是希望能远离朝堂和政治斗争中心，专事译经。在这样的背景下，高宗应该觉察到玄奘请求背后的深意。即使他同意玄奘所请，他会继续支持其译经事业吗，他的支持会有所变化吗？换句话说，玉华宫能等同于慈恩寺译场吗？《慈恩传》中提到："法师从京发向玉华宫，并翻经大德及门徒等同去，其供给诸事一如京下。"[③]玄奘上表中也写道："许玄奘并弟子移住玉华，翻经僧等随往翻译。依旧供给，喜荷兼极，踊跃参并。"[④]陈淑芬据此认为高宗的回应超出了玄奘

---

① 《寺沙门玄奘上表记》(T 2119，826a29)。

② 《寺沙门玄奘上表记》(T 2119，826a29－b6)。

③ 《慈恩传》(T 2053，275c12－23)。

④ 《寺沙门玄奘上表记》(T 2119，826b11－13)。

的预期，还给予等同慈恩寺译场的支援。[①] 但笔者认为这一点值得商榷。

《慈恩传》中，在叙述玄奘翻译《大般若经》之前有一段记录至关重要，也常被引用。其文如下：

> 至五年春正月一日起首翻《大般若经》。经梵本总有二十万颂，文既广大，学徒每请删略。法师将顺众意，如罗什所翻，除繁去重。作此念已，于夜梦中，即有极怖畏事，以相警诫。或见乘危履崄，或见猛兽搏人，流汗战栗，方得免脱。觉已惊惧，向诸众说，还依广翻。夜中乃见诸佛菩萨眉间放光，照触己身，心意怡适。法师又自见手执花灯，供养诸佛。或升高座，为众说法。多人围绕，赞叹恭敬。或梦见有人奉己名果。觉而喜庆，不敢更删，一如梵本。[②]

这段文字常被用来说明玄奘与鸠摩罗什译经风格的差异，或用来强调玄奘译经对原文的忠实。可它并不只是阐述译经态度这么简单，其中暗含伏笔，大有深意。唯有从问题入手，深究文中细节，方能了解其所涉背景之复杂与玄奘其时之心境。

第一个要考察的问题是学徒请求删略《大般若经》的真正原因为何，仅仅是因为经文广大吗？这里有必要简要介绍一下《大般若经》所涉及的文献情况。在中国佛教史上，般若类经典是最早在汉地传译的经典，亦是对早期汉传佛教影响最大的经典。早在东汉末期（179 年）支娄迦谶就译出了《道行般若经》，对应梵文的《八千

---

① 见陈淑芬《玄奘的最后十年（655—664）——兼论总章二年（669）改葬事》，《中华文史论丛》2009 年第 3 期，第 71 页。

② 《慈恩传》（T 2053，275c12 - 276a9）。

颂般若》(*Aṣṭasāhasrikāprajñāpāramitā*),一般称为“小品”。西晋时期(286 年)竺法护译出了体量更大的《光赞般若经》,对应梵文的《两万五千颂般若》(*Pañcaviṃśatisāhasrikāprajñāpāramitā*),即通称的“大品”。流传最广也是最有影响的当属鸠摩罗什后来译出的《摩诃般若波罗蜜经》(T 223)和《小品般若波罗蜜经》(T 227)。到了玄奘时期,他将所有般若类经典合并,译成六百卷的《大般若经》。前四部分如下:

第一部分,《十万颂般若》(*Śatasāhasrikāprajñāpāramitā*),即玄奘《大般若经》的第一会,共四百卷;

第二部分,《两万五千颂般若》,对应《大般若经》的第二会,鸠摩罗什译的《摩诃般若波罗蜜经》;

第三部分,《一万颂般若》(*Daśasāhasrikāprajñāpāramitā*),即《大般若经》第三会,无其他汉译本;

第四部分,《八千颂般若》,对应《大般若经》第四会,鸠摩罗什的《小品般若波罗蜜经》。

由此来看,第一部分《十万颂般若》体量最大,且此前从未有过翻译。但从内容上看,《十万颂般若》不出《两万五千颂般若》,两者之间有大量重合,只是前者更为繁复。因此,是否有必要翻译这样一部卷帙浩繁、内容无甚新意且与现有佛经高度重合的经典,就成了玄奘与其译经团队首先要考虑的一个问题。此外,笔者认为僧众提出删略可能也与译经条件的变化相关。

首先,虽然《慈恩传》和《行状》中提到翻经僧与玄奘同往玉华宫,且供给不变。但对于译经僧的人数、所属寺庙等情况都没有具体描述,只是笼统地一笔带过。而在考察对比了玄奘入玉华宫前后所译经、论的经序后,笔者发现了一个差异,就是译场人员及其分工的记录。举例来说,译于贞观时期的《瑜伽师地论》的后序详细写明了参与翻译的僧人所在寺庙和具体职责,其文如下:

弘福寺沙门知仁笔受，弘福寺沙门灵隽笔受，大总持寺沙门道观笔受，瑶台寺沙门道卓笔受，清禅寺沙门明觉笔受，大总持寺沙门辨机证文，简州福众寺沙门靖迈证文，蒲州普救寺沙门行友证文，普光寺沙门道智证文，汴洲真谛寺沙门玄忠证文，大总持寺沙门玄应正字，弘福寺沙门玄谟证梵语，蒲州栖岩寺沙门神泰证义，廓州法讲寺沙门道深证义，宝昌寺沙门法祥证义，罗汉寺沙门慧贵证义，宝澄寺沙门明琰证义，大总持寺沙门道洪证义，慈恩寺沙门玄奘译，银青光禄大夫行太子左庶子高阳县开国男臣许敬宗监阅。（T 1579，881c4－28）

相比之下，玄奘在玉华宫所译经、论的后序除了偶尔提到笔受人的名字外，就再无其他译场人员的记录了。即便是玄奘倾注最大心力的《大般若经》，玄则所撰的后序中也未提及参与译经的僧人。经录也只有“大乘光、大乘钦和嘉尚笔受”[①]的记载。不过这也可能有经典本身的原因。《瑜伽师地论》等论著的语言较为繁难，且是玄奘首次翻译。而《大般若经》语言相对简单，且有数百年翻译传统，大量前人译本可作为基础参照，所以不需要证义、证文人员。

其次，还有一个很明显的变化是润文官员的缺失。从上文所引经序来看，太宗时期，玄奘译经有许敬宗等高官做润文工作。高宗于显庆元年(656)下旨令于志宁、来济、杜正伦、薛元超、许敬宗和李义府六人“监共译经”，看阅及润色经文。[②] 关于这一事件的起因和影响，学界也有不同意见。吕澂指出永徽六年(655)的“吕才事件”使玄奘注意到润文的必要，请求国家派遣文学大臣参加。[③] 也就是说，这是玄奘的主动行为。但陈淑芬认为此事系高

① 见《开元释教录》(T 2154，555b28－29)。
② 详见《慈恩传》(T 2053，266b6－13)。
③ 吕澂：《中国佛学源流略讲》，北京：中华书局，1979 年，第 340 页。

宗主动策划，是出于对玄奘和辅政旧臣派的不信任。监督译经之举限制了玄奘译经的自由，使得他“泪流襟袖”。[①] 在笔者看来，朝臣监译固然有一定的限制，但不可忽视的是，从汉译佛经的传统来看，官方译场都是由朝臣充作润文官的，这代表的是朝廷对译场的支持。而且他们往往是通晓佛理、文采出众的佛教徒，如于志宁和杜正伦等人，其润文或监译工作对译经是有实际帮助的。[②] 这一角色缺失的背后象征着译场失去了官方的支持。

再次，《慈恩传》中记载的一个细节也可以看出帝王对玄奘及其译经事业的冷漠。玄奘在《大般若经》译完后，让弟子窥基代己上表，请求高宗为经文作序。虽然皇帝命人宣敕准许，[③]可从后来的记录看，皇帝并没有真正作序。

综上所述，玉华宫译场的规模和组织结构可能均远逊于慈恩寺，不复当初汇聚天下高僧大德的盛景，甚至可能无法完成证义、缀文、正字、证梵语和润文这一完整的译经流程。在译场条件受限的背景下，加之体量最大的《十万颂般若》在内容上有叠床架屋之嫌，僧众才会向玄奘建议删略经文。[④]

第二个问题是，为什么要特别提到“如罗什所翻，除繁去重”？这一对比揭示的是旧译与新译乃至旧派与新派的斗争。玄奘译经开一代新风，是汉传佛教译经史上的一座里程碑，被称为“新译”。此前译经则为“旧译”，如鸠摩罗什、真谛等人的翻译。玄奘对旧译多有批评，其译场和宗派都以讲新译为主，形成了一种新学。对于

---

① 见陈淑芬《玄奘的最后十年(655—664)——兼论总章二年(669)改葬事》，《中华文史论丛》2009 年第 3 期，第 37 页。

② 关于润文官这一角色的详细分析，可以参看黄启江《北宋佛教史论稿》，台北：台湾商务印书馆，1997 年，第 68—84 页。

③ 详见《慈恩传》(T 2053, 275c12 - 276b23)。

④ 此处参考了审稿专家意见。

立足于旧经的旧学造成了冲击。当时佛教界内部的新旧学之争颇为激烈，有不少反对玄奘的声音，甚至还出现了公然诋毁玄奘人格的《那提传》。[①]

再者，太宗和高宗对于旧经新译的态度也有不同。玄奘向太宗详细解释了《金刚经》旧译的缺漏和不足之处，得到了太宗的首肯，重译《金刚经》。[②] 可高宗却明发敕令，让玄奘"无者先翻，有者在后"[③]。

在皇室态度改变、僧团派系斗争、译场条件变化等重重因素影响下，玄奘及其弟子对于翻译《十万颂般若》的必要性以及翻译的方法都产生了疑虑，处于极度矛盾的心境中。前文提到的两次梦境很可能就是这种矛盾心境的写照。虽然他最后决定"不敢更删，一如梵本"，但在实际翻译过程中，情况颇为复杂，似乎未能完全恪守这一原则，详见下文分析。

二、译经风格分析

（一）罗什的"简"与玄奘的"繁"

在佛经翻译史上，梵、汉文本表达方式的差异不止一次被提及，其中很有代表性的一点就是梵文的繁复和汉文的简洁。如东晋名僧道安所言："胡经委悉，叮咛反复，或三或四，不嫌其繁。"[④] 而鸠摩罗什的译文相对简洁，被玄奘认为"除繁去重"，即对原文内容进行了删改。对于此点，陈寅恪也曾有论断："盖罗什译经，或删

---

① 对此背景的分析，详见熊十力《唐世佛学旧派反对玄奘之暗潮》，收入哲学研究编辑部编《中国哲学史论文初集》，北京：科学出版社，1959 年，第 97—103 页。他认为《那提传》中所谓玄奘抢夺那提所带经卷并排挤他的指控是反对玄奘者伪造的。

② 详见《慈恩传》(T 2053，259a13 - 28)。

③ 见《慈恩传》(T 2053，272c13 - 14)。

④ （梁）僧佑：《摩诃般若波罗蜜经抄序》，《出三藏记集》(T 2145，52b19)。

去原文繁重，或不拘原文体制，或变易原文。兹以《喻鬘论》梵文原本，校其译文，均可证明。”①

不过根据近些年佛教文献研究的成果，对罗什译文的这些看法似乎失之偏颇。过去的梵汉对勘，包括陈寅恪的研究，几乎都是基于晚期的梵文写本，约在公元7、8世纪以后。近年来，随着5、6世纪的吉尔吉特写本和阿富汗巴米扬写本被发现，以及更早的1世纪前后的犍陀罗写本被发现，学者们经过对比，认识到佛典有一个由简到繁的演化过程。② 也就是说，越是晚期文本，其内容较之早期愈加丰富。研究般若类经典的著名学者孔泽（Edward Conze）就曾指出《八千颂般若》历经了数个世纪的修订和增补。③ 近年来发现的犍陀罗写本残片《八千颂般若》的内容明显比晚期文本简略，也佐证了这一点。④ 因此鸠摩罗什的译文相较晚期梵文

---

① 陈寅恪：《〈童受喻鬘论〉梵文残本跋》，原刊《清华学报》1927年第4卷第2期，后收入《金明馆丛稿二编》，北京：生活·读书·新知三联书店，2001年，第237页。

② 这方面的代表性研究，可参见 Paul Harrison, “Experimental Core Samples of Chinese Translations of Two Buddhist Sūtras Analysed in the Light of Recent Sanskrit Manuscript Discoveries”, *Journal of the International Association of Buddhist Studies* 31.1–2 (2008), pp. 205–251。

③ Edward Conze, “The Composition of the *Aṣṭasāhasrikā Prajñāpāramitā*”, *Bulletin of the School of Oriental and African Studies* 14. 2 (1952), p. 251.

④ 这一写本的时间在1世纪下半叶左右，详细介绍参见 Harry Falk, “The ‘Split’ Collection of Kharoṣṭhī Texts”，日本创价大学国际佛教学高等研究所年报 *Annual Report of the International Research Institute for Advanced Buddhology at Soka University* 14 (2011), p. 20。辛嶋静志指出此写本与支娄迦谶译于180年的《道行般若经》(T 224)最为接近。见 Harry Falk and Seishi Karashima, “A First Century *Prajñāpāramitā* Manuscript from Gandhāra-parivarta 1 (Texts from the Split Collection 1)”, *Annual Report of The International Research Institute for Advanced Buddhology at Soka University* 15 (2012), p. 19。

本内容简略并不一定是他有意删减，而是当时文本如此。当然，玄奘对这一情况并不了解，在他看来，前代汉译与他所持的梵文本不一致，则必然是前代译者有意省略。

具体到不同时代文本的变迁及繁简差别，兹举一例（画线部分代表内容不一致之处）：

§ 2.5

梵：*śakro devānām indra āyuṣmantaṃ śāriputram etad avocat | kasyaiṣa ārya śāriputrānubhāvo veditavyaḥ? kasyaitad adhiṣṭhānaṃ veditavyaṃ yad āryasubhūtiḥ prajñāpāramitāṃ bhāṣate? āyuṣmān śāriputra āha - tathāgatasyaiṣa kauśikānubhāvo veditavyas tathāgatasyaitad adhiṣṭhānaṃ veditavyaṃ yad āyuṣmān subhūtiḥ prajñāpāramitāṃ bhāṣate ‖ atha khalv āyuṣmān subhūtiḥ śakraṃ devānām indram etad avocat-yat kauśikaivaṃ vadasi-kasyaiṣo 'nubhāvo veditavyaḥ, kasyaitad anuṣṭhānaṃ veditavyaṃ yad āryasubhūtiḥ prajñāpāramitāṃ bhāṣate iti? tathāgatasyaiṣa kauśikānubhāvo veditavyaḥ tathāgatasyaitad anuṣṭhānaṃ veditavyaṃ yad ahaṃ prajñāpāramitāṃ bhāṣe* ‖ ①(p. 44)

今译：天帝释对长者舍利弗如此言道："长者舍利弗啊！［我们］应当知道这是谁的神力，这是谁的加持，长者须菩提说此般若波罗蜜多？"长者舍利弗答道："侨尸迦啊！应当知道这是如来神力，这是如来的加持，长者须菩提说此般若波罗蜜多。"然后，长者须菩提对天帝释如此言道："侨尸迦啊！你问：

① 本文《八千颂般若》的梵文本选用的是 R. Mitra，*Bibliotheca Indica* 10：*A Collection of Oriental Works*，*Aṣṭasāhasrikāprajñāpāramitā*，Calcutta：The Asiatic Society of Bengal，1888。

‘长者舍利弗啊！［我们］应当知道这是谁的神力，这是谁的加持，长者须菩提说此般若波罗蜜多？’侨尸迦啊！应当知道这是如来神力，这是如来的加持，我说此般若波罗蜜多。”

什：释提桓因语须菩提：“是谁神力？”须菩提言：“是佛神力。”(T 227，541a19－20)

玄：天帝释问舍利子言：“是谁神力为依持故？而令尊者作如是说。”舍利子言：“如来神力为依持故，我作是说。”时天帝释复问具寿舍利子言：“是谁神力为依持故？尊者善现能说般若波罗蜜多。”舍利子言：“如来神力为依持故，具寿善现能说般若波罗蜜多。”尔时善现告帝释言：“汝之所问：‘是谁神力为依持故。令我善现能说般若波罗蜜多者。’憍尸迦当知，定是如来神力为依持故，令我善现能说般若波罗蜜多。”(T 220，771c8－17)

在晚期梵文文本中，同样的问答被重复了两遍。而在支谦和鸠摩罗什的译文中都只有一遍，且省掉了“说般若波罗蜜多”。玄奘译文不仅与梵文的两段问答内容一致，还在前面加了一段天帝释与舍利子的问答，不过，这也可能是玄奘底本中原有的内容，并非添加。

关于玄奘译文中补充的内容，笔者在对勘中发现了一类比较有代表性的例证，可以称为“固定句式的补充”。简要来说，佛经中相似主题和内容的重复很常见。在这些重复的文段中，词汇和句式往往高度重合，但也有些文段会略去部分内容。那个被作为模板不断重复的文段我们称之为“模型段落”，构成它的句式即“固定句式”。而玄奘所补充的就是被某些重复性文段省略掉的这种固定句式。为了说明这当中的复杂关系，我们先来看《八千颂般若》中的一个例子：

§ 3.1

梵：*evam eva kauśika yaḥ kulaputro vā kuladuhitā vā imāṃ prajñāpāramitām udgrahīṣyati dhārayiṣyati vācayiṣyati paryavāpsyati pravartayiṣyati deśayiṣyatyupadekṣyatyuddekṣyati svādhyāsyati* …

今译：侨尸迦！若有善男子或善女人护持、读诵、领悟、修习、开示、解说、宣扬和学习此般若波罗蜜多……

支：若有善男子、善女人，其有学般若波罗蜜者，其有持者，其有诵者……（T 224，431a16－18）

什：侨尸迦！善男子，善女人亦如是。若受持、读诵般若波罗蜜……（T 227，542a12－13）

玄：若善男子、善女人等至心听闻、受持、读诵。精勤修学，如理思惟，书写、解说、广令流布……（T 220，773b18－20）

此段文字重复多次，可以看作我们前文所说的“模型段落”。支娄迦谶和鸠摩罗什的译文中似乎都没有 vācayiṣyati（念诵）之后的部分，笔者推测可能是当时的梵本也没有这一部分，属于晚期添加内容。而玄奘译文则与晚期梵本一致。这一段落在重复时，某些地方省去了末尾的一部分，即倒数的四个词，如下所示：

§ 3.1

梵：*aham api bhagavaṃs tasya kulaputrasya vā kuladuhitur vā rakṣāvaraṇaguptiṃ saṃvidhāsyāmi, ya imāṃ prajñāpāramitām udgrahīṣyati dhārayiṣyati vācayiṣyati paryavāpsyati pravartayiṣyati* ‖

今译：世尊！若有善男子或善女人护持、读诵、领悟和修习此般若波罗蜜多，我会保护他们。

支：我辈自共护是善男子、善女人学般若波罗蜜者、持者、诵者。（T 224，431a28－29）

什：世尊！若善男子、善女人受持、读诵般若波罗蜜，如所说行，我当护念。（T 227，541c28－542a1）

玄：若善男子、善女人等能于般若波罗蜜多，至心听闻，受持读诵，精勤修学，如理思惟。书写、解说、广令流布。我等常随恭敬守护，不令一切灾横侵恼。（T 220，773a2－5）

这段在经文中也多次出现。很明显，梵文段落少了末尾的几个词。而玄奘的译文和上面的"模型段落"保持一致，也就是说，他很有可能补充了梵文中省去的"固定句式"。在《两万五千颂般若》中也多次出现这类例证，兹举一例：

§ 1.1

梵：*atha khalu ye 'smiṃs trisāhasramahāsāhasre lokadhātau jātyandhāḥ sattvās te cakṣuṣā rūpāṇi paśyanti sma, vadhirāḥ sattvāḥ śrotreṇa śabdān śṛṇvanti sma, unmattāḥ smṛtiṃ pratilabhante sma, vikṣiptacittā ekāgracittā bhavanti sma, jighatsitāḥ pūrṇagātrā bhavanti sma, tṛṣitā vigatapipāsā bhavanti sma, rogaspṛṣṭā vigatarogā bhavanti sma, hīnendriyāḥ paripūrṇendriyā bhavanti sma, sarvasattvāś ca mātāpitṛsamacittā bhavanti sma, bhrātṛbhaginīsamacittāmitrāmātyajñātisālohitasamacittā daśakuśalakarmapathasevinaś ca bhavanti sma*①（p. 5）

---

① 本文的梵本《两万五千颂般若》引自 Takayasu Kimura，*Pañcaviṃśatisāhasrikāprajñāpāramitā*，Tokyo：Sankibo Bosshorin，2007。

今译：再者，于此三千大千世界，天生为盲者会看到形象。聋人会听到声音，迷狂者会得意念，神思不属者变得心思专注，极度饥饿者得以饱腹，渴者将不再口渴，病者得以痊愈，六根残缺者得以圆满，众生[彼此之间]视同父母、兄弟、姐妹、亲友眷属，修十善业道。

竺：尔时此三千世界众生之类，盲者得目而睹色像，聋者彻听闻诸音声，志乱意惑还复其心，迷愦者则时得定；其裸形者自然衣服，其饥虚者自然饱满，其消渴者无所思侥，其疾病者而得除愈，身瑕玼者诸根具足；其疲极者自然得解，久猗身者则无所猗。一切众生得平等心，展转相瞻，如父、如母、如兄、如弟、如姊、如妹，各各同心，等无偏邪，皆行慈心；一切群萌悉修十善，清净梵行无有尘埃。(T 222, 147c22 - 148a2)

什：尔时三千大千国土，众生盲者得视，聋者得听，瘂者能言，狂者得正，乱者得定，裸者得衣，饥渴者得饱满，病者得愈，形残者得具足。一切众生皆得等心，相视如父、如母、如兄、如弟、如姊、如妹，亦如亲族，及善知识。是时众生等行十善业道。(T 223, 217c15 - 21)

玄：时此三千大千世界及余十方殑伽沙等世界，有情盲者能视，聋者能听，瘂者能言，狂者得念，乱者得定，贫者得富，露者得衣，饥者得食，渴者得饮，病者得除愈，丑者得端严，形残者得具足，根缺者得圆满，迷闷者得醒悟，疲顿者得安适。时诸有情等心相向，如父、如母、如兄、如弟、如姊、如妹、如友、如亲。离邪语、业命，修正语、业命，离十恶业道，修十善业道。(T 220, 2b2 - 9)

这个"模型段落"首次出现时内容最为完备，在此后重复的过程中，则有不同程度的删略。从文本对比来看，早期竺法护的译文似乎与我们所用的梵本更为接近，很可能是同一个传承系统。而玄奘译文很明显改编自罗什的译文，在其基础上增加了一些内容。当然，也有可能玄奘的底本就有这些内容。在重复时，这一"模型段落"也省去了一些内容，而玄奘的译文却没有变化，如下所示：

§ 1.1

梵：*punar aparaṃ śāriputra bodhisattvena mahāsattvena pūrvasyāṃ diśi gaṅgānadībālukopameṣu lokadhātuṣu sarvabuddhakṣetreṣu ye sattvā andhās te mamānubhāvena cakṣuṣā rūpāṇi drakṣyantīti prajñāpāramitāyāṃ śikṣitavyam. evaṃ vadhirāḥ śrotreṇa śabdān śroṣyantīti, unmattāḥ smṛtiṃ pratilapsyanta iti, nagnāś cailāni pratilapsyanta iti, jighatsitāḥ sattvāḥ pūrṇagātrā bhaviṣyantīti, pipāsitā vigatapipāsā bhaviṣyantīti, ... prajñāpāramitāyāṃ śikṣitavyam.* (p. 45)

今译：再者，舍利弗！若有菩萨摩诃萨如此想："在东方与恒河沙等量的诸世界，即佛国土上，我要以我的神力令盲人可以看到形象。"他应学习般若波罗蜜多。他又想到："同样，聋人会听到声音，迷狂者将会得意念，裸身者会有衣服，极度饥饿者得以饱腹，渴者将不再口渴。"……他应学习般若波罗蜜多。

竺：复次，舍利弗！菩萨摩诃萨欲令东方江河沙等诸佛世界及十方佛土所有众生，其生盲者得目睹形，聋者逮听，狂者复意，裸者获衣，饥者致食，渴得水浆，吾愿得力皆蒙斯恩，当学般若波罗蜜。（T 222，151a16－18）

什：菩萨摩诃萨欲令十方如恒河沙等诸世界中众生以我力故，盲者得视，聋者得听，狂者得念，裸者得衣，饥渴者得饱

满，当学般若波罗蜜。(T 223, 220c10 - 12)

玄：若菩萨摩诃萨欲令十方殑伽沙等世界有情以己威力盲者能视，聋者能听，痖者能言，狂者得念，乱者得定，贫者得富，露者得衣，饥者得食，渴者得饮，病者得除愈，丑者得端严。形残者得具足，根缺者得圆满，迷闷者得醒悟，疲顿者得安泰。一切有情等心相向，如父、如母、如兄、如弟、如姊、如妹、如友、如亲，当学般若波罗蜜多。(T 220, 10a8 - b2)

对比“模型段落”，这一段省去了病者得痊愈、根缺者得圆满以及“如父、如母”这一长段内容。竺法护和罗什的译文与梵本较为一致，也都没有出现这些内容。而玄奘则补充了这些被省略的“固定句式”。

笔者在对勘《维摩诘经》(*Vimalakīrtinirdeśa*)时也注意到玄奘会在某些重复的段落中补充被省略的“固定句式”，使其与“模型段落”一致。笔者推测，这些段落在口传的过程中因多次重复，很可能会被漏掉一些词句。玄奘应该是注意到了这一点，有意补充这些被省略的句式，使得这些段落在内容和形式上都保持一致，看起来更为严谨和工整，符合书面表达形式。在他看来，这些补充的句式并不是内容的添加，而是形式的完善。

虽然玄奘强调“不敢更删”，且批评鸠摩罗什在译经中的删改，但在对勘中，笔者注意到玄奘有时也会受到罗什译文的影响加以删略，兹举《两万五千颂般若》中的一例：

§ 1.1

梵：*śūnyatā śāriputra notpadyate na nirudhyate, na saṃkliśyate na vyavadāyate, na hīyate na vardhate, nātītā nānāgatā na pratyutpannā, yā ca īdṛśī na tatra rūpaṃ na vedanā na saṃjñā na saṃskārā na vijñānaṃ na pṛthivīdhātur nābdhātur na tejodhātur na vāyudhātur nākāśadhātur na vijñānadhātur na cakṣurāyāyatanaṃ na rūpāyatanaṃ na śrotrāyatanaṃna śabdāyatanaṃ na ghrāṇāyatanaṃ na gandhāyatanaṃ na jihvāyatanaṃ rasāyatanaṃ na kāyāyatanaṃ spraṣṭavyāyatanaṃ na manaāyatanaṃ dharmāyatanam, na cakṣurdhātur na rūpadhātur na cakṣurvijñānadhātuḥ, na śrotradhātur na śabdadhātur na śrotravijñānadhātuḥ, na ghrāṇadhātur na gandhadhātur na ghrāṇavijñānadhātuḥ, na jihvādhātur na rasadhātur na jihvāvijñānadhātuḥ, na kāyadhātur na spraṣṭavyadhātur na kāyavijñānadhātuḥ na manodhātur na dharmadhātur na manovijñānadhātuḥ, nāvidyotpādo nāvidyānirodhaḥ, na saṃskārotpādo na saṃskāranirodhaḥ, na vijñānotpādo na vijñānanirodhaḥ, na nāmarūpotpādo na nāmarūpanirodhaḥ, na ṣaḍāyatanotpādo na ṣaḍāyatananirodhaḥ, na sparśotpādo na sparśanirodhaḥ, na vedanotpādo na vedanānirodhaḥ, na tṛṣṇotpādo na tṛṣṇānirodhaḥ, na upādānotpādo nopādānanirodhaḥ, na bhavotpādo na bhavanirodhaḥ, na jātyutpādo na jātinirodhaḥ na jarāmaraṇaśokaparidevaduḥkha-daurmanasyopāyāsotpādo na jarāmaraṇaśokaparidevaduḥkhadaurmanasyopāyāsanirodhaḥ* (p. 65)

今译：舍利弗啊！空性不被生，也不被灭；不被染污，也不被洁净；不被增加，也不被减损；不是过去、未来，也不是现在。空性如此，其中无色、受、想、行、识；无地界、水界、火界、风界、空界、识界；无眼入、色入、耳入、声入、鼻入、香入、舌入、味入、身入、触入、意入、法入；无眼界、色界、眼识界；无耳界、声界、耳识界；鼻界、香界、鼻识界；舌界、味界、舌识界；身界、触界、身识界；意界、法界、意识界；无无明生，无无明灭；无行生，无行灭；无识生，无识灭；无名色生，无名色灭；无六入生，无六入灭；无触生，无触灭；无受生，无受灭；无爱生，无爱灭；无取生，无取灭；无有生，无有灭；无生生，无生灭；无老、死、忧、悲、苦、愁、恼之生，无老、死、忧、悲、苦、愁、恼之灭。

竺：佛语舍利弗："其为空者，不起不灭，无所依着，无所诤讼，无所增，无所损，无过去，无当来，无现在。彼亦无色、痛、痒、思想、生死识，亦无眼、耳、鼻、舌、身、心，亦无色、声、香、味、细滑，所欲法彼则无。无黠不灭，无黠不行，不识、不名色、不六入、不细滑、不痛、不爱、不受、不有、不生、不老、不病、不死，亦不灭除生老病死。"（T 222，153c12－19）

什：舍利弗！是诸法空相，不生不灭、不垢不净、不增不减。是空法非过去、非未来、非现在，是故空中无色，无受、想、行、识，无眼、耳、鼻、舌、身、意，无色、声、香、味、触、法，无眼界乃至无意识界，亦无无明，亦无无明尽，乃至亦无老死亦无老死尽。（T 223，223a14－18）

玄：舍利子！是诸法空相，不生不灭，不染不净，不增不减，非过去，非未来，非现在。如是空中无色，无受想、行、识。无眼处，无耳、鼻、舌、身、意处。无色处，无声、香、味、触、法处。无眼界、色界、眼识界；无耳界、声界、耳识界；无鼻界、香界、鼻识界；无舌界、味界、舌识界；无身界、触界、身识界；无意界、法界、意识界；无无明，亦无无明灭；乃至无老、死、愁、叹、苦、忧恼，亦无老、死、愁、叹、苦、忧恼灭。（T 220，14a14－20）

很明显，玄奘的这段译文高度借鉴罗什译文。特别值得注意的是，梵本和竺法护译文中都完整地列出了自“无明”到“老、死”的十二因缘。而罗什译文中却仅出现了“无明”与“老死”，这应该是他有意地删略。而玄奘沿袭了这一省略，也省去了除“无明”与“老死”之外的其他因缘。

据此，联系前文所提到的玄奘与徒众对译经态度的讨论，笔者推断，玄奘在一开始可能确实想坚持忠实于梵文的直译风格，但是在译经条件变化且僧众对翻译作为《大般若经》主体的《十万颂般若》的必要性存在争议的背景下，玄奘提出的“不敢更删，一如梵本”可能强调的是尽量完整译出《十万颂般若》的主体内容。而在具体的翻译中则不可避免地要参考罗什的《两万五千颂般若》译文，对《十万颂般若》加以删略。[①] 再者，借鉴前代译文本来就是汉译佛经的一个重要的传统，在下一节的分析中，也可以看到这一传统的体现。

(二) 融入其他佛典

前文已多次提到玄奘译经的态度，即忠实于梵本。现代学者研究玄奘译经时也常提及此点。比如黄宝生通过对勘梵本和汉译《维摩诘经》，指出玄奘的翻译忠实于原文，基本上做到逐字逐句全部一处，不予删削或简化。[②] 郭良鋆在对勘玄奘所译的《因明入正理论》时，也特别强调玄奘译文的忠实。[③] 不过从前一节的对勘实例来看，玄奘的《大般若经》译文也有对固定句式的补充和对某些内容的删略。除此之外，玄奘有时也会受到其他佛典中相似内容的影响，对经文内容加以改动或增补。也就是说，玄奘会在其译文中借鉴或引用其他佛典的内容。我们可以借由以下这个比较有代

---

① 此处参考了审稿专家的意见。

② 黄宝生：《梵汉对勘〈维摩诘所说经〉》导言，第 23 页。

③ 郭良鋆：《〈因明入正理论〉梵汉对照(上)》，《南亚研究》1999 年第 2 期，第 40 页。

表性的例子对此现象加以考察(画线部分代表内容不一致之处)。

§3

梵:*na te kauśika kulaputrā vā kuladuhitaro vā viṣamāparihāreṇa kālaṃ kariṣyanti, na viṣeṇa kālaṃ kariṣyanti, na śastreṇa kālaṃ kariṣyanti, nāgninā kālaṃ kariṣyati, nodakena kālaṃ kariṣyanti, na daṇḍena kālaṃ kariṣyanti, na paripakrameṇa kālaṃ kariṣyanti* | (p. 39)

今译:侨尸迦啊!诸善男子、善女人不会因险境而死、因中毒而死,不会受刀伤而死,不会被火烧死,不会被水淹死,不会被棍棒打死,也不会因暴力而死。

昙:佛言:"其人终不横死,终不中毒死,终不于溺死,终不兵死。"(T 226, 515c25 - 26)

什:憍尸迦!是善男子、善女人,毒不能伤,火不能烧,终不横死。(T 227, 543c15 - 16)

玄:佛告憍尸迦:"是善男子、善女人等。现在不为一切毒药、厌祷、咒术之所伤害。火不能烧,水不能溺,诸刀、杖等亦不能害。乃至不为四百四病之所夭殁。"(T 220, 556c5 - 9)

从以上几个文本的对勘来看,昙摩蜱和鸠摩罗什的译文比之梵文都有所缺,而玄奘译文不仅涵盖了梵文的内容,还有所增加。我们注意到这段经文和在汉地有极大影响的另一部玄奘所译佛典《药师琉璃光如来本愿功德经》(简称"《药师经》")①中的一段文字有相似之处。两相对比,便可见其渊源(加粗字体为两者相同的部分):

① 玄奘此经译于永徽元年(650)。

§ 20

梵：*caturtham akālamaraṇaṃ ye agnidāhena kālaṃ kurvanti* | *pañcamam akālamaraṇaṃ ye ca udake mriyanti* | … *aṣṭamam akālamaraṇaṃ ye viṣakākhordavetāḍānup-rayogeṇa maranti* |

今译：第四种横死就是被火烧死，第五种横死是被水淹死，……第八种横死是被**毒药**、**蛊道**、鬼魅等所害死。

玄：四者横为火焚，五者横为水溺，六者横为种种恶兽所啖，七者横堕山崖，八者横为**毒药**、**厌祷**、**咒咀**、起尸鬼等之所中害。（T450，408a13－407c28）

由此可见，玄奘《大般若经》译文中“毒药”之后增加的“厌祷、咒术”等词应是源自《药师经》。除了借鉴或引用其他佛典的相关文句之外，笔者此前在对勘《药师经》的梵、藏、汉文本时，还注意到玄奘会将前代译者增补或改动的那些不见于梵本中的内容用到自己的译文中。那么，玄奘此举与前文所述他强调忠实于梵本的译经宗旨是否矛盾呢？讨论此点，我们首先要考虑前文已提到的汉译佛经史的一个重要传统，即晚期译本对早期译本的借鉴。也就是说，后来的译者会沿用前人的某些术语或译文。玄奘虽然批评旧译，但其译本中却有不少地方沿用前人译文。譬如，他所译的《无垢称所说经》，即鸠摩罗什译《维摩诘经》的同本异译，其中就有多处借鉴甚至完全袭用了鸠摩罗什的译文。① 可见玄奘的译经既有开新风的一面，亦有恪守传统的一面。其次，从经文传播的角度来考虑，引用

① 比如万金川曾指出鸠摩罗什将《维摩诘所说经》中涉及政治欲望的一句经文依照汉地的伦理习俗改写为“王子中尊，示以忠孝”，而玄奘完全袭用了这一翻译。见万金川《梵本〈维摩经〉的发现与文本对勘研究的文化与思想转向》，《正观》2009 年第 51 期，第 167—168 页。

已经广为人知，影响较大的佛经中的文句，可以去除读者的“陌生化”，使新出经典能较为容易地为读者所接受。因此，笔者推测玄奘在尽量忠实梵文原文的原则下，出于宣扬教义和传播其新译的目的，有时会借鉴或直接引用前人译文或其他佛典中内容近似的文句。

小　结

玄奘译经的首要原则是以梵文为尊，尽量忠实于梵本。据前文所述，他所依据的梵本属于《大般若经》的晚期文本，内容最为繁复。他不仅坚持译出了体量巨大的《十万颂般若》，还补充了梵本重复时省略的句式，以保持文本的前后一致。不仅如此，他还在译文中尽可能地还原了梵文的句型结构和语法形态，包括名词的格位，动词分词和动词的时态，等等。[①] 甚至现代学者可以根据他的译文重构梵文原文。在忠实原文的基础上，他也重视译经传统和经文的传播。一方面，他参考鸠摩罗什的译文对梵本加以删略；另一方面，他借鉴其他经典的内容对梵本内容进行增补和改动。如此译经，可以想见应是一个精细而又浩大的工程，除了主译者之外，还需要证文、证字、证梵语等多个职司的人协作完成。贞观年间，玄奘译场极盛时，做到此点自然不难。可是玉华宫时期，译经条件已大不如前，如前文所分析的，专业译经人员不足。虽然有弟子的协助，但最终应该还是要由他来统一用语和文风。可想而知，大量工作须由玄奘自己完成，以至于译完六百卷的《大般若经》后，他便“自觉身力衰竭，知无常将至”[②]。仅仅三个多月后，次年的二

① 关于玄奘译文中所体现的梵语的语法形态，目前研究比较少。可以参看王继红《玄奘译经的语言学考察——以〈阿毗达摩俱舍论〉梵汉对勘为例》，《外语教学与研究》2006 年第 1 期，第 69—71 页。

② 《慈恩传》(T 2053，275c12－276b24)。

月，他便圆寂了。这位高僧，对信仰有着异乎寻常的虔诚。无论是早年的西天取经，还是晚年的玉华译经，都是一样地不惜身命。

玄奘的坚持除了信仰因素外，还与他在印度研学的经历及其佛学思想有关。玄奘在去印度之前，遍访名师，广学诸家经论，注意到各家对经义的解释差异颇大，他认为这是由于不了解梵文原典所致，遂决心赴"西天"取经。[①] 可以说，自那时起，玄奘就认为解决汉地佛教义理纷争的问题需要依靠印度佛教。他在印度求法十多年，不仅精通大、小乘经论，还学到了印度佛教徒的思维方式和辩论能力。他重点学习了唯识宗，也是因为他认为这是汉地佛教徒亟待了解的学问。他回国后大力倡导新译，批评旧译的错讹。一方面如前所述，他不知道佛经流变中由简至繁这一文献学现象；而另一方面，是他不满旧译为了适应汉地的阅读习惯和伦理风俗作了很多本地化的改动。他想将原汁原味的印度佛典介绍到汉地，不仅是繁复的表达方式，更重要的是缜密的逻辑思辨，而这正是汉地佛教欠缺的。从玄奘早期翻译瑜伽行派的代表论著《瑜伽师地论》，到译出《俱舍论》及相关的毗昙类学说，再到晚期以《成唯识论》等翻译的资料组织学说，[②]可以看出他一直致力于将印度佛教最新发展的哲学思想引入中国佛教，从而推进中国佛教的发展。但可惜，玄奘的这种理念在当时的佛教界并没有被广泛接受，还遭到守旧势力的抵制。从前文提到的《那提传》和轰动一时的"吕才事件"都可见旧势力的压制和非难。在永徽六年（655）之后，政治环境的变化使得他的坚持更加步履维艰。

---

① 详见《慈恩传》（T 2053，222c3－5）。

② 关于玄奘翻译与其学说的关系，可参见吕澂《中国佛学源流略讲》，第340—342页。

三、玄奘的态度与其心境剖析

本文开篇就提到了玄奘对政治的态度这一问题，包括他与帝王的关系。从目前的研究来看，学者们对相关文献材料的整理和分析已很详尽。但在进行评论时，由于论者的角度和立论基础不同，往往会得出截然不同的结论。对于玄奘这样一个特殊的人物，笔者以为有必要借鉴陈寅恪先生的“了解之同情”这一思想作为我们评论的基础。对于“了解之同情”，陈先生如此解释：

> 凡著中国古代哲学史者，其对于古人之学说，应具了解之同情，方可下笔。盖古人著书立说，皆有所为而发。故其所处之环境，所受之背景，非完全明了，则其学说不易评论，而古代哲学家去今数千年，其时代之真相，极难推知。吾人今日可依据之材料，仅为当时所遗存最小之一部，欲借此残余断片，以窥测其全部结构，必须备艺术家欣赏古代绘画雕刻之眼光及精神，然后古人立说之用意与对象，始可以真了解。所谓真了解者，必神游冥想，与立说之古人，处于同一境界，而对于其持论所以不得不如是之苦心孤诣，表一种之同情，始能批评其学说之是非得失，而无隔阂肤廓之论。①

玄奘少年时便立志“远绍如来，近光遗法”②。在宗奉瑜伽行派之后，他最大的心愿就是往生于弥勒菩萨所在的兜率天。圆寂之前还对此念念不忘，与弟子最后的对话就是弟子问：“和上得生

---

① 陈寅恪：《冯友兰〈中国哲学史〉上册审查报告》，原刊于《学衡》1931 年第 74 期，后收入《金明馆丛稿二编》，北京：生活·读书·新知三联书店，2001 年，第 279 页。

② 见《慈恩传》（T 2053，221b21－c18）。

弥勒内院否?”玄奘回答:“得生。”[①]他之所以如此笃定,因为他已为译经和弘法倾尽全力。为了求得朝廷对其译经事业的最大支持,他谨慎地周旋于皇室与朝臣间,巧妙地拒绝太宗令他还俗的建议,竭力地迎合帝王的喜好,谦卑地向帝王上表请罪。只有在译经事业受阻时,他才会不惜忤逆皇帝,也要上表请求去少林寺译经。[②] 也只有为了新译《大般若经》的传播,他才会在避居玉华宫,高宗对其不闻不问的情况下,依然让弟子代为上奏,请皇帝写序。

太宗在《大唐三藏圣教序》中称玄奘“松风水月,未足比其清华。仙露明珠,讵能方其朗润?”[③]其实,从玄奘晚年于困顿中坚守译经事业和译经风格可以看出,他不仅有清华朗润的一面,亦有刚毅坚卓的一面。只有当我们理解了他的这种境界,我们才能如陈寅恪所说,对他的委曲求全和苦心孤诣,表一种之同情。

结　论

本文的研究重点是玄奘晚年的译经活动,应用梵汉对勘的文献学方法,基于对勘例证并结合相关佛教文献,综合分析其晚年的译经背景和风格,进而揭示出他坚守译经风格背后的原因和他的真实心境。首先,玄奘在失去了皇室的支持后,避居玉华宫译经,其条件已远不如慈恩寺译场,不仅专职人员减少,且没有了润文官员,这加大了玄奘译经的辛苦与繁难程度;其次,通过《大般若经》的梵汉对勘,可以看出玄奘的译本最接近此经的晚期文本,也是内

---

① 详见《慈恩传》(T 2053, 277a11 - b6)。

② 关于在洛阳伴驾和徙居西明寺时期译经受阻的情况,可参见陈淑芬《玄奘的最后十年(655—664)——兼论总章二年(669)改葬事》,《中华文史论丛》2009 年第 3 期,第 45—47、53—56 页。

③ 《慈恩传》(T 2053, 256b27 - 28)。

容最为繁复的版本。他不仅在内容上尽可能地贴近原文，在语法形态上也尽力还原梵文。在此基础上，出于延续汉译传统和传播佛经的需要，他有时也会借鉴前人译文和其他佛典的经典内容对译文加以增删和改动；再次，玄奘对于译经风格的坚守不仅是出于信仰，还和他在印度求法的经历及其佛学思想有关。他在印度时致力于学习瑜伽行派思想，回到大唐后，他希望借由新译和宣讲唯识思想，将印度佛学中最精妙的逻辑思辨部分引入汉地，以改进汉地佛教；最后，借助陈寅恪的"了解之同情"思想，笔者认为玄奘的所有政治活动都是为了使他的译经和弘法事业得到朝廷的最大支持，他完全不在乎个人的生死荣辱，他是以一种殉道者的境界去完成这项事业的。

本文虽尽力搜集了《大般若经》的对勘例证，但因为经文篇幅巨大，只完成了部分对勘，因此对于译经风格的分析和总结可能会有遗漏和不足之处。比如吕澂指出的《大般若经》有唯识色彩，①笔者在目前的对勘中没有发现有力的实证。期待在以后的研究中收集更多对勘资料，对此问题有更进一步的认识。

① 吕澂：《中国佛学源流略讲》，第341页。